HEYNE
BÜCHER

W0058900

Michael Schwelien

Joschka Fischer
Eine Karriere

WILHELM HEYNE VERLAG
MÜNCHEN

HEYNE SACHBUCH
19/785

Umwelthinweis:
Diese Buch wurde auf chlor- und säurefreiem Papier gedruckt.

Erweiterte Taschenbucherstausgabe 11/2001
Copyright © 2000 by Hoffmann und Campe Verlag, Hamburg
Wilhelm Heyne Verlag GmbH & Co. KG, München
http://www.heyne.de
Printed in Germany 2001
Umschlagillustration: Konrad R. Müller
Umschlaggestaltung: Hauptmann und Kampa Werbeagentur, CH-Zug
Satz: ew print & medien service gmbh, Würzburg
Druck und Verarbeitung: Ebner Ulm

ISBN: 3-453-19705-4

Inhalt

Karriere, die (16. Jh.) -/-n:
gestreckter (schnellster) Galopp des Pferdes;
ab 18. Jh. auch: *Laufbahn, rasche Beförderung.*

»Joschka, Joschka!«

Ein Wort vorab

Liebesgrüße vom Balkan

Die Gefühle schwanken zwischen Freudentaumel und Todesangst. Noch wagen sich nicht alle aus ihren Häusern, denn bis vor wenigen Stunden herrschten hier die serbischen Milizen. Jetzt rasseln abermals Panzer durch die engen Straßen der kosovarischen Stadt Prizren. Deutsche Panzer vom Typ Leopard 2. Sie sind mit der Kfor, der Kosovo Force, aus dem südlich gelegenen Mazedonien angerollt. Wie ein Lauffeuer verbreitet sich die gute Nachricht: frei, frei, endlich frei. Der Krieg ist zu Ende.

Sonntag, der 13. Juni 1999. Als die Bundeswehr mit ihrem kleinen Kampfverband den Ort einnimmt, laufen an der Hauptkreuzung von Prizren hunderte von Menschen zusammen. Viele Familien hatten ihre Häuser und Hinterhöfe durch kleine, versteckte Türchen miteinander verbunden, um den serbischen Häschern entwischen zu können. Die halbe Stadt können sie auf diese Weise durchqueren, ohne jemals auf die Straßen treten zu müssen. Jetzt drängen sie aus diesen Geheimgängen geradewegs zu der großen Kreuzung, um den deutschen Soldaten zuzujubeln. Aber ebenso plötzlich ziehen sich die Albaner wieder in die Häuser zurück. In einem Moment drängeln sie sich auf den engen Bürgersteigen, im nächsten sind sie wieder verschwunden – wie eine auf- und abrollende Brandung.

Weshalb das Hin und Her, jetzt kann doch nichts mehr passieren? Ein junger Mann deutet auf einen blaugrauen Gebäudekomplex: das Polizeihauptquartier und das Untersuchungsgefängnis der Serben. Dort sind noch mehrere Dutzend Albaner eingesperrt. Keiner weiß, ob die Kämpfer der albanischen Befreiungsarmee UÇK, die aus ihren Verstecken in den Bergen in die Stadt zurückkehren, versuchen werden, die Häftlinge zu befreien – und was dann passiert.

Doch es droht eine noch viel größere Gefahr. Hinter dem Untersuchungsgefängnis, an der Landstraße nach Albanien, formiert sich ein Flüchtlingstreck. Überladene Autos und jene Traktoren und Leiterwagen, die, vollgepfercht mit Großfamilien, zum Sinnbild des Flüchtlingselends geworden sind, bilden einen immer länger werdenden Zug. Aber dies sind nicht Albaner, dies sind ihre Feinde, die Serben, die nun mit ihren wenigen Habseligkeiten überstürzt aufbrechen müssen. Zwischen den primitiven Fahrzeugen der Bauern stehen Panzer der regulären jugoslawischen Armee, Busse voller blauer Uniformen der gefürchteten Sonderpolizei des serbischen Innenministeriums und Panzerfahrzeuge der paramilitärischen Tschetnik-Einheit »Schwarze Witwe«, mit der Spinne im Banner.

Die Gesichter vieler Serben sind wutverzerrt. Manche zittern vor Angst. In jedem Fahrzeug hält ein Mann ein entsichertes Gewehr bereit. Einfach umdrehen und nach Albanien ausweichen? Das kann dieser Treck nicht, im Nachbarland droht den Serben fürchterliche

Taylor, Charles, *Quellen des Selbst – Die Entstehung der neuzeitlichen Identität*, Frankfurt am Main 2002

Unsichtbares Komitee, *Der kommende Aufstand*, Hamburg 2010

Vogl, Joseph, *Das Gespenst des Kapitals*, Zürich 2010/11

Wallmann, Walter, *Der Preis des Fortschritts*, Stuttgart 1983

Walter, Franz, *Vorwärts oder abwärts? Zur Transformation der Sozialdemokratie*, Berlin 2010

Weber, Max, Der Beruf zur Politik, in: ders., *Universalgeschichtliche Analysen*, Stuttgart 1973, 167 ff.

Weizsäcker, Ernst Ulrich von, *Faktor Fünf. Die Formel für nachhaltiges Wachstum*, München 2010

Welzer, Harald, *Klimakriege – Wofür im 21. Jahrhundert getötet wird*, Frankfurt am Main 2008

Welzer, Harald, Hans-Georg Soeffner, Dana Giesecke (Hg.), *Klima-Kulturen. Soziale Wirklichkeiten im Klimawandel*, Frankfurt am Main 2010

Winkler, Heinrich August, *Der lange Weg nach Westen. Deutsche Geschichte vom »Dritten Reich« bis zur Wiedervereinigung*, München 2000

Wirsching, Andreas, *Der Preis der Freiheit – Geschichte Europas in unserer Zeit*, München 2012

Wissenschaftlicher Beirat der Bundesregierung, *Globale Umweltveränderungen, Welt im Wandel – Gesellschaftsvertrag für eine Große Transformation*, Berlin 2011

Zeitungen

Der Spiegel
Die Welt
Frankfurter Allgemeine Zeitung
Frankfurter Neue Presse
Frankfurter Rundschau
Neue Zürcher Zeitung
Süddeutsche Zeitung

Petra Roth

Aufstand der Städte. Metropolen entscheiden über unser Überleben

220 Seiten, gebunden

Was ist los in unseren Städten? Die Gestaltungsräume der Kommunen werden enger: Streichungen bei kommunalen Krankenhäusern, Benachteiligung der örtlichen Stromversorger gegenüber den großen Energiekonzernen, Bibliotheken und Theater werden geschlossen. Es bedarf also dringender Reformen, an die sich der Bund und die Länder jedoch nicht herantrauen. Genau hier liegt das Problem: Die große Politik erreicht die Menschen in den Städten oft nicht mehr. Dabei wird hier entschieden, ob Integration wirklich gelingt, ob wir den Klimawandel bewältigen, die mit dem demografischen Wandel verbundenen Probleme lösen und letztlich auch mit Finanzkrisen fertig werden. Petra Roth fordert politische Weichenstellungen und grundlegende Reformen, um das Funktionieren unserer Gesellschaft weiterhin zu sichern.

drängeln sie sich auf den engen Bürgersteigen, im nächsten sind sie wieder verschwunden – wie eine auf- und abrollende Brandung.

Weshalb das Hin und Her, jetzt kann doch nichts mehr passieren? Ein junger Mann deutet auf einen blaugrauen Gebäudekomplex: das Polizeihauptquartier und das Untersuchungsgefängnis der Serben. Dort sind noch mehrere Dutzend Albaner eingesperrt. Keiner weiß, ob die Kämpfer der albanischen Befreiungsarmee UÇK, die aus ihren Verstecken in den Bergen in die Stadt zurückkehren, versuchen werden, die Häftlinge zu befreien – und was dann passiert.

Doch es droht eine noch viel größere Gefahr. Hinter dem Untersuchungsgefängnis, an der Landstraße nach Albanien, formiert sich ein Flüchtlingstreck. Überladene Autos und jene Traktoren und Leiterwagen, die, vollgepfercht mit Großfamilien, zum Sinnbild des Flüchtlingselends geworden sind, bilden einen immer länger werdenden Zug. Aber dies sind nicht Albaner, dies sind ihre Feinde, die Serben, die nun mit ihren wenigen Habseligkeiten überstürzt aufbrechen müssen. Zwischen den primitiven Fahrzeugen der Bauern stehen Panzer der regulären jugoslawischen Armee, Busse voller blauer Uniformen der gefürchteten Sonderpolizei des serbischen Innenministeriums und Panzerfahrzeuge der paramilitärischen Tschetnik-Einheit »Schwarze Witwe«, mit der Spinne im Banner.

Die Gesichter vieler Serben sind wutverzerrt. Manche zittern vor Angst. In jedem Fahrzeug hält ein Mann ein entsichertes Gewehr bereit. Einfach umdrehen und nach Albanien ausweichen? Das kann dieser Treck nicht, im Nachbarland droht den Serben fürchterliche

»Joschka, Joschka!«

Ein Wort vorab

Liebesgrüße vom Balkan

Die Gefühle schwanken zwischen Freudentaumel und Todesangst. Noch wagen sich nicht alle aus ihren Häusern, denn bis vor wenigen Stunden herrschten hier die serbischen Milizen. Jetzt rasseln abermals Panzer durch die engen Straßen der kosovarischen Stadt Prizren. Deutsche Panzer vom Typ Leopard 2. Sie sind mit der Kfor, der Kosovo Force, aus dem südlich gelegenen Mazedonien angerollt. Wie ein Lauffeuer verbreitet sich die gute Nachricht: frei, frei, endlich frei. Der Krieg ist zu Ende.

Sonntag, der 13. Juni 1999. Als die Bundeswehr mit ihrem kleinen Kampfverband den Ort einnimmt, laufen an der Hauptkreuzung von Prizren hunderte von Menschen zusammen. Viele Familien hatten ihre Häuser und Hinterhöfe durch kleine, versteckte Türchen miteinander verbunden, um den serbischen Häschern entwischen zu können. Die halbe Stadt können sie auf diese Weise durchqueren, ohne jemals auf die Straßen treten zu müssen. Jetzt drängen sie aus diesen Geheimgängen geradewegs zu der großen Kreuzung, um den deutschen Soldaten zuzujubeln. Aber ebenso plötzlich ziehen sich die Albaner wieder in die Häuser zurück. In einem Moment

Karriere, die (16. Jh.) -/-n:
gestreckter (schnellster) Galopp des Pferdes;
ab 18. Jh. auch: *Laufbahn, rasche Beförderung.*

Inhalt

HEYNE SACHBUCH
19/785

Umwelthinweis:
Diese Buch wurde auf chlor- und säurefreiem Papier gedruckt.

Erweiterte Taschenbucherstausgabe 11/2001
Copyright © 2000 by Hoffmann und Campe Verlag, Hamburg
Wilhelm Heyne Verlag GmbH & Co. KG, München
http://www.heyne.de
Printed in Germany 2001
Umschlagillustration: Konrad R. Müller
Umschlaggestaltung: Hauptmann und Kampa Werbeagentur, CH-Zug
Satz: ew print & medien service gmbh, Würzburg
Druck und Verarbeitung: Ebner Ulm

ISBN: 3-453-19705-4

Michael Schwelien

Joschka Fischer

Eine Karriere

WILHELM HEYNE VERLAG
MÜNCHEN

Rache. Sie müssen, wenn sie entkommen wollen, die große Kreuzung passieren und ganz Prizren durchqueren.

Am Mittag, als schon hochsommerliche Hitze brütet, haben sich Albaner entschlossen, nicht mehr zu weichen. Die Angst steckt zwar den meisten von ihnen in den Knochen und nur wenige von ihnen tragen Waffen. Doch sie sehen, dass die Serben wegen der deutschen Soldaten nicht wagen, einfach in die Stadt hineinzufahren.

Am Nachmittag bricht schließlich ein Freudenfest aus. Einige junge Kosovarinnen stecken den deutschen Soldaten Blumen an die Helme. Kinder lassen sich von Fallschirmspringern Autogramme auf die nackten Arme schreiben. Immer wieder müssen die Befreier mit den kosovarischen Jungs die Hände zum High-five, dem amerikanischen Gruß, aneinander klatschen. Frauen bringen den durstigen Soldaten Trinkwasser. Für die Journalisten, die ebenfalls gefeiert werden, kochen die Händler eigenhändig Tee zwischen den leeren Regalen ihrer kleinen Läden. Raki-Flaschen kreisen. Und immer wieder skandiert die Menge: »Nato, Nato, Clinton, Albright, Schröder.«

Mit den Namen der Amerikaner haben die Albaner ihre Schwierigkeiten und auch die Aussprache von »Schröder« geht ihnen nicht leicht von der Zunge. Doch einen ihrer Helden nennen sie einfach beim Vornamen, und zwar mühelos. So wie sie ihn rufen, könnte man meinen, es handele sich um einen guten alten Freund: »Joschka, Joschka!«

Man traut seinen Ohren nicht. Viele der Albaner sprechen zwar deutsch, denn sie haben in der Bundesrepublik gearbeitet, doch das ist lange her. Fischers Amtsantritt dürften die wenigsten erlebt haben. Ob sie schon von ihm gehört haben, als er noch einfacher Abgeordneter war? Einige vielleicht, aber wohl kaum die Jugendlichen, die seinen Namen am lautesten skandieren. Sie haben den Kosenamen einfach übernommen, reden so wie die Reporter und die Soldaten aus Deutschland. In Windeseile hat es sich auch in diesem Winkel des Balkan herumgesprochen: »Der Joschka« ist irgendwie anders. Er ist einer von uns.

Politischer Popstar

Nur selten schließt das Publikum einen Politiker so spontan in sein Herz. Zumal im Ausland, wo die meisten Deutschen als unnahbare Repräsentanten eines Staates gelten, gegen den man immer schon Misstrauen gehegt hat. Doch selbst zu Hause in Deutschland gehören Gefühlsausbrüche und Zuneigungsbekundungen für Politiker nicht gerade zum Alltag. Konrad Adenauer, Kanzler in den Gründerjahren der Bundesrepublik, hieß zwar »der Alte«, doch viele wollten damit andeuten, er habe lange genug regiert. Ludwig Erhard war als der »Vater des Wirtschaftswunders« sehr beliebt, doch keiner wäre auf den Gedanken gekommen, ihn »Ludwig« zu rufen. Helmut Schmidt wurde als junger Abgeordneter »Schmidt-Schnauze« genannt, bestenfalls aus Respekt, aber kaum liebevoll. Gerhard Schröder schafft zu große Distanz, sogar zu seinen Genossen aus Juso-Tagen, um noch als »der Gerhard« zu gelten.

»Willy, Willy«, riefen die Ostdeutschen in Erfurt, skandierten auch die westdeutschen Anhänger Brandts, als sie vor der Wahl 1972 für ihn auf die Straßen gingen. Sie spürten, dass die Zeit der Polit-Manager anbrach, dass es mit großen Gesten und Emotionen in der deutschen Politik nach Brandt bald ein Ende haben würde, und wollten noch einmal zeigen, wie sehr sie »Willy« ins Herz geschlossen hatten.

Solche Zuneigung wurde sonst allein Helmut Kohl zuteil. »Helmut, Helmut«, rief ihm das Volk in Leipzig und Dresden voller Dankbarkeit zu und begrüßte auf diese Weise den Kanzler der deutschen Einheit, der im richtigen Moment Mut und Entschlossenheit gezeigt hatte. Er war der Held der Ostdeutschen, der ihnen »blühende Landschaften« versprach. Doch bald, als die Blütezeit auf sich warten ließ, schrumpfte der Übermensch »Helmut« auf Normalgröße zurück – und blieb unnahbar.

Aber Joseph Fischer wird, auch noch wenn er vollends ergraut, für die meisten Menschen wohl »Joschka« bleiben. Es fällt einfach zu schwer, von ihm als dem Herrn Fischer zu sprechen. Weil er ein Achtundsechziger ist? Und diese Generation das formelle »Sie«, die Titel und die Nachnamen ebenso weggepustet hat wie den Muff unter den Talaren? Das reicht kaum als Erklärung. Ist diese – mitunter kumpelige – Vertrautheit, die Joschka Fischer entgegengebracht wird, vielleicht, wie manche meinen, ein Zeichen, dass da eine politische Legende entstanden ist? Das Wort scheint eine Nummer zu groß.

Doch »der Joschka« ist der Popstar unter den Politikern. Er wirkt irgendwie »echt«, »zum Anfassen«,

»glaubwürdig«, richtig »cool« – nicht nur bei den Jungen. Die Leute spüren, da hat sich jemand hochgearbeitet, ein Außenseiter ist ganz oben angelangt – der Stoff, aus dem schon »Schimi«, »Boris« und »Schumi« zu Helden geworden sind. Joschka Fischer, das ist, wie der Journalist Heribert Prantl geschrieben hat, die schönste Tellerwäscher-Vita der deutschen Nachkriegspolitik. Auf merkwürdige Weise scheinen die Vorurteile über Politiker für ihn nicht zu gelten, Politikverdrossenheit wird mit ihm nicht in Verbindung gebracht. Im Gegenteil: Der »interessanteste deutsche Politiker« oder der »einzig interessante deutsche Politiker« – so lautet das gängige Urteil, nicht nur bei seinen Anhängern.

Zur Faszination des Phänomens Fischer gehört auch, dass er sich immer wieder zu wandeln scheint: ein Revoluzzer zur Zeit von Brandt und Schmidt, ein Realo mit Ministerwürden in der Ära Kohl, an deren Ende der heimliche Oppositionsführer. Nicht nur, weil Rudolf Scharping, der nominelle Herausforderer, blass blieb, sondern auch weil er, Fischer, von Statur und Habitus nun wie Helmut Kohl auftrat – und als dessen eigentlicher Gegenspieler anerkannt wurde. Als dann die Zeit für den Wechsel kam und der Griff zur Macht zum (bis dahin) höchsten für ihn erreichbaren Amt, schien er nicht nur ein reiferer, sondern ein ganz und gar anderer Fischer geworden zu sein, ein schlanker, würdiger Diplomat, der nicht mehr dazwischenjohlt, sondern getragene Reden hält. Es war ausgerechnet ein Krieg, der ihm zum größten öffentlichen Auftritt verhalf.

Fischer wirkt stets besonders ehrlich, weil er mehr als andere Politiker seinem Publikum tiefe Einblicke in sein Inneres zu erlauben scheint. Wer vor Kummer über seine zerbrochene Ehe in aller Öffentlichkeit sein ganzes Leben umkrempelt, wer vor laufender Kamera leidet und läuft, um aus dem schwarzen Loch herauszukommen, der wirkt sogar als Politiker authentisch, gilt auch, obwohl er einer Klasse angehört, der sonst viel Misstrauen entgegengebracht wird, als konsequent und beharrlich. Das Publikum liebt so was.

Die Beharrlichkeit, mit der Fischer seine Ziele ansteuerte, wurde trotz seiner Häutungen – oder besser: gerade ihretwegen – immer mit Erfolg belohnt. Nun scheint er in gewisser Weise sogar über den Dingen zu schweben – ein Staatsmann für Deutschland über den Wolken von Parteienzank und Politikverdruss.

Einst bekannte er, dass die Musik von Bob Dylan ihn verlockt habe, von zu Hause wegzulaufen. Es scheint nun Joschka Fischers Verdienst, dass junge Leute wieder zur Politik zurückfinden, jedenfalls zu einer Art von Politik, die seinen Namen trägt: »Joschka, Joschka.«

Daumenkino

Flippen wir einmal ganz schnell durch die wichtigsten Seiten des Lebens von Joschka Fischer: zur Einstimmung erste Einblicke in eine unglaubliche Karriere und Einstimmung auf das, was in den nächsten zehn Kapiteln noch folgt

»Dann fließt viel Blut«

»Račak«, sagt Joschka Fischer im Rückblick, »war für mich der Wendepunkt.« Vor Račak, so will er sich rechtfertigen, glaubte er an eine friedliche Lösung des Kosovo-Konfliktes, danach nicht mehr.

Am 15. und 16. Januar 1999 waren in diesem Dorf im Kosovo vierzig tote albanische Zivilisten gefunden worden, angeblich von der serbischen Sonderpolizei ermordet. Zwei Tage später erreicht die Nachricht Deutschland. Genau zu jener Zeit reisen die Generäle Wesley Clark, Nato-Oberbefehlshaber in Europa, und Klaus Naumann, Vorsitzender des Nato-Militärausschusses, nach Belgrad. Der Amerikaner Clark kennt Slobodan Milošević aus mehreren früheren Treffen. Er weiß sofort, der Serbe wird seinen politischen Kurs nicht ändern, das Morden wird kein Ende nehmen. Der Oberbefehlshaber äußert seine Einschätzung im Nato-Hauptquartier, von dort wird sie auch nach Bonn weitergegeben.

Am 20. Januar tagt das Bundeskabinett. Joschka Fischer und Rudolf Scharping informieren die Bundesregierung. In den hölzernen Worten Scharpings haben sie beide »über die Situation im Kosovo und auf dem Balkan sowie über die Diskussion innerhalb der Nato und der Europäischen Union berichtet und politische Einschätzungen« gegeben. In Scharpings Rückschau klingt es so, als sei die Kabinettssitzung trotz der dramatischen Zuspitzung der Lage unaufgeregt verlaufen. Oskar Lafontaine wird später von Fischers »Vortrag« in jener Sitzung sprechen, was ebenfalls auf Routine schließen lässt. Doch irgendetwas stimmt hier nicht: Es geht um ein Massaker, das für Fischer einen »Wendepunkt« markiert, und er hält nur einen »Vortrag« im Kabinett, gibt nur eine »Einschätzung« statt eines flammenden Appells, den Mördern endlich das Handwerk zu legen?

Außerhalb des Kabinetts allerdings erscheint er von den Ereignissen tief bewegt. Just in jenen Tagen hat er eine Reihe von Feuilleton-Redakteuren zum Abendessen eingeladen, ein seit langem vereinbarter Termin – es geht um auswärtige Kulturpolitik, genauer: um die Goethe-Institute. Eigentlich. Denn bei diesem Dinner bricht es aus ihm heraus, und er findet begierige Zuhörer, auch die Kultur-Journalisten interessieren sich nämlich viel mehr für die Kosovo-Krise. Was wird passieren, wenn alle Verhandlungen scheitern, fragt einer von ihnen den frisch gebackenen Minister. Einen Moment lang will er ausweichen, lieber zum geplanten Thema Kulturpolitik zurückkehren. Man bedrängt ihn: Was passiert dann? Ihm stocken die Worte. Schließlich kommen sie, unmissverständlich und bedeutungsschwer: »Dann gibt es Krieg ... dann fließt Blut ... viel Blut.«

Bis Račak will Joschka Fischer also noch gehofft haben, der Krieg könne irgendwie abgewendet werden. Zwar wusste er, dass die resolute amerikanische Außenministerin Madeleine Albright längst auf Luftangriffe gegen Jugoslawien setzte. Aber sie hatte den weniger Entschlossenen, zu denen sie auch die Deutschen zählte, noch einen kleinen Verhandlungsspielraum gelassen, hatte ohne innere Überzeugung signalisiert, sie würde noch die Konferenz von Rambouillet abwarten. Nach dem Massaker wurde dann auch für Fischer, wenn man ihm glaubt, der Krieg zu einer realistischen Möglichkeit. Für ihn stand außer Frage, dass die Bundesrepublik sich nicht würde entziehen können – der erste große Kampfeinsatz deutscher Soldaten seit 1945 war in greifbare Nähe gerückt.

Insofern steht der Name des kosovarischen Dorfs nicht nur für einen Wendepunkt im Geschehen auf dem Balkan. Dies war ein persönlicher und politischer Wendepunkt im Leben von Joschka Fischer. Doch schon einmal hatte er wegen eines Massakers seine bisherigen Überzeugungen infrage gestellt.

Das war im Sommer 1995, als im bosnischen Srebrenica mehrere Tausend Muslime von Serben gemeuchelt wurden – unter den Augen von holländischen UN-Soldaten, die sie eigentlich schützen sollten. Nach Srebrenica plädierte auch Fischer für einen »Schutz der Schutzzonen«. Über diese Frage war schon vorher in den informellen Zirkeln der Grünen diskutiert worden, die die eigentlichen Entscheidungen dieser Partei treffen. Besonders Fischers alter Freund Daniel Cohn-Bendit hatte auf Zustimmung zu humanitär begründeten Interventionen gedrängt, notfalls auch ohne UN-Mandat. Fischer aber war zögerlich geblieben, erst die Gräuelbilder von Srebrenica gaben für ihn den Ausschlag.

Jedoch Bosnien: da war Fischer noch Oppositions-abgeordneter, hatte noch leicht reden. Als er seine Partei umzustimmen versuchte, hatte er nicht mehr zu fürchten als eine hitzige, aber letztlich akademische Debatte. Während des Kosovo-Konflikts war er schon Außenminister, nun trug er Verantwortung. Seine Ent-scheidungen konnten – und sollten dann ja auch – viele Menschenleben kosten, auch die von Unschuldi-gen.

Aber es gab noch ein Drama in diesem Drama: Aus-gerechnet eine rot-grüne Bundesregierung sollte die Bundeswehr in die Schlacht schicken, die völkerrecht-lich einem unerklärten Angriffskrieg gleichkam. In der Opposition hatten Sozialdemokraten und Grüne, und maßgeblich auch Fischer, der Kohl-Regierung und insbesondere Volker Rühe vorgeworfen, sie betreibe eine »Militarisierung der Außenpolitik«. Nun war es an ihm, dem von einer pazifistischen Partei gestellten Außenminister, Deutsche in ihren ersten Schießkrieg seit 1945 zu führen – ein für viele höchst bizarrer Ge-danke.

Der Sinneswandel wegen Srebrenica war nicht son-derlich aufgefallen, die Öffentlichkeit interessierte sich wenig für einen weiteren internen Streit einer Partei, die für ihren Dauerzwist bekannt ist. Doch nach Račak ein Außenminister Fischer, der ehemals in Mutlangen amerikanische Raketenstellungen blockierte, jetzt aber der Diplomatie keine Chance mehr gab? Das schlug ein. Was am Anfang aber wie ein unglaubliches Wende-manöver wirkte, erscheint bei einem genaueren Blick auf seinen Werdegang verblüffend konsequent. Joschka Fischer war, wie wir sehen werden, schon in seiner Ju-

gend kein Pazifist, er war schon immer zum Kampf
bereit.

Vom Sponti zum Realo

Als Fischer zum ersten Mal die für ihn reservierte
Schlafkabine des Luftwaffen-Airbus »Konrad Adenauer« betrat, entfuhr ihm ein stolzes Bekenntnis: »Ich
wollte mein Leben schon immer wie einen Roman leben.« Nehmen wir seine Metapher auf. Aber lassen wir
sie auf Kindergröße schrumpfen: ein Leben als Daumenkino. Ein rasanter Film läuft vor dem geistigen Auge ab.
Die Figuren bewegen sich nicht so harmonisch wie im
richtigen Kino, etwas zu zackig wechseln sie ihre Haltung. Aber er hat einen Vorzug: Diesen Film kann man
anhalten und einzelne Bilder genauer betrachten.
   Eben noch sehen wir den jungen Joschka Fischer als
Frankfurter »Sponti«, der die Arbeiter bei Opel zu
Streik und Aufruhr agitiert. Wladimir Iljitsch Lenin, die
Nummer Eins der proletarischen Weltrevolution, hatte
ein dreiviertel Jahrhundert davor den Begriff Sponta-
neist geprägt und damit ungeduldige Linksradikale bezeichnet, die sich nicht der Parteidoktrin unterwerfen
wollten. Fischer war ein »Sponti« aus Überzeugung. Er
wollte sich abgrenzen von den dogmatischen K-Gruppen, »K« für Kommunistischer Bund (KB), Kommunistische Partei Deutschlands – Marxisten-Leninisten
(KPD-ML) oder Kommunistischer Bund Westdeutschland (KBW). Die Spontis – frecher und ein wenig le-
bensnäher als die K-Gruppen – haben in gewisser Weise überlebt. Noch heute, da die ganze Sponti-Szene

längst verschwunden ist, hält der Duden fest: »Sponti, der; -s, -s (*ugs. für* Angehöriger einer undogmatischen linksgerichteten Gruppe)«.

Fischers Clique zog in das Standardwerk der deutschen Rechtschreibung ein. Der KBW aber und dessen Chefideologe Joscha Schmierer (den Fischer später als Berater in das Auswärtige Amt holen sollte und der damals seine Sätze immer mit den Worten »dann ist das gut und nicht schlecht« beendete, so etwa: »Wenn die Arbeiter streiken, dann ist das gut und nicht schlecht«) – dieser KBW blieb, wie alle K-Gruppen, kaum mehr als eine Episode.

Flippen wir die Seiten mit dem Daumen weiter. Wir sehen Fischer (der es übrigens nicht lange bei Opel aushielt, obwohl die »Betriebsarbeit« auch von den undogmatischen Gruppen als die einzige wirklich revolutionäre Tätigkeit angesehen wurde) kurze Zeit später als Hausbesetzer. Eine neue Herausforderung: »Beim Opel«, wie es damals politisch korrekt hieß, was Fischer im angenommenen Frankfurter Dialekt »beim Oppel« aussprach, hatten Intellektuelle die Arbeiterklasse zum Umsturz angetrieben – eigentlich ein Ding der Unmöglichkeit, denn nach der reinen Lehre durften sich Intellektuelle (im richtigen Leben: Studenten) gar nicht an die Spitze der Bewegung stellen, das war dem revolutionären Subjekt (vulgo: Arbeitern) vorbehalten. Weil nicht sein kann, was nicht sein darf, stellten sich die Studenten beim Opel »in den Dienst der Arbeiterklasse«.

Von solcher Selbstlosigkeit konnte jetzt allerdings keine Rede mehr sein, als sie im Westend, dem Frankfurter Altbauviertel, etliche Wohnungen besetzten. Da ging es um ein ganz und gar unideologisches Ziel, ein ureigenes Interesse, nämlich schnell und billig an eine große Wohnung mit hohen Decken und Stuck zu kommen – was allerdings niemand zugab, vor allem nicht Joschka Fischer, der vom »Häuserkampf« sprach.

Eben noch sieht man in unserem Daumenkino, wie Fischer bei blutigen Krawallen gegen den Bau einer Startbahn am Frankfurter Flughafen demonstriert, und erinnert sich an seinen flotten Spruch »Anarchie ist machbar, Herr Nachbar«, da zieht er in den Deutschen Bundestag ein. Gerade noch rechtzeitig auf den grünen Zug aufgesprungen.

Demonstrationen gegen Kernkraftwerke waren zunächst nicht seine Sache. Mit der Umweltbewegung hatte er anfangs nicht viel am Hut. Ende der siebziger Jahre entdeckte er zwar einen Hang zur Natur – als er vom Taxifahren und von Männer-Wohngemeinschaften die Nase voll hatte und erwog, auf einen alternativen Bauernhof zu ziehen. Doch es blieb bei der bloßen Erwägung. Er liebte die politischen Debatten, den verbalen (wie auch den handgreiflichen) Schlagabtausch. Er wollte nicht mit dem Pappschild »Atomkraft – nein danke« auf einer Wiese sitzen. Er wollte auf dem Podium stehen und zu den Tausenden auf der Wiese sprechen.

Also fand er zu den Grünen – nach deren ersten Erfolgen. Wir sehen ihn noch als »Fundi«, dem Wortsinn nach ein »Fundamentalist« mit der Überzeugung eines islamischen Glaubenskriegers, aber von Fischer übertragen auf jene, die bei den Grünen die »Fundamentalopposition« bildeten, sich also nicht in Staatsämter wählen lassen wollten. Nichts anderes als Fundamentalopposition betrieb ja wohl ein Opel-Agitator und Häuserkämpfer. Doch in Hessen war die Position der

22

Fundis besetzt: Diesen Flügel führte Jutta Ditfurth mit ihren »Römer-Grünen« an, in Anspielung auf das Frankfurter Rathaus, wo sie ein paar Sitze im Stadtparlament gewonnen hatten.

Wir flippen ein paar Seiten und sehen den schnellen Joschka: als Realpolitiker. Die Wahllisten der Grünen sind schon immer kleine Kunstwerke des Proporzes gewesen – von Anfang an waren Fundis und Realos gleichermaßen vertreten. Fischer hat sich in die richtige Position manövriert und wird – flipp – Mitglied der ersten Bundestagsfraktion der Grünen. Herb die Enttäuschung, als er nach zwei Jahren wieder draußen ist. Er hat nicht wahrhaben wollen, dass ein grünes Grundprinzip auch für ihn gilt: Rotation. Weil er sich nicht mit der Position des Nachrückers zufrieden geben will (»für mich die schlimmste Demütigung«), zieht er schmollend zurück nach Hessen, wird dort aber – es geht rasend schnell im Daumenkino – der erste grüne Minister der Bundesrepublik, der »Turnschuhminister«.

Lange hält die Koalition mit dem Sozialdemokraten Holger Börner nicht. Nach ihrem plötzlichen Ende eilt Fischer wieder nach Bonn. In der alten Bundeshauptstadt, jenem »Raumschiff Bonn«, das vom Leben »draußen im Lande« weit entfernt war und dessen Binnenwelt den Abgeordneten oft mehr bedeutete als die Außenwelt ihrer Wahlkreise, passt er sich in jeder Hinsicht an, politisch wie physisch.

Noch einmal kehrt er zurück nach Hessen in eine zweite – politisch erfolgreichere – Koalition zwischen SPD und Grünen. Doch die Zeit zwischen den ersten spektakulären Auftritten in Bonn und Wiesbaden und den späteren Jahren als heimlicher Oppositionschef, das Jahrzehnt zwischen 1985 und 1995, bringt weniger Aufregung. Fischer fällt nicht mehr so häufig auf, hält seltener bedeutende Reden, macht nicht mehr so oft mit bösen Zwischenrufen von sich reden. Karrieresprünge bleiben in diesem Jahrzehnt aus.

»Roter Wein für grüne Kehlen«

Unübersehbar wird derweil seine persönliche Veränderung. Er bekennt sich zum ersten Mal zu einer »bürgerlichen Ehe«, obwohl diese schon seine dritte ist. Und wie so viele zufriedene Ehemänner setzt er Speck an. Fischer beginnt so auszusehen wie die Kollegen in jenem Bundestag, den er selber einmal als »Alkoholikerversammlung« geschmäht hat. Turnschuhe sind passé. Wir sehen ihn nun in der Uniform der linken Sozialdemokraten, zu denen er auch politisch längst besser passt als zu den Grünen: dunkles Hemd, lockere Krawatte mit Clip und sportliches Sakko.

Darunter ist ein Bauch gewachsen, der dem von Kanzler Kohl Konkurrenz macht. Fischer attackiert den Pfälzer mit der bösen Bemerkung von der »Fleisch gewordenen Vergangenheit«. Aber das Fleischgewordene trifft auch auf ihn zu, auf Fischer, der eigentlich für den Generationenwechsel stand und der nun die eigene Fettleibigkeit mit der Formel vom »linken Hedonismus« schönzureden versucht. Beim Fußball aber rasselt ihm die Lunge, beim Treppensteigen versagen die Beine. Aus der Kämpfernatur war ein behäbiger Vielfraß geworden, wir sehen ihn in seinem Lieblingsrestaurant,

24

dem »Gargantua« in Frankfurt, wo er »roten Wein für grüne Kehlen« verlangt.

Noch hält Fischer Distanz zur Nato, verlangt den Austritt der Bundesrepublik aus dem nordatlantischen Bündnis. Sein Unbehagen mit der Allianz sitzt so tief, dass er später als Außenminister sogar seinen Koalitionspartner überraschen und den amerikanischen Bündnispartner verärgern wird, indem er vorschlägt, die Nato solle von ihrer Doktrin der atomaren Erstschlagsfähigkeit ablassen. Doch in den neunziger Jahren beginnen die einst unüberwindbar geglaubten Bedenken gegen das Bündnis allmählich zu schwinden, zu langsam, um im Daumenkino wahrgenommen zu werden. Wir sehen dort etwas anderes: Von der einen Seite zur nächsten springt Fischer aus dem füllingen Leib, den er selbst seinen »Panzer« nennt. Plötzlich steht er da in den Nadelstreifen des Chefdiplomaten, spricht die gedrechselte Sprache des Außenministeriums, macht auf sich aufmerksam als Analytiker, der insistiert, es könne keine grüne Außenpolitik geben, »weil ein Land nur eine einzige Außenpolitik hat, unseres eben die deutsche«. Ein Mann, dem früher der Dienstwagen peinlich war, genießt es jetzt, einen Airbus der Luftwaffe seinen »Arbeitsplatz« zu nennen. Wir haben einen grauhaarigen Asketen vor uns, der sich noch einen Moment lang ziert, im Frack vor die britische Königin zu treten (»Das kann ich meiner Partei nicht zumuten«), dann aber zum Bundespresseball im Smoking erscheint.

Welch eine Karriere! Als junger Mann hat Joschka Fischer die Schule ohne Abschluss verlassen, seine Fotografenlehre abgebrochen. Wenn überhaupt ein berufliches Leben außerhalb der Politik existierte, dann nur für einige Jahre als Taxifahrer und für kurze Zeit als antiquarischer Buchhändler, der seine Bestände durch »Einklauen« auffüllte. Fischers Laufbahn war eine rein politische, er lebte immer für und von der Politik. Wenn man nur die Anfänge und den – vorläufigen? – Höhepunkt betrachtet, muss man sich die Augen reiben: ein Aufstieg aus einer undogmatischen linksradikalen Gruppe in Frankfurt, die sich selber »Revolutionärer Kampf« nennt, zum Außenminister der »Berliner Republik«!

Das Wort »undogmatisch« passt auf Joschka Fischer wie kein anderes. Hätte er sich als junger Mann linken Dogmen verschrieben oder wäre er später ein grüner Doktrinär geworden, dann wäre sein Aufstieg stecken geblieben. Es hätte ihm an jener Flexibilität und Anpassungsfähigkeit gefehlt, die ihm das zweitwichtigste Regierungsamt der drittmächtigsten Industrienation eintrug. Vizekanzler und Außenminister – das wäre allenfalls ein schöner Traum geblieben.

Legen wir das Daumenkino beiseite und wenden uns diesem Buch zu. Es wird kein abschließendes Urteil über Joschka Fischer enthalten, weder über die Person noch über seine Politik. Die Person: Sie erscheint zwiespältig. Joschka Fischer kann der charmanteste, liebenswürdigste Mensch sein, und doch im nächsten Moment ruppig und verächtlich, gar herrisch auftreten. Es fällt ebenso leicht, ihm »Lernfähigkeit« zu bescheinigen, wie ihn einen »Überanpasser« zu nennen. Der Politiker: Nur seine Verwandlungen zu betonen hieße, ein Pamphlet zu schreiben. Ist er ein Wendehals – oder ist er einfach nur reifer geworden? Überhaupt fällt es schwer, eine politische Laufbahn zu beurteilen, die – diese Prognose ist nicht allzu gewagt – noch längst nicht abgeschlossen ist. Fischer gibt sich offen, nicht nur im persönlichen Gespräch. Aber ebenso häufig vernebelt er die Wahrheit, macht die Schotten dicht. Noch gibt es kein zugängliches Fischer-Archiv, aus dem sich seine Handlungen, etwa im Kosovo-Krieg, abschließend rekonstruieren ließen. Er selbst verhehlt nicht, dass er vieles in seinem persönlichen Archiv weggeschlossen hat – um es für seine eigenen Memoiren zu nutzen.

Hier soll nun gezeigt werden, wie es zu dieser einmaligen Karriere kommen konnte. Nicht dadurch, dass wir seine ganze Lebensgeschichte brav nacherzählen, sondern indem wir – um das Bild noch einmal aufzunehmen – bei einzelnen Seiten des Daumenkinos länger verweilen, sie nicht nur schnell mit dem Daumen in eine Richtung durchblättern, sondern auch mal zurück- und mal vorausschauen.

Die folgenden zehn Kapitel sind daher jeweils einzelnen Themen gewidmet und versuchen, verschiedene Aspekte von Fischers öffentlichem Wirken und seiner Politik mit seiner persönlichen Lebensgeschichte in Beziehung zu setzen. Was zum Beispiel hat Fischers Familiengeschichte mit seiner Kosovo-Politik zu tun? Welche Erfahrungen aus der Sponti-Zeit konnte er für seine spätere Karriere nutzen? Was verrät eine außenpolitische Rede über den Menschen Joschka Fischer? Im besten Falle entsteht mit den Antworten auf solche Fragen das Bild eines Mannes, für den – wie bei kaum einem anderen Politiker – persönliche Erfahrungen und politische Bekenntnisse und Einsichten stets eng verknüpft waren. Im Anhang sind, gewissermaßen als Bonus, dann noch die »Worte des großen Vorsitzenden«

(so hieß die Mao-Bibel, die viele während der Studentenrevolte mit sich herumtrugen), also Fischers beste Bemerkungen, seine witzigsten Zwischenrufe und Auszüge seiner größten Reden zusammengestellt – unkommentiert, aber doch nach Jahren geordnet. Auf faszinierende Weise kann man so auch die Entwicklung von Joschka Fischers Redekunst nachvollziehen.

Debattierschule beim Nutten-Louis

Noch in diesem Kapitel aber ein paar Worte darüber, woher ich Fischer kenne. Unsere Wege kreuzten sich erstmals Anfang 1970 während seiner Frankfurter Tage beim Opel. Vor der Betriebsarbeit war Joschka Fischer so etwas wie ein früher Aussteiger gewesen. Seine Schulbildung blieb äußerst begrenzt, und an der Universität, für die er ohnehin keine Studienberechtigung hatte, wurde meistens gestreikt. Doch hatte er sich über die Jahre ein immenses Wissen angelesen. Die meisten Autodidakten können ihre Kenntnisse nur lexikalisch abfragen. Fischer konnte mehr, konnte die vielen Fäden des Wissens zu einem großen Teppich verknüpfen.

Ein schlagfertiger Redner war er schon in den frühen siebziger Jahren. Dieses Talent sollte sich weiterentwickeln und zu seinem entscheidenden Vorteil in der Politik werden. Vom Himmel gefallen war es nicht. Er hat sich immer wieder selbst gefordert, hat sich, um es salopp zu sagen, gezwungen, das Maul aufzureißen. Wie alle großen Rhetoriker konnte er mit Worten verletzen. Auch in der Methode der Verunsicherung übte er sich früh. Als ich ihn das erste Mal in einer Diskussion erlebte – sie fand im verrauchten, völlig überfüllten Hörsaal VI, dem Audimax der Frankfurter Uni, statt, es muss ebenfalls 1970 gewesen sein –, stand er mit Daniel Cohn-Bendit neben dem Podium, nicht direkt dran, aber nahe genug, um die Redner mit Zwischenrufen aus dem Konzept zu bringen. Es war eine frühe Übung für den Bundestag, eine Unterrichtseinheit, die nicht im Lehrplan stand. Wenn ihm eine Meinung nicht passte, rief er: »Red' doch mal inhaltlich« oder »Nimm die Hand aus dem Maul«.

In kleineren Runden – nach den Teach-ins gingen die Wortführer hinüber zum »Nutten-Louis«, einem Bierlokal an der Bockenheimer Warte – wirkte Fischer meist verbindlicher. Da war sein Ton freundlicher, sein Umgang fast höflich. Das ist bis heute so geblieben. Er pflegt sich im Gespräch vorzubeugen, seinem Gegenüber fest in die Augen zu schauen, als sei dieser der wichtigste Mensch der Welt. Auch überzeugte Anhänger versucht Joschka Fischer stets aufs Neue zu überzeugen.

Jenes Bierlokal, das nach seinem Inhaber eigentlich »Beim Ludwig« hieß, war so etwas wie ein Oberseminar für politische Debattierkunst. Dort kehrte regelmäßig ein Student namens Hans-Jürgen Krahl ein. Krahl stammte vorgeblich aus einer Brauereifamilie, einer adeligen sogar. Eigentlich habe er Physik zu studieren begonnen, hieß es, deswegen denke er so logisch – Krahl galt als einer der brillantesten Analytiker der Apo, der Außerparlamentarischen Opposition. Er war Assistent an der Frankfurter Uni und wurde zum heimlichen Leiter des Adorno-Horkheimer-Seminars. Theodor W. Adorno war schon verstorben und Max Horkheimer viel zu wacklig, um sich noch vor den Studenten Gehör zu verschaffen. Deshalb erklärte Krahl den Jüngeren die kritische Theorie der »Frankfurter Schule«. Aber wie! »Krahli«, wie viele Studenten ihn liebevoll nannten, führte das Seminar im »Nutten-Louis« fort, am liebsten, indem er sich am frühen Nachmittag erst einmal einen »Doppelten-Doppelten« – Korn – genehmigte, um dann zu erläutern, was es mit der »aufsteigenden Dialektik« und der »absteigenden Dialektik« auf sich hatte. Seine Runde war ein verrückter politisch-philosophischer Stammtisch, bei dem nur mithalten konnte, wer sich selber als Zauberlehrling der – in Wahrheit schwer verständlichen – kritischen Meistertheorie erwies, wer trotz der Riesengläser Korn den Faden nicht verlor, wer sich auf diesem Jahrmarkt der Eitelkeit durchzusetzen vermochte – kurz: wer eine große Klappe hatte. Joschka Fischer hatte eine.

Krahl sollte jung durch einen Autounfall sterben. Doch nicht nur Fischer hatte an seinen Lippen gehangen. In diesem dunklen Korn-und-Bier-Seminar saß auch Gudrun Ensslin, die zusammen mit Andreas Baader am 2. und am 13. April 1968 in zwei Kaufhäusern auf der Frankfurter Einkaufsstraße Zeil Brände gelegt hatte, um den Vietnamkrieg in die Bundesrepublik zu tragen. In den frühen siebziger Jahren, bevor sie mit Baader und Ulrike Meinhof abtauchte, warb Gudrun Ensslin während der »Vorlesungen« Krahls offen für die entstehende Rote Armee Fraktion, die RAF. »Kannst du uns nicht Waffen besorgen?«, fragte sie jeden in der Kneipe. Fischer war einer von denen, die damit nichts zu tun haben wollten.

In anderen Salons der Frankfurter Szene lernte er

dies: offen zu wirken. Es gab keine Privatsphäre. Erst recht in den Wohngemeinschaften und in den – zumeist nichtehelichen – Beziehungen galt: Alles ist öffentlich. Streit wurde vor versammelter Mannschaft ausgetragen. Jeder glaubte das Recht zu haben, in den Gefühlen der anderen herumzuwühlen, jeder fühlte sich zum Psychoanalytiker berufen. Die banalsten Anlässe führten zum »Pog«, zum problemorientierten Gespräch. Wenn etwa beim Tanzen ein junger Mann aus Versehen eine Frau anstieß, reichte ihr keineswegs ein »Entschuldigung«. Sie wollte wissen, weshalb er »versteckte Aggressionen« gegen sie hege. Angesichts der ständigen Gefühlsinquisition, die in jenen Jahren herrschte, war es schlau, immer gerade so viel preiszugeben, dass die Inquisitoren befriedigt wurden, ohne die ganze Wahrheit zu erfahren. Eine bessere Schule als die WG- und Kneipen-Szene der siebziger Jahre hätte es für einen Politiker, der die Neugier von Journalisten geradezu herausfordert, nicht geben können.

Herlinde Koelbl, die Joschka Fischer für ihren Bildband »Spuren der Macht« über acht Jahre hinweg jeweils einmal jährlich traf, ihn dabei fotografierte und interviewte, fand, keine der anderen vierzehn Persönlichkeiten, die sie für ihr Vorhaben gewinnen konnte, habe ihr Inneres so rückhaltlos zugänglich gemacht wie Fischer.

Vor der Fotografin ist ihm wieder einmal das Meisterstück gelungen, sich scheinbar zu offenbaren und dabei doch nur wenig über sich zu verraten. Fischer selbst schrieb, dass ein Politiker »von, durch und mit den Medien lebt«. Doch die Medien sind getrieben von dem Zwang, ständig Exklusives, ständig Neues produzieren zu müssen. Es ist eine große Kunst, sie zufrieden zu stellen, indem man ein wenig Intimes preisgibt, ihnen ein Häppchen zuwirft, das sie für ein komplettes Mahl halten – auf dass sie keine weitergehenden Fragen mehr stellen.

Herlinde Koelbl fragte Joschka Fischer also seinerzeit: »Sie sind jetzt 43. Was würden Sie gerne in Ihrem Leben erreichen?« Er antwortete: »Lebensplanung oder Karriereplanung ist mir völlig fremd. Darüber, was ich werden will, habe ich mir nie den Kopf zerbrochen.«

Sie wechselte das Thema: »Wie können Sie den ständigen Stress überhaupt aushalten?«

Fischers Antwort kam als Bonmot daher: »Ich bin ein Mensch, der alles, was er macht, exzessiv macht.«

Journalisten lieben solche Aussprüche. Herlinde Koelbl hat diesen zur Kapitel-Überschrift gemacht. »Alles exzessiv« – das klingt gut, lässt die eigentliche Frage aber unbeantwortet. Wie wenig Wahrheitsgehalt seine Behauptung »Karriereplanung ist mir völlig fremd« besaß, wurde später ja allzu deutlich.

Fischer ist gewandter im Umgang mit Journalisten als andere Politiker. Gerhard Schröder lehnte es in Koelbls Foto- und Interview-Sammlung rundheraus ab, auf bestimmte Fragen einzugehen: »Dazu will ich nichts sagen.« Das wirkt nicht gerade aufgeschlossen. Andere Politiker haben sich die Presse gar zum Feind gemacht. Fischer ist klüger. Er stellt sich den Interviewern, zeigt Interesse am Gespräch, und wenn sie nicht aufpassen, dann hört er einfach nicht mehr auf zu reden – das ist seine Frankfurter Schule.

Aber er beherrscht auch andere Gesprächsmethoden: Manchmal raunzt er Journalisten an, wenn er sie verunsichern will oder wenn er spürt, dass sie nicht gut vorbereitet sind. Sie sind so dankbar, wenn er damit aufhört, dass sie ihm aus der Hand fressen, ihm alles abnehmen. Es ist kein Zufall, dass er von Journalisten immer wieder mit Franz Josef Strauß und Helmut Kohl verglichen wird. Das war auch deren Interviewtaktik: erst einmal anblaffen, hinterher kann man immer noch den Freundlichen herauskehren. Strauß und Kohl indes ließen die Journalisten stets spüren, dass sie im Grunde gar nichts von der Presse hielten. Fischer dagegen überspielt sein Unbehagen, hat sogar richtige Freunde unter den Journalisten, Leute, mit denen er über Jahre hinweg engen Kontakt hielt.

Wie Kohl, Strauß und auch Gerhard Schröder besitzt Fischer einen ausgeprägten Machtinstinkt. Bei ihm ist es kein geschulter, sondern ein echter Instinkt. Kohl verließ sich auf die Meinungsforschung des Allensbacher Instituts von Elisabeth Noelle-Neumann. Fischer aber, der anders als Kohl weit außerhalb der abgeschotteten Parteienwelt Kontakt zu einfachen Menschen hatte, spürt, wo sich politisch etwas bewegt. Er braucht keine Umfragen, er setzt sich notfalls über seine Partei hinweg, und er besitzt, wie einst Ronald Reagan, die Fähigkeit zum »großen Kommunikator« – weil er so denkt und fühlt wie die, die er anspricht. Aber auch dies gehört zur Medienwelt: Ausdauer und die Fertigkeit, eine Botschaft nach dem großen öffentlichen Auftritt zu vertiefen, mit den richtigen Worten und der passenden Selbstdarstellung präsent zu sein – die ersten Übungen absolvierte Fischer in den Kneipen seiner Sturm-und-Drang-Zeit.

Über tausend Seiten Rechtfertigung

Es zeugt von ungeheurem Beharrungsvermögen, dass er zehn (!) Bücher veröffentlichte. Ein Buch, vom Referenten verfasst, gehört zum Renommee eines jeden Politikers, der etwas auf sich hält. Aber zehn, aus eigener Feder, das ist eine enorme Leistung, besonders, weil zwischen dem ersten mit dem Titel »Von grüner Kraft und Herrlichkeit«, das 1984 erschien, und dem jüngsten (»Mein langer Lauf zu mir selbst«) nur fünfzehn Jahre liegen. »Regieren geht über Studieren«, sein politisches Tagebuch über die hessische Ministerzeit, ist spannend geschrieben, »Risiko Deutschland« dagegen, mit dem er sich als Kandidat für das Auswärtige Amt ins Gespräch brachte (worüber hier im Kapitel »Funny Place« die Rede sein wird), verlangt dem Leser viel Mühe ab. Trotz der großen Bandbreite vom Joggen bis zum »Umbau der Industriegesellschaft« enthalten seine Bücher ein verbindendes Thema: Geradezu besessen scheint Fischer das, was er gerade tut, wofür er gerade steht, legitimieren zu wollen. Auch andere Politiker rechtfertigen sich in schriftlicher Form, aber nicht, während sie noch aktiv sind, und nicht auf insgesamt über tausend Seiten.

Zwei Bücher wurden bisher über ihn geschrieben. Sie könnten nicht unterschiedlicher sein. Das eine, offiziell eine Biografie, geschrieben von der Rundfunkjournalistin Sibylle Krause-Burger, geriet mehr zu einer Hagiografie. Das andere, vom ehemaligen *Titanic*-Redakteur Christian Schmidt, krankt am Gegenteil, am wutschnaubenden Ton. Auch dies ist nicht ungewöhnlich für Politiker: kritiklose Verehrung auf der einen,

Hass auf der anderen Seite. Doch Fischer polarisiert auf besondere Weise: Auf Menschen, denen er fremd ist, die wenig über ihn wissen oder die anderer politischer Meinung sind, die ihn also eigentlich ablehnen müssten, übt er eine große Faszination aus; auf alte Bekannte, auf Nahestehende, auf Leute ähnlicher politischer Überzeugung wirkt er wie ein rotes Tuch. Beide Bücher zeugen davon. In Wahrheit ist Fischer weder nur ein lieber, im Grunde ordentlicher Junge, der rechtzeitig von der schiefen Bahn abgekommen ist, wie das Unkritische insinuiert, noch ist er ein Verräter an der linken Sache, wie es das Überkritische will.

Gerade dies interessiert doch: Wie hat Joschka Fischer es trotz der ungeheuren Brüche und Wendungen geschafft, an die Spitze zu kommen? Wird nicht besonders in der Politik Gradlinigkeit verlangt? Fischer gehört einer Generation an, die aufbrach, um das »System« aus den Angeln zu heben, die alles anders machen wollte, sich dabei aber angepasst hat – oder gar, wie es von ihm behauptet wird: *über*angepasst hat –, um heute Macht und Einfluss auszuüben. Eine Generation, über die sich sowohl Vor- als auch Nachfahren mehr aufregen als über andere. Viele der Älteren misstrauen ihr immer noch, während die Jüngeren ihr teils nacheifern, sie zum etwa gleichen Teil aber auch verachten. Sie ist die wahre Nachkriegsgeneration, der wirklich die »Gnade der späten Geburt« zuteil wurde und der Helmut Kohl, der sich mit diesem von Günter Gaus gefundenen Ausdruck von der Geschichte verabschieden wollte, nun wahrlich nicht angehört.

Immer wieder wird für Joschka Fischers Karriere das Bild vom »langen Marsch durch die Institutionen«

bemüht. Er selbst spielt darauf an mit in seinem Buchtitel »Mein langer Lauf zu mir selbst«. Im letzten Kapitel des vorliegenden Buches will ich erörtern, ob dies nicht eine Fehldeutung ist, ob er nicht viel mehr ein Politiker amerikanischen Typs ist und nicht der prototypische Achtundsechziger, zu dem ihn unzählige Journalisten – immer auch durch den Rückgriff auf Dutschkes Kampfruf »Auf zum Langen Marsch« – erklärt haben.

Wer heute in ein Zeitungsarchiv steigt, findet über keinen anderen Politiker eine dickere Akte. Die Porträts über Fischer sind nicht mehr zu zählen. Selten vergeht eine Woche, ohne dass Joschka Fischer sich einem Interview stellt. Auch deshalb soll hier nicht einfach sein Leben nacherzählt werden. Ich möchte vielmehr nachspüren, wie er es immer wieder schafft, Freund und Feind mit neuen Ideen zu überraschen. Und weshalb er in keiner der vielen Krisen, die er durchlitt – während der Studentenbewegung, bei den Grünen, in der Regierungskoalition –, Gefahr lief, selbst unterzugehen. Wenn einem »politischen Projekt« (sein Wort), dem er verschrieben war, das Sterbeglöckchen läutete, ging er aus der Krise stets gestärkt hervor. Genauso im Persönlichen: Andere scheitern, wenn sie geschieden werden, Fischer geht scheinbar mühelos von einer Beziehung zur nächsten. Ihm wird dafür applaudiert, dass er sich ständig neu erfindet. Auf den ersten Blick scheint es, als habe er dies alles einer besonderen Fähigkeit zum Wandel zu verdanken, als sei seine Bereitschaft, ständig neue Wege zu gehen, seine größte Stärke. Bei genauerem Hinsehen erweist sich Fischer aber als erstaunlich konsequent, als äußerst zielstrebig und beharrlich, als geradezu beamtenhaft penibel. Was ist sein Erfolgsrezept?

There's no business like show business

Ich konnte Joschka Fischer über dreißig Jahre hinweg beobachten, mal aus der Nähe, mal aus der Ferne. Als ich ihn in Frankfurt kennen lernte – zunächst nur flüchtig, und es muss Ende 1969, Anfang 1970 gewesen sein –, war ich gerade aus den Vereinigten Staaten zurückgekehrt, wo ich aufgewachsen war und ein paar Jahre studiert hatte. Frankfurt war eine andere Welt. An der Johann-Wolfgang-Goethe-Universität, wo es niemanden scherte, wenn einer wie Fischer ohne Abitur studierte, glühte noch das revolutionäre Fieber der Studentenbewegung, oft bis zum Fieberwahn. Ich fragte einen Studentenberater, welche Seminare ich zu belegen, welche Scheine ich zu machen hatte, um zum Staatsexamen zugelassen zu werden. Der Berater (er sollte später Professor werden) hielt das alles für Unsinn: »Genosse«, sagte er ohne einen Hauch von Zweifel, »wenn du so weit bist, gibt es keinen Staat mehr.«

So redeten auch Joschka Fischer und Daniel Cohn-Bendit. Man muss die beiden in einem Atemzug nennen, weil sich Fischer in jenen Tagen an sein Vorbild Cohn-Bendit regelrecht klammerte. Sie waren die Ideologen der Anarchie und glaubten felsenfest, dass der Staat, dass alle Regeln der Gesellschaft über kurz oder lang zerbrechen würden. Sie eiferten den »Italienischen Genossen« nach, und zwar denen von »Lotta Continua« – ein programmatischer Name, »der Kampf geht weiter«. »Lotta«: der Name hatte ein guten Klang in Frankfurt – man glaubte, in Italien sei die Revolution schon beinahe vollendet.

Fischer und Cohn-Bendit waren die coolen Typen

und sie schienen zu allem entschlossen. Sie theoretisierten nicht nur über die Revolution, sie gingen in die Betriebe. Sie lebten nicht in Studentenwohnheimen, sondern in Wohngemeinschaften. Sie trugen ihre Haare lang, aber nicht so lang wie die Hippies, die ja nichts bewegen wollten, außer ihre Joints. Ich dagegen kam von einer amerikanischen Hochschule, der University of Virginia, an der die Protestbewegung vorbeigegangen war. Auch bei der Kleidung, denn Jackett und Krawatte waren dort Pflicht im Seminar. An einem der typischen Button-down-Hemden, die ich nun einmal hatte, erkannte Fischer den »Imperialisten« in mir.

Ich war von seinem Vorwurf tief getroffen, denn ich hatte Amerika verlassen, weil ich nicht wie so viele meiner Schulkameraden in dem aussichtslosen Dschungelkrieg in Vietnam verrohen oder gar umkommen wollte (damals riskierte man in Amerika, auch dann eingezogen zu werden, wenn man wie ich nur einen dauerhaften Wohnsitz dort hatte). Die linke Gruppe, zu der ich schließlich in Deutschland stieß, war längst nicht so radikal und nicht so anti-amerikanisch wie der »Revolutionäre Kampf«, der »RK«. Ihr haftete allerdings ein Bürokratismus an, der sich auch im Namen zeigte: Arbeitsgruppe Sozialistisches Büro, in der damaligen Szene bekannt als »SB« oder »Offenbach«, weil sie ihr Hauptbüro in einer Souterrainwohnung in der Nachbarstadt am Main hatte.

Wir Offenbacher bewegten uns am linken Rand der SPD. Auch wir hielten uns für undogmatisch, aber wir konnten etwas, was denen vom RK nie gelang: wir konnten organisieren – Veranstaltungen zum Beispiel, auf denen das gesamte linke Spektrum zusammenkam.

Das reizte Fischer, er wollte immer bei uns reden, weil er auf unseren Veranstaltungen zu Recht ein größeres Publikum als das der linksradikalen Szene wähnte.

So auch 1976. Inzwischen waren die linken Träume ausgeträumt, Fischer sprach später von dieser Zeit als einer des »Illusionsabschleifs«. Die nun vollends zersplitterte Studentenbewegung bewegte nichts mehr. Viele hatten Angst vor dem Berufsverbot, das den Radikalen den Weg in den öffentlichen Dienst, also auch in Schule und Hochschule versperrte, wohin es immer noch die meisten Achtundsechziger zog. Gleichzeitig verübte die Rote Armee Fraktion immer brutalere Anschläge, die vom Staat mit einer immer weiter reichenden Fahndung und mit Sondergesetzen beantwortet wurden, die oft genug auch die Falschen trafen.

Zu Pfingsten 1976 planten wir einen Kongress, der sich zunächst nur gegen die Berufsverbote richten sollte. Aber es sprangen immer mehr Gruppen auf, alle wollten den »Anti-Repressionskongress« für ihre Zwecke nutzen. Joschka Fischer kam mit einigen seiner RK-Genossen zur Diskussion nach Offenbach. Die Gegensätze waren unvereinbar: Die meisten von uns hielten die Leute aus der Baader-Meinhof-Gruppe schlicht für Verbrecher, die mit ihren Attentaten und Entführungen das ganze »linke Projekt« gefährdeten; für Joschkas RK dagegen waren die Terroristen »Genossen, die andere Mittel im gemeinsamen Kampf« gewählt hatten.

Umso größer die Überraschung, als Fischer schließlich auf der Veranstaltung die »Genossen im Untergrund«, also die Rote Armee Fraktion, aufforderte, »Schluss zu machen mit diesem Todestrip«.

Als etwas später, 1980, die Grünen in Karlsruhe gegründet wurden, fanden sich dort viele der alten K-Gruppen-Kader wieder ein. Die undogmatischen Gruppen hielten sich fern, auch Fischer, und wer sonst noch von den Spontis übrig geblieben war. Ich schrieb als Journalist über die neue Partei, über die Umweltbewegung und die Friedensbewegung, die den Grünen erst richtig Auftrieb gaben, hatte aber zu Fischer, der zunächst nicht zu den Protagonisten dieser »neuen sozialen Bewegungen« zählte, erst wieder persönlichen Kontakt, als er Umweltminister in Hessen wurde. Dann war er plötzlich für alle interessant, auch für Chefredakteure, die ihre Reporter ausschickten, »neue Themen« aufzutun – der erste Grüne in der Bundesrepublik, der ein Ministeramt innehatte. Damals war daran nichts normal. Fischer hatte nicht nur gegen die Betonköpfe in der SPD zu kämpfen, die Hessen als ihr ureigenes Territorium betrachteten und denen die neue Partei zutiefst suspekt war. Auch die Grünen selbst hieben auf ihn ein. Es waren die Fundamentalisten, die eine Regierungsbeteiligung schlicht als Verrat ansahen. Fischers schlimmste Feindin Jutta Ditfurth überwachte wie eine Politkommissarin jeden seiner Schritte.

Ein weiteres Jahrzehnt später kam es zu einem beinahe zufälligen Zusammentreffen in Washington, wo ich als Korrespondent arbeitete. Die amerikanische Hauptstadt ist das bevorzugte Reiseziel deutscher Abgeordneter. Alle vierzehn Tage gibt es dort ein diplomatisch-journalistisches Ritual. Auf Einladung der Deutschen Botschaft kommen Abgeordnete des Bundestages zu Besuch, und die Pressevertreter werden auf einen Drink oder gar zum Dinner in die Botschaft geladen, auch wenn an dem Besuch eigentlich nichts berichtenswert ist. Bei einem der Vortragenden rissen sich die Presseleute immer um Einladungen. Er konnte gut reden, hatte eine wechselvolle Vergangenheit und neue Ideen: Joschka Fischer.

Dem Bundestagsabgeordneten der Grünen war zudem seit Mitte der neunziger Jahre anzumerken, dass es ihn in das Außenministerium zog. »Der ist ministrabel«, hieß es 1996, nachdem Fischer auf der Wye River Plantation im US-Bundesstaat Maryland auf Einladung der Herbert-Quandt-Stiftung einen Vortrag gehalten hatte. Horst Teltschik, ehedem außenpolitischer Berater von Kohl, nun Stiftungsverwalter, bemerkte nach Fischers wohlwollenden Kommentaren über die Nato und über Deutschlands Einbindung: »Wenn das die Außenpolitik der Grünen ist, dann kann Fischer auch Minister werden.« Man konnte an den Fingern abzählen: In einer rot-grünen Koalition würde er das Auswärtige Amt fordern. Obzwar er noch alle Kilos drauf hatte, kleidete er sich schon wesentlich eleganter. Alte Bekannte aus der Frankfurter Szene, die er immer geduzt hatte, sprach er nun mit »Herr« und »Sie« an. Eifrige junge Referenten umschwirrten ihn, ein sicheres Zeichen dafür, dass einer auf dem Weg nach oben war.

Selten unterwerfen sich Menschen einer solchen Disziplin, wie Joschka Fischer es tat, als er sich in einen Asketen verwandelte. Aber ist er nun wirklich am Ende seines langen Laufs zu sich selbst angekommen, wie er in seinem Jogger-Buch insinuiert? Ist seine Persönlichkeit nun gefestigt? Stimmt es wirklich, dass er seinen Ausstieg aus der Politik schon ins Auge gefasst hat?

Fischers Generation ist auch meine und so richten die Fragen dieses Buchs sich auch zwangsläufig an den

Autor selbst. Mehr als die Politik, glaubte diese Generation die Lebensformen ändern zu können. Was ist aus diesem anderen Stil geworden? Eine Art Monogamie in Serie wie bei Fischer, der nun zum vierten Mal heiratete und dessen über zwanzig Jahre jüngere Frau wie eine Trophäe für einen alten Kämpfer wirkt? Sind die Achtundsechziger so opportunistisch, wie es ihnen von den Konservativen nachgesagt wurde, als sie sich wie Fischer zu Kontinuität und Regierungsverantwortung bekannten? Hatte diese Generation ihre große Stunde vor dreißig Jahren, und klammert sie sich heute nur noch, wie der CDU-Fraktionsvorsitzende Friedrich Merz spottet, »an die Auspuffe ihrer Dienstwagen«?

Viele von Fischers Freunden machten ihre Karriere im Showgeschäft, wohl nicht aus Zufall: Matthias Beltz, der es am längsten bei Opel aushielt, wurde Kabarettist. Ralf Scheffler, mit dem Fischer in einer Wohngemeinschaft lebte, ist Besitzer mehrerer erfolgreicher Diskos im Zentrum Frankfurts. Johnny Klinke, ebenfalls einst in der Betriebsgruppe des Revolutionären Kampfs, ist Chef des Varieté-Theaters »Tigerpalast«.

Als Joschka Fischer schon Außenminister war, hatte Scheffler zum Geburtstag die alten Freunde in sein Lokal »Nachtleben« an der Konstabler Wache eingeladen. Bei diesem Wiedersehen verkündete Fischer treuherzig: »Es ist mir immer noch ein Rätsel, woher meine Beliebtheit kommt.« Des Rätsels Lösung: Er hat das Showbusiness weit besser verstanden als seine Freunde.

Ein Außenseiter als Außenminister?

Joschka Fischer hält beinahe unbemerkt eine bedeutende Rede – und verrät dabei mehr über sich selbst, als er glaubt

Ein Streetfighter kommt im Stresemann daher

»Es ist diesem politisch recht einsamen Mann, der weder eine bewaffnete Macht noch eine zuverlässige Massenorganisation hinter sich hatte, dennoch gelungen, der Entwicklung Deutschlands seinen Stempel aufzudrücken.« Worte über einen deutschen Außenminister, der als Außenseiter galt. Und ein Urteil, das mehr über den Urheber verrät als über den Beurteilten. Lassen wir einmal die Worte von der »bewaffneten Macht« weg, ersetzen wir zudem »Massenorganisation« durch Partei, schreiben wir also: Es ist diesem politisch recht einsamen Mann, der nicht einmal eine zuverlässige Partei hinter sich hatte, dennoch gelungen, der Entwicklung Deutschlands seinen Stempel aufzudrücken.

Und so geht es weiter: »(Seine) hervorstechendste Eigenschaft – und hier mag eine Erklärung für einen Gutteil der Widersprüche liegen – war seine ausgeprägte Lern- und Entwicklungsfähigkeit.« In der Abschrift des Vortrags, von dem hier die Rede ist, sind die letzten drei Wörter unterstrichen. Der Vortragende hat die »ausgeprägte Lern- und Entwicklungsfähigkeit« besonders betont. Ändern wir aber spaßeshalber auch diesen

Satz um eine Nuance, fügen wir den Namen »Fischer« ein, dann liest er sich so: Die hervorstechendste Eigenschaft Fischers – und hier mag eine Erklärung für einen Gutteil der Widersprüche liegen – war seine ausgeprägte Lern- und Entwicklungsfähigkeit.

Erraten, es war tatsächlich Joschka Fischer, der diesen Vortrag hielt – nicht über sich selbst, sondern über einen seiner großen Vorgänger, über Gustav Stresemann. Als Fischer am 26. Januar 2000 in der Evangelischen Akademie in Berlin über jenen Staatsmann der Weimarer Republik sprach, hieß das Thema: Der Außenminister als Außenseiter.

Und Joschka Fischer hatte, so wollte er hinterher glauben machen, gar nicht an eine mögliche Seelenverwandtschaft oder Parallelen zu Stresemann gedacht. Aber ist Fischer nicht auch einer, über dessen Entwicklungspotenzial viele staunen? Und seine eigenen Widersprüche – würde er sie nicht selbst auch mit »seiner ausgeprägten Lern- und Entwicklungsfähigkeit« erklären?

Fischer hat sogar gelegentlich durchblicken lassen, dass er in Stresemann sehr wohl ein Vorbild sieht, dass er den staatsmännischen Auftritt und die demokratische Überzeugung dieses Außenministers schätzt, der durch den frühen Tod davor bewahrt blieb, sich mit den Nazis aktiv auseinander setzen zu müssen. In seiner Rede an jenem trüben Januartag in der Evangelischen Akademie hat Fischer jedenfalls sehr viel mehr über sich selbst verraten, als er zuzugeben bereit ist.

Er selbst gilt als der widersprüchlichste, der am wenigsten geradlinige unter den deutschen Politikern. Fischer hielt nichts vom »langen Marsch durch die Ins-

titutionen«, zu dem seinerzeit der Wortführer der
außerparlamentarischen Opposition, Rudi Dutschke,
aufgerufen hatte. Fischer wollte die Institutionen gar
nicht bestehen lassen – und von langen Märschen wollte er auch nichts wissen. »Wir wollen alles« war seine
Parole, und das »sofort« schwang mit. Der lange Marsch
durch die Institutionen: Dutschke hatte eine Formel gefunden, um Maos Begriff vom »langen Marsch«, der in
Wirklichkeit einen Jahre andauernden Guerillakrieg
meinte, auf die westlichen Verhältnisse zu übertragen.
Dutschke wollte eine langsame Veränderung der Gesellschaft durch Unterwanderung ihrer Institutionen. Fischer hielt davon überhaupt nichts. Er wollte raus aus
der Gesellschaft, wollte aussteigen, wollte den schnellen Umsturz, wollte einen Staat ohne Institutionen –
und am liebsten alles zugleich. Er war ein Streetfighter,
der wie der Anarchist Michail Bakunin an die »Propaganda der Tat« glaubte.

Fünfundzwanzig Jahre später kommt dieser Fischer
im Stresemann daher, steht am Ende des langen
Marschs der Achtundsechziger, auf den er sich schließlich doch eingelassen hatte, buchstäblich an der Spitze
der Marschierenden, wird Mitglied der Bundesregierung, Vizekanzler und Chef jenes Ressorts, das zu Recht
als erste Institution des Staates gilt. Wie hatte er über
Stresemann gesagt: Ein »Gutteil der Widersprüche« be-
durfte einer »Erklärung« – im Falle Stresemanns dessen
»ausgeprägte Lern- und Entwicklungsfähigkeit«.

Und Fischer? Mehr an Widersprüchen, wenn wir auf
die Geschichte der Grünen blicken: Ohne den Protest in
den achtziger Jahren gegen die Nachrüstung – vor allem
gegen den so genannten Doppelbeschluss der Nato-

Staaten –, bei dem Demonstranten Stirnbänder mit der Aufschrift »Ich habe Angst« trugen, hätte diese grüne Partei niemals den Sprung ins Parlament geschafft. Sie war zwar von der Umweltbewegung geboren worden, aber sie wurde gepäppelt von der Friedensbewegung. Und ausgerechnet Joschka Fischer, den die Friedensbewegung groß gemacht hat, sieht den Krieg – auf dem Balkan – als einzige Möglichkeit zur Konfliktlösung.

Womit er sich sofort in den nächsten Widerspruch verstrickte. Die Teilnahme am Krieg im Kosovo begründete er mit der Notwendigkeit, die Menschenrechte durchzusetzen. Die Menschenrechte sollten ihm als Leitschnur deutscher Außenpolitik dienen. Wenige Monate später aber, als die Russen in Tschetschenien um ein Vielfaches brutaler wüteten als die Serben seinerzeit im Kosovo, als Grosnij zusammenkartätscht wurde, traf sich derselbe Fischer zum Tête-à-tête mit dem russischen Präsidenten Wladimir Putin, ohne auch nur einmal die Prinzipien einer menschenrechtsorientierten Außenpolitik hochzuhalten. Er reiste, wie es in der *Frankfurter Allgemeinen Zeitung* treffend hieß, ohne »Folterwerkzeuge im Diplomatenkoffer« nach Moskau und drohte den Russen nicht einmal mit Krediteinschränkungen oder anderen diplomatischen Nadelstichen, sondern zeigte vielmehr auffällig großes Verständnis für ihre Nöte im Nordkaukasus. Ebenso wenig hatte er einen Auftritt von Gerd Poppe, dem Beauftragten für Menschenrechte und humanitäre Hilfe, arrangiert. Russland sei nun einmal eine Großmacht, und Tschetschenien liege nicht in Europa – so knapp begründete er seinen plötzlichen Wandel zum Pragmatismus.

Mehr Widersprüche gefällig? Als Joschka Fischer seine Rede über Stresemann hielt, beherrschte ein spektakuläres innenpolitisches Thema die Schlagzeilen, nämlich der Parteispendenskandal der CDU. Es stellte alles bisher Dagewesene, alle Skandale, auch die Flick-Affäre, in seinen Schatten, was zweifellos dazu beitrug, dass Fischers Stresemannrede wenig beachtet wurde. Die Schwarzgelder, die Ex-Kanzler Helmut Kohl angenommen hatte, und die kriminelle Geldwäsche der hessischen CDU, die perfiderweise auch noch behauptete, Juden hätten ihr die Millionen-Spenden hinterlassen, waren Tagesgespräch über Wochen.

Fischer hielt sich in dieser Debatte zurück. Er, der für seine bissigen politischen Attacken bekannt ist, wollte den politischen Gegner offensichtlich schonen. Von ihm hätte man doch eigentlich erwarten dürfen, dass er noch ein wenig nachstoßen würde, als die Christdemokraten so nahe am Abgrund standen. Doch ausgerechnet er unternahm einen eigenartigen Rettungsversuch von geradezu staatsmännischer Räson. Man solle doch eine vorübergehende »Einstellung des politischen Wettbewerbs« erwägen, wünschte er, solle also die Schwäche des politischen Gegners nicht ausnutzen, sondern der CDU helfen, sich zu erholen.

Ein paar Tage später im Landtagswahlkampf in Schleswig-Holstein besann er sich eines anderen und kehrte einen Moment lang zur alten Ironie zurück. Er erinnerte sich nicht mehr an den vollen Namen des vormaligen hessischen CDU-Schatzmeisters Prinz Casimir zu Sayn-Wittgenstein, der für die Verschiebung von Geldern in die Schweiz verantwortlich war, witzelte im hessischen Dialekt über den »Prinz Casimir«. Doch es war nur ein schwacher Abglanz dessen, was Fischer einst als junger Bundestagsabgeordneter geboten hatte, etwa bei der Affäre um den Bundeswehrgeneral Kießling.

Kießling wurde bekanntlich Ende 1983 von Manfred Wörner auf Grund einer Verleumdung aus dem homosexuellen Strichermilieu ein Vierteljahr früher als vereinbart in den Ruhestand geschickt. Der damalige Verteidigungsminister hielt an seiner Entscheidung auch dann noch fest, als sich längst zeigte, wie unbegündet die Vorwürfe gegen den General waren. Fischer verspottete daraufhin Wörner – ihm selbst einen Hang zur Homosexualität unterstellend – als den »Manfred von der Bundeswehr«, der wohl den verdienten Soldaten Kießling mit einem »großen Zapfenstreich« und dem Choral »Ich bete an die Macht der Liebe« verabschieden würde.

Wenn das kein Widerspruch ist: einst die schärfste Ironie für den politischen Gegner, dann das größte Verständnis für dessen übelste Machenschaften.

Ein Orgelspiel als Honorar

Verfasst hatte den Vortrag über Stresemann einer von Fischers Redenschreibern im Auswärtigen Amt: Arnd Freytag von Loringhoven, der sich darauf versteht, die Gedanken des Außenministers nachzuempfinden. Geholfen hatte auch Pressesprecher Andreas Michaelis, der Fischer seit Mitte der neunziger Jahre, als Michaelis noch in der deutschen Botschaft in Israel tätig war, kennt und bewundert. Als Fischer zu Besuch nach Isra-

el kam, war Michaelis derart von dessen Intellekt angetan, dass er, sobald sich die Gelegenheit bot, den Spre-
cherposten übernahm. Auch Michaelis glaubt, sich
leicht in Fischers Gedankenwelt hineinversetzen zu
können. Schließlich ist es seine Aufgabe, den Minister
zu »verkaufen« – und das tut er mit Verve.

Umso auffälliger, dass an jenem Wintertag bis in den
Abend hinein an der Stresemann-Rede gefeilt wurde.
Sie kam nicht einmal pünktlich am darauf folgenden
Tag auf die Web-Site des Auswärtigen Amts *(www.aus-
waertiges-amt.de)*, wo sonst immer prompt alles erscheint, was der Minister von sich gibt. Fischer selbst
hatte sich noch bis zum Schluss Gedanken gemacht,
hatte herumgestrichen und hervorgehoben.

So kam noch ein weiterer Satz in die Rede, der ihm
selbst wie auf den Leib geschrieben war, obwohl auch
dieser dem Außenminister der Weimarer Republik galt:
»Es war sein Sinn für das Machbare, für die politische
Stimmung, für die Argumente und Interessenlagen seiner Widersacher, kurz es war sein ausgeprägter *Realitätssinn*, der den Politiker und Staatsmann Stresemann
vielleicht mehr als alles andere kennzeichnete.« Auch
diese Unterstreichung war im Manuskript zu finden.
Wollte Fischer seinen eigenen Realitätssinn betonen?

Immer wieder war ihm seit dem Eintritt in die Bundesregierung vorgeworfen worden, er habe die Prinzipi-
en der Grünen verraten, habe sich vom Pazifismus und
vom Primat des Umweltschutzes abgewendet. Die Stresemannrede bot die Gelegenheit, sich zu rechtfertigen
und dies auf elegant unaufdringliche Weise. Vorder-
gründig sprach Fischer ja nicht über sich selbst, sondern über einen anderen. Wer will es ihm da verübeln,

dass er die guten Eigenschaften Stresemanns aufzählt und – ohne dick auftragen zu müssen – nahe legt, es seien auch die eigenen? Schließlich blieb es jedem Zuhörer selbst überlassen, was er zwischen den Zeilen las – in dieser Hinsicht war die Rede brillant.

Robert Leicht, der glücklose ehemalige Chefredakteur der *Zeit*, hatte den Abend in der Akademie organisiert. Wie Fischer, der als Junge die Schule und sogar die Lehre abgebrochen, sich aber später all sein Wissen angeeignet hatte, musste auch Leicht das Manko einer unvollständigen Bildung wettmachen. Leicht galt, bevor er zu der Hamburger Wochenzeitung kam und noch bei der *Süddeutschen Zeitung* Leitartikel schrieb, als der liberalste, vor allem als der kenntnisreichste rechtspolitische Kommentator – überall in der alten Bundesrepublik las man Robert Leicht. In den Redaktionen wartete man bei rechtspolitischen Debatten seine Meinung ab, bevor man sich die eigene bildete. Nur wenige wussten, dass Robert Leicht nicht einmal das juristische Staatsexamen abgelegt hatte.

Später bei der *Zeit* quälte er die Redakteure mit seinem Wissen. Wie ein Getriebener musste er es immer wieder unter Beweis stellen. Es gab nichts, über das er nicht Bescheid wusste. »Ich dächte fast« – so begann er als Chefredakteur gerne seine Sätze, und alle wussten, es stand wieder eine lange Redaktionskonferenz mit vielen Belehrungen bevor. *Overachiever* nennen die Amerikaner solche Leute, die ständig weit über das Ziel hinausschießen.

Auch Joschka Fischer besitzt eine solche Eigenschaft. Auch er kann nicht aufhören zu reden; auch er hört oft nicht zu, um eine andere Meinung ernstlich zu wägen, sondern nur, um Stichworte für den eigenen Wortschwall zu sammeln; auch er muss ständig seine geistige Überlegenheit beweisen – und möchte dafür bewundert werden.

Robert Leicht wurde, nachdem er als Chefredakteur der *Zeit* abgelöst worden war, Präsident der Evangelischen Akademie in Berlin. Seine Artikel gelten heute häufig Fragen der Religion, obwohl er auch die Theologie nur beinahe studiert hatte. Mit seiner Veranstaltungsreihe zur deutschen Geschichte wollte er sich, in eigenen Worten, »Gehör verschaffen«, indem er »ganz große« Redner einlud. Fischer war der Erste.

Neben etlichen Journalisten und Politikern saßen an jenem 26. Januar 2000 auch eine Reihe von Akademikern und Diplomaten unter den Zuhörern. Und das diplomatische Corps ist noch immer so etwas wie der Adelsstand der politischen Klasse. Fischer war in Hochstimmung. Seine Rede war gut angekommen – er selbst war angekommen. In einer Welt, die noch nicht ganz die seine war. In den höchsten Sphären der Politik war er ja längst zu Hause. Als unzimperlicher Debattenredner war er schon seit Jahren der Größte. Als Diplomat trat er inzwischen sicher auf. Doch als Gelehrter hatte er noch nicht Furore gemacht.

Die bundesrepublikanische Gesellschaft mag noch so durchlässig geworden sein, mag allen Schichten Aufstiegschancen eröffnet haben – wer nicht studiert hat, dem fällt es schwer, von den akademisch Gesalbten ernst genommen zu werden. Deutsche Professoren, immer auch bemüht, ihre eigene Stellung abzusichern, tun Veröffentlichungen von Nicht-Akademikern, mögen sie noch so gehaltvoll sein, im Allgemeinen als »feuilletonistisch« ab. In den Vereinigten Staaten würde einer wie Joschka Fischer nach dem Ausstieg aus der aktiven Politik – trotz fehlender akademischer Grade – an einer der Elitehochschulen lehren können, in Deutschland nicht. Joschka Fischer konnte an jenem Abend zeigen, dass er alles beherrscht: den Umgang mit Bürokratie und Diplomatie, die politischen Grabenkämpfe *und* den akademischen Diskurs.

Die Rede in der Evangelischen Akademie war nicht seine erste Rede vor einem intellektuellen Publikum. Aber sie war akademischer als alle früheren, denn es ging nicht um praktische Politik, sondern um historische Zusammenhänge. Sein Sprecher Michaelis fühlte sich an eine Verteidigungsrede bei einer Habilitation erinnert, der höchsten akademischen Weihe: »Der weißhaarige Robert Leicht, der dunkle Saal, das spärliche Licht am Pult – es war wie an einer mittelalterlichen Universität.«

Fischer verzichtete auf ein Honorar. Sein einstündiger Vortrag sollte mit einem einstündigen Orgelspiel abgegolten werden, Bach von Robert Leicht, der sich bekanntlich gerne mit Helmut Schmidt zum vierhändigen Spiel auf die Orgelbank setzt.

Honorarverzicht gegen Orgelspiel – hätten zwei emeritierte Professoren einander feinfühliger Reverenz erweisen können? Leicht hatte richtig gespürt, dass auch Fischer einen Komplex zu überwinden hatte und sich doppelt Mühe geben würde. Leicht zeigte sich seinerseits stolz darauf, in den Werdegang der Rede eingeweiht zu sein, gewusst zu haben, welche Teile aus wessen Feder stammten. Fischer hatte Leicht richtig eingeschätzt. Es ist ein alter Trick im Umgang mit Journalisten, sie vorab einzuweihen, um ihnen zu schmeicheln.

Auch Joschka Fischer ist – zumindest unter den einstigen Gesinnungsgenossen – ein »politisch recht einsamer Mann« geworden. Er hat, wie seine Zustimmung zum Kosovo-Krieg zeigt, all das aufgegeben, wofür er gewählt wurde. Seit ihrer Gründung standen die Grünen und die politischen Bewegungen, die sie trugen, keineswegs als »zuverlässige Massenorganisationen« hinter ihm, im Gegenteil, seine Position in der Partei war lange umstritten, die Partei selbst nach zwanzig Jahren immer noch ungefestigt.

Keine Frage: Auch Fischer ist völlig überzeugt, dass er »der Entwicklung Deutschlands seinen Stempel aufgedrückt« hat. Schließlich wurde das Land durch ihn in die Normalität von Nato-Einsätzen geführt, er hat den Anstoß gegeben für einen weiteren Verzicht auf nationalstaatliche Souveränität zu Gunsten der europäischen Integration. Und »ein feines Gefühl für das Machbare« – hatte ihm das nicht kurz zuvor die *Frankfurter Allgemeine* attestiert? Zum Jahreswechsel 1999 auf 2000 schrieb sie auf ihrer ersten Seite: »So schnell und erfolgreich hat noch kaum jemand den politischen Grundkurs in außenpolitischem Realismus absolviert.« Der Kommentar stammte aus der Feder von Günther Nonnenmacher, einem der Herausgeber der Zeitung. Nonnenmacher fährt fort: »Fischer, die Worte Kontinuität, Verantwortung und Verlässlichkeit auf den Lippen, hat die Außenpolitik in sichere Gewässer navigiert.«

Ganz ähnlich beurteilte Joschka Fischer in seiner Rede Gustav Stresemann. Und so würde er auch über sich selbst sprechen, wenn er sich nur offenbarte. Viele in der Bundestagsfraktion der Grünen nennen ihn übrigens »unser Stresemännchen«.

Im persönlichen Gespräch spielt er die Bedeutung der Rede herunter. Mit wegwerfender Handbewegung sagt er über Stresemann: »Der Mann ist mir völlig fremd.«

»Aber die Attribute ›lernfähig‹ und ›Realitätssinn‹, das passt doch auf Fischer, das springt doch geradezu ins Auge!«

»Vergiss es«, wehrt er abermals ab. »Die Person Stresemann bedeutet mir nichts.«

»Woher kommen denn die auffälligen Parallelen?«

»Das hat mir alles der Arnd reingeschrieben, das ist seine Interpretation.« Fischer wäre nicht Fischer, wenn er die Chance zu einem Selbstlob ungenutzt verstreichen ließe: »Wir haben an der Rede rumgearbeitet, wir drei, und die politische Orientierung wie auch die Zuspitzung auf die Begrenztheit Stresemanns in der Westpolitik, das stammt von mir.« *His Master's Voice* scheint Fischer besser zu kennen als der sich selbst.

Worin liegt denn die politische Orientierung, von der Fischer spricht? In seiner Rede drückt er sich unmissverständlich aus: *Erstens* in der europäischen Integration und der transatlantischen Verankerung. *Zweitens* in der Überwindung der aus der deutschen Mittellage stammenden Unsicherheiten, also auch im Verzicht eigenständiger deutscher Großmachtpolitik. *Drittens* in der Aufhebung des Ungleichgewichts in Europa, das heißt der Osterweiterung der Europäischen Union. Dies waren die Punkte, auf die er den Text selbst, wie er es sagt, »zuspitzte«. Doch gäbe es einen allgemein anerkannten Leitfaden deutscher Außenpolitik seit 1948, sozusagen ein Brevier der außenpolitischen Vernunft, es enthielte genau diese Elemente. Abermals ist angedeutet, dass er Stresemann doch mehr ähnelt, als er zuzugeben bereit ist, zeigt er doch auch hier vor allem seinen Sinn für das »Machbare«.

Gern sieht sich Joschka Fischer als Erbe Willy Brandts. Dessen Außenpolitik begann allerdings mit einer Vision, die ganz und gar nicht »machbar« erschien, mit der Vision von der Ostpolitik. In seinem Vortrag hatte Fischer behauptet, Stresemann sei »mit der gesamten Weimarer Republik Geschichte geworden«. Er wolle es lieber mit der »lebendigen Tradition« halten, mit der jener beiden »Gründerfiguren der europäischen Integrations- und Versöhnungspolitik«, Konrad Adenauer und Willy Brandt.

Des Ersteren Beharrlichkeit hat Joschka Fischer bewiesen, des Letzteren Mut, gegen den Strom zu schwimmen, indes nicht, jedenfalls nicht als Außenminister. Kein Zufall, wenn der außenpolitische Doyen der CDU/CSU-Fraktion Karl Lamers sinniert: »Zu den Grünen passt Fischer nicht mehr, zu den Sozialdemokraten eigentlich auch nicht, am besten passt er zu uns.« Um allerdings vorsichtig hinzuzufügen: »Nur wollen wir ihn nicht.«

Fischer selbst will auch bei hartnäckiger Nachfrage solche Gedankenspiele nicht mitmachen. Wo nun sieht er selbst seinen politischen Standort? Er winkt ab, flüchtet in den Witz: »Die Veranstaltungsreihe hieß doch ›Der Außenminister als Außenseiter‹ – bei mir ist es umgekehrt: der Außenseiter als Außenminister.«

Ein Außenseiter aber war Joschka Fischer nie.

»Appetit auf Macht«

Fischer ist der Liebling der Journalisten. Er weiß, wie er sie sich nützlich machen kann. Über Kritik ist er keineswegs erhaben

»Unter drei«

Eines der ungeschriebenen Gesetze über den Umgang der Presse mit den Politikern ist das der Schonfrist. Wenn eine neue Regierung ins Amt kommt, wird sie nicht sogleich kritisiert, die Journalisten halten sich eine Weile zurück, jedenfalls die seriösen. Wie so viele demokratische Spielregeln kommt auch diese aus den Vereinigten Staaten. Seit den frühen sechziger Jahren hat sie dort beinahe Allgemeingültigkeit. *One hundred days* lässt man einen neuen Präsidenten, einen Senator oder einen Gouverneur gewähren, nach diesen hundert Tagen dann ziehen die Kommentatoren eine erste kritische Bilanz.

»Die ersten hundert Tage« – auch in Deutschland kam es in Mode, eine neue Regierung erst einmal zu verschonen. Indes wurde hierzulande die Hundert-Tage-Regel nie so streng angewandt wie jenseits des Atlantik. Der Grund dafür, dass dieses Abkommen dort ernster genommen wird, dürfte in der Amtszeitbegrenzung liegen. Der amerikanische Präsident zum Beispiel darf sich nur einmal nach vier Jahren zur Wiederwahl stellen. Außerdem ernennt er sein Kabinett unabhängig von den Parteien, und die Minister sind nur in den allerseltensten Fällen Parlamentarier, die selber vorher zur Wahl standen. Es gelangen daher ständig frische Kräfte in die Regierungen, von denen viele keine Berufspolitiker sind. Die hundert Tage währende Frist gibt ihnen die Chance, sich einzuarbeiten.

In Deutschland dagegen regieren manche Bundeskanzler anderthalb Jahrzehnte und länger. Ihre Minister sind alte Bekannte, nahezu ausschließlich Apparatschiks, die sich in den Parteien und im Bundestag hochgedient haben. Sie sind keine Neulinge, es gibt keinen Grund, sie zu schonen. Andererseits geben ihnen die Presseleute sehr wohl einen großen Kredit. Das wiederum liegt an der zuweilen ungesunden Nähe zwischen Politikern und Journalisten. Wobei das Wort »Nähe« noch allzu freundlich klingt. Besonders im früheren Bonner, aber auch im heutigen Berliner Pressekorps muss von einem fein abgestimmten System wechselseitiger Abhängigkeit gesprochen werden. Es ist ein System des Gebens und Nehmens, das keiner so gut beherrscht wie Joschka Fischer.

Eine wichtige Einrichtung ist dabei der »Hintergrund«. »Dazu machen wir einen ›Hintergrund‹«, weist Fischer regelmäßig seinen Pressesprecher an, gemeint ist ein Hintergrundgespräch. Und das geht so: Fischer kehrt etwa von einer Reise in den Iran zurück. Dort hat er, nach eigenen Worten, ein »großes Potenzial für eine Zivilgesellschaft« entdeckt. Das Feindbild vom Iran als einem Staat fundamentalistischer Mullahs ist jedoch noch immer weit verbreitet. Und wegen einer vermeintlich allzu iranfreundlichen Politik hat Fischer einst seinen Vorgänger Klaus Kinkel zum Rücktritt aufgefordert.

Also versucht er mit einem Hintergrundgespräch, seine neue Sicht unters Volk zu bringen, in diesem Fall also das Bild von einer Gesellschaft im Wandel. Es gilt in einem solchen Gespräch der Code »unter drei«. Die Journalisten dürfen das, was sie erfahren haben, wie eigenes Wissen verwenden, sie dürfen aber nicht zitieren oder eine Meinung einem namentlich Genannten zuordnen.

Auch die Presseleute profitieren von solchen Gesprächen. Sie erfahren eine Menge aus erster Hand. Zudem werden längst nicht alle aus der großen Meute der Hauptstadtkorrespondenten zu solchen Gesprächen eingeladen. Nur Auserwählte sind dabei und die fühlen sich entsprechend wichtig. In ihren Zentralredaktionen haben sie »die Nase vorn«, können über etwas berichten, das die anderen erst später in einer offenen Pressekonferenz erfahren. Häufig wird bei solchen Gesprächen auch ein Mahl gereicht und guter Wein getrunken. Wer die Regeln bricht, wer also doch Namen nennt oder zitiert, der muss mit einer drastischen Strafe rechnen: mit Ausschluss.

Fischer treibt dieses Spiel noch weiter als andere. Er ruft gezielt alte Vertraute unter den Journalisten an, um die Stimmung auszuloten. Einige wenige, die ihm immer gewogen waren, belohnt er sogar mit der Preisgabe von Geheimdokumenten, so den linksliberalen Korrespondenten der *Zeit*, Gunter Hofmann. Ihm, dem langjährig Bekannten, öffnete Fischer zu Beginn des Kosovo-Krieges die Archive des Auswärtigen Amts. Hofmann, ein überaus fairer Journalist, also eine Ausnahme seiner Zunft, hatte an Fischer appelliert, nichts zu verbergen. Und dieser wollte beweisen, dass er bei den Gesprächen auf dem französischen Schloss Rambouillet wirklich den ganzen Verhandlungsspielraum ausgeschöpft hatte. So trafen sich zwei Interessen: Fischer öffnete die Akten, Hofmann hatte einen exklusiven Einblick in das Geschehen auf Rambouillet und konnte seine Einsichten wenig später veröffentlichen.

Fischer entscheidet persönlich, welche Journalisten er auf seinen Reisen im Flugzeug mitnimmt. »Ich will auf jeden Fall den Soundso, auf keinen Fall den Soundso dabei haben«, weist er seine Sekretärin an, während er die auf ihrem Schreibtisch bereitliegenden Pässe der Angemeldeten durchblättert.

Auch der Entzug gehört zum Spiel: Ende des Jahres 1999 gab er eine Zeit lang überhaupt keine Interviews mehr. Er wollte sich keiner Kritik aussetzen. Und ein Jahr nach dem Kosovo-Krieg verschloss er sich, trotz zur Schau getragener Offenheit, detaillierten Fragen zu Ereignissen vor und während des Krieges. Plötzlich schützte er »Geheimnisse« vor, betonte, es befänden sich noch zu viele der damaligen Entscheidungsträger im öffentlichen Leben. Den wahren Grund für seine überraschende Undurchdringlichkeit plauderte er ganz nebenbei aus: Er behält sich vor, über seine Amtszeit in eigenen Memoiren zu berichten.

Doch zurück zu den Hundert-Tage-Bilanzen. Zu Beginn des Jahres 1999, als sie für die neue Bundesregierung fällig geworden wären, fielen sie schon gar nicht mehr auf, denn der rot-grünen Koalition war von Anfang an keine Schonfrist gewährt worden. Sie wurde schon aufs heftigste kritisiert, als sie erst zehn Tage im Amt war. Chaotisch, ineffizient, den hohen Ansprüchen nicht gerecht geworden – so der allgemeine Tenor. Dann kam der Paukenschlag aus den eigenen Reihen, als

Oskar Lafontaine über Nacht von all seinen Ämtern zurücktrat. »Wir waren alle am Schwimmen in der eiskalten Grönlandsee«, stöhnte Joschka Fischer über die Zeit unmittelbar nach dem Amtsantritt der neuen Bundesregierung, »verfolgt von hungrigen Eisbären.«

Der deutsche Einsatz im Krieg auf dem Balkan kam dann wie ein Segen: Plötzlich ließ die Kritik an der Regierung nach. Fast pathetisch präsentierten sich Gerhard Schröder, Rudolf Scharping und Joschka Fischer als drei Musketiere, die widerwillig in den Krieg zogen. Ernsthaft und entschieden wirkte das Trio, zumindest Schröder und Fischer hatte man so bisher nicht gesehen. Und als das Pathos hohl zu klingen begann, war – ihr Glück – der Krieg schon vorbei. Die Prophezeiung vieler Beobachter, der Krieg würde die Koalition in kürzester Zeit zerreißen, war nicht in Erfüllung gegangen. Auch deshalb hielten sich die Kritiker von Rot-grün einige Monate länger zurück.

Aber dann: Nach dem Sommer 1999, unter dem Eindruck einer Serie von Wahlniederlagen der Koalition in den Bundesländern, begann der Mediendrachen wieder sein Feuer auf die Koalition zu speien. Erstaunlicherweise blieb einer ausgespart: Joschka Fischer. Es schien, als stünde er schon über den Parteien. In kritischen Kommentaren über die Bundesregierung wurde er nicht erwähnt. Bei »grünen« Themen wie Atomausstieg oder Ökosteuer kam er nicht vor. Allein mit dem Auswärtigen Amt wurde er in Verbindung gebracht. Und dort stand ja vermeintlich alles zum Besten. Ruhe, Kontinuität, Zuverlässigkeit. Wie Günther Nonnenmacher es ihm bescheinigt hatte – war doch die Außenpolitik »in sichere Gewässer navigiert« worden.

Wenn sich Fischer dem Hauptstadtpressecorps verweigert, ist das keine leichte Übung für ihn. Früher konnten ihn Freunde aus der Bahn werfen, indem sie erzählten, die Journalisten hätten längere Zeit nicht mehr nach ihm gefragt. Hubert Kleinert, Realo-Mitstreiter aus grünen Gründertagen, tat dies manchmal, wenn er sich an Fischer rächen wollte. Der ehemalige Bundestagsabgeordnete, den das Bonner Pressecorps in Fischers Hessener Zeit für dessen Sprachrohr in der Hauptstadt hielt, erlaubte sich den Spaß, Fischer bei seiner Eitelkeit zu packen. »Nein«, erzählte er dann seinem Freund, »es hat wirklich niemand nach dir gefragt.« Jedes Mal war Fischer aufs höchste beunruhigt.

Und so fiel es ihm auch im Herbst 1999 schwer, sich abzuschotten, denn die Presse ist sein heimliches Lebenselixier. Sogar in privaten Angelegenheiten. Als er zum ersten Mal seine neue Lebensgefährtin und spätere Ehefrau Nicola Leske der Öffentlichkeit präsentierte – auf dem Bundespresseball in Bonn im Herbst 1998 –, meckerte er die Fotografen an, sie sollten ihn doch in Ruhe lassen. Doch er selbst war es, der den Hinweis gegeben hatte, dass er mit der jungen Journalistenschülerin auftauchen würde.

In der Politik ist es riskant, in Vergessenheit zu geraten. Fischer hatte nur einen Teilrückzug unternommen – und dann zuerst solchen Journalisten Interviews gegeben, von denen er wusste, dass sie ihm trotz geringfügiger Vorbehalte im Großen und Ganzen zustimmten. Das Spiel war gewonnen. Aus den Presseattacken im ersten Jahr der neuen Bundesregierung kam Joschka Fischer ohne Blessuren heraus.

Drei wortgewaltige Gegner

Aber es hatte auch Kritik gegeben, schärfste, zuweilen ätzende Kritik. Sie kam von einigen wenigen Journalisten, die sich ihre Unabhängigkeit bewahrt und aus unterschiedlichen Gründen nichts mit dem hauptstädtischen System der zuverlässigen Informationsvergabe zu tun haben, die entweder ihrer Position oder ihres Naturells wegen nicht in die Insiderkreise passen.

Am härtesten ging Jutta Ditfurth Ende 1999 mit Joschka Fischer ins Gericht. Die standfeste Radikalökologin nahm kein Blatt vor den Mund, ihr Ton war ausfallend, ihr Stil brutal. Sie nannte Fischer einen »Prügelmacho« in einer »bekloppten rotgrünen Regierung«. Solche Ausfälle verwundern nicht, denn Jutta Ditfurth war Fischers Intimfeindin seit den Gründertagen der Grünen. Sie hatte den hessischen Landesverband beherrscht, bis sich Fischer und seine Frankfurter Clique mit den nordhessischen Realos um Hubert Kleinert zusammentaten. Danach war sie nur noch unterlegen. Ihr Pamphlet gegen Fischer war getränkt vom Neid der Verliererin. Ditfurth ist eine gebildete Frau. Dass sie derart ausfallend wurde, mag daran gelegen haben, dass sie ihre zehnteilige Serie (mit Überschriften wie »Zahltag, Joschka« oder »Joschka Fischers gesammelte Lügen«) in der *Neuen Revue* veröffentlichte, einer Postille, von der sie sich selbst in der letzten Folge distanzierte: »Also ich schreibe auch mal in *Neue Revue*, von der ich politisch kilometerweit entfernt bin, was die *Neue Revue* so gut weiß wie ich.« Aber Distanz hin oder her: Im Busenblatt muss der Ton schrill sein, sonst hört ihn niemand.

Ditfurth hatte Fischer schon immer des »Verrats« an der Ökologie bezichtigt. Ihn machte sie dafür verantwortlich, dass sich die Grünen vom schillernden Haufen zur angepassten Partei gewandelt hätten. In der *Neuen Revue* versuchte sie, diese Botschaft fortzusetzen, und dies mit dem Trick, auf Fischers Gefolgsleute einzuschlagen, um in Wahrheit ihn zu treffen. Am Schluss ihrer Serie erinnerte sie an die erste Folge, in der sie den Unterschied zwischen den Gründungsgrünen und den heutigen Grünen so beschrieben hatte: »Eine Petra Kelly hätte ... nicht verstanden, weshalb Cem Özdemir ein fusselfreies Outfit wichtiger ist als die dritte Welt.« Özdemir soll daraufhin einmal, so Ditfurth, »laut und abfällig zu einer Gruppe von Jungmännern« bemerkt haben: »Das ist die Ditfurth, eine vornehme Frau von deutschem Adel.«

Und so resümierte die gar nicht so vornehme Frau in der letzten Folge ihrer Serie: »Solche Figuren [wie Özdemir] sind die ›Zukunft‹ der Grünen. Ich will ja Fischer nicht in Schutz nehmen, aber die aalglatte ›next generation‹ der Grünen hat noch nicht einmal die Utopie eines anderen Lebens, die sie verraten könnte. Herzliches Beileid!« Es war unverkennbar, dass hier jemand alte Rechnungen beglich. Jutta Ditfurths Abrechnung überraschte keineswegs, nur ihr Ort.

Ein Zweiter, bei dem ein persönliches Motiv wohl ausschied, ging mit Fischer ebenso hart ins Gericht: Konrad Adam, der politische Kommentator im Feuilleton der *FAZ*, der seit dem Sommer 1999 immer wieder mit Wonne auf ihn einhieb. Adams Polemik war nie abfällig, seine Pointen hatten etwas Elegantes, seine Wortwahl zeugte von großer Bildung. Aber auch Adam schlug mitunter den Sack, wenn er den Esel meinte.

Eine etwas langatmige Erklärung von Gerd Poppe, weshalb die Menschenrechte die deutsche Politik zu leiten hätten, spitzte der Konservative, auf Fischer zielend, polemisch zu: »Wenn das so weitergeht, landen wir irgendwann in einem neuen Zeitalter der Glaubenskriege: interpretatorischer Glaubenskriege, in denen nicht mehr das Kreuz gegen den Halbmond oder die Liga gegen die Union stehen, sondern ›Menschenrecht‹ gegen ›Menschenrecht‹.« Nicht Moral treibe Fischer an, sondern »Hypermoral«.

Adam sah sogar Parallelen zwischen Joschka Fischer und Jörg Haider: »Beide stehen an der Spitze von Parteien, die sich selbst als Bewegungen begreifen.« Allerdings sei Fischer »schon angekommen«, wo Haider noch hin wolle, deshalb wirke Haider von den beiden als der »modernere Politiker«. Denn: »Das ist das Selbstbild des Populisten: Recht zu haben und Recht zu behalten gegen eine Welt von Feinden. Fischer dachte auch einmal so, aber das ist lange her.« Aber in ihrem Wesen seien sie sich nach wie vor ähnlich, denn für Adam sind beide Politiker »Autisten«.

Der *FAZ*-Kritiker spannt den Bogen zu 1968, zu den politischen Anfängen des Joschka Fischer. Sein Vorwurf ist nicht Verrat, sondern Erfüllung, nach dem Motto, es muss sich einer nur anschauen, wo sie herkommen, dann weiß er, wo sie enden werden. Joschka Fischer – und Gerhard Schröder – sind ihm »Solipsisten«, deren Denken und Fühlen sich nur um die eigene Person drehe, so wie alle Achtundsechziger »selbstverliebt ... ihren Auftritt hatten«. Adam sieht einen uralten Trieb als Grund für Fischers und Schröders Verständnis von der »Welt als Bühne, als große Kulisse für den eigenen Auftritt«. In seinem Artikel aus dem Spätsommer 1999 heißt es weiter: »Wer in diesem Durcheinander, dieser nicht allzu neuen Unübersichtlichkeit nach Orientierung sucht, findet sie da, wo sie seit jeher zu finden war, im Appetit auf die Macht.«

Das Feuilleton der *Frankfurter Allgemeinen*, meinungsführend in Deutschland, hat sich mit Adams Kommentaren deutlich vom politischen Teil der Zeitung abgesetzt. Das allein überrascht nicht, denn die Unabhängigkeit des Feuilletons hat – nicht nur bei der *Frankfurter Allgemeinen* – Tradition. Aufmerken ließ allerdings auch hier der Positionswechsel: Von jeher stand der politische Teil der *FAZ* rechts, war der Union zugeneigt und den Grünen abhold, das Feuilleton aber links, hatte durchaus ein Ohr für Anderes und Neues. Nun hat sich alles gedreht: Lobeshymnen auf Joschka Fischer in der Politik, Verrisse im Feuilleton.

Nichts aber kam überraschender als die Abfuhr in einem Magazin, das den Rebellen von einst immer hochgeschrieben hatte, niemand drückte seine Abneigung gegen Joschka Fischer drastischer und an prominenterer Stelle aus als Rudolf Augstein, der Herausgeber des *Spiegel*. »Ein grüner Hasardeur« bestimme nun die Außenpolitik, nicht der eigentlich zuständige Kanzler. Augstein ließ im Herbst 1999 kein gutes Haar an ihm: »Der Frankfurter Sponti und Sitzblockierer gegen die US-Rakete ›Pershing-2‹, das größte Schimpfmaul gegen den verbrecherischen Krieg der USA in Vietnam wirft seine Vergangenheit hinter sich wie der Apostel Paulus. Er betet nun an, was er immer bekämpft hat, den Kriegskapitalismus. Wie das, ohne inneren Schaden zu nehmen? Der Ritter in seiner Edelstahlrüstung, mit Nato-Fähnchen bestückt, verspürt den Bruch gar nicht.«

Eine Woche später spie Augstein noch einmal Feuer: »Hätten die Grünen ihre Rolle als Nicht- und Antipartei, die ihnen Stimmen einbrachte, allmählich verändern wollen, so hätte der Joschka Fischer, der er früher einmal war, Oppositionsführer werden müssen. Jetzt ist er ein Machtinhaber, im Ausland beliebt, in der eigenen Partei nur noch als Zerstörer tätig. Für die deutsche Presse trägt er Jeans und Pullover, das Ausland verwöhnt er mit Cerutti.«

Ging Joschka Fischer die Kritik dieser drei Wortgewaltigen eigentlich nahe? Oder konnte er sie einfach abschütteln, wie er damals in mehreren Zeitungsinterviews behauptete?

Fischer antwortet seinen Kritikern

Lassen wir zunächst Cem Özdemir den Vortritt. Der türkischstämmige Parlamentarier ist von Jutta Ditfurth nicht zu Unrecht als Zögling Fischers charakterisiert worden. Der Abgeordnete Özdemir begleitete den Abgeordneten Fischer auf jener Reise nach Amerika, wo dieser auf der Tagung der Quandt-Stiftung seine Ambitionen auf das Auswärtige Amt deutlich machte. Später war Özdemir wie selbstverständlich dabei, wenn der Außenminister Fischer in die Türkei reiste – oder nach Griechenland, wenn Athens Außenminister Georgios Papandreou zu einer seiner jährlichen Klausurtagungen auf eine der griechischen Inseln einlud.

Ismail Cem, der Außenminister Ankaras, Papandreou und Fischer sind alle Achtundsechziger. Sie sprechen einander mit »Du« an, sie haben eine gemeinsame marxistische Vergangenheit. Özdemir aber entstammt einer anderen Generation. Fischer entdeckte ihn früh als politisches Talent. Er schätzte sein gewandtes Auftreten. Und er hat ihn gern privat um sich. Mit Özdemir geht er zum Fußball ins Berliner Olympia-Stadion, sie waren dabei, als Hertha BSC gegen Galatasaray Istanbul spielte. Özdemir wiederum gleicht sich seinem politischen Ziehvater auch äußerlich an, trägt wie dieser stets modische Anzüge, verschmäht Alkohol und Fleisch.

Diesem eleganten jungen Abgeordneten kommt es so vor, als seien in Fischer eigentlich »zwei Menschen« verborgen. Der eine habe eine »lange Zeitschiene«, würde also mit einem Fernziel vor Augen viel Kritik wegstecken. Der andere sei immer kurz davor, »den Bettel hinzuschmeißen«, und viel leichter zu frustrieren, als es den Anschein habe.

Und der Ältere, wurmt ihn nun die Kritik oder nicht? Fischer hat damit rechnen müssen. Er weiß, wie es Willy Brandt erging, dessen Porträt in seinem Büro hängt. Dieser Vorgänger im Amt wurde als »Vaterlandsverräter« und »Verzichtspolitiker« geschmäht.

Siehe da, Joschka Fischer hat all die bösen Artikol gelesen – und er hat sich für jeden eine Verteidigung zurechtgelegt. Über Jutta Ditfurths Konvolut, das war wegen der alten Animosität wohl kaum anders zu erwarten, zuckt er herablassend die Schultern: »Juttchen hat in dieser *Neuen Revue* absalbadert.« Gleiche Münze, gleicher Tonfall – aber dennoch: Fischer ist nicht erhaben genug, die alte Feindin einfach zu ignorieren. Wenn sie beißt, muss er zurückbeißen. Aber auch die Sentenz von Konrad Adam nimmt er keineswegs gelassen hin. Zunächst flüchtet er sich in einen Allgemeinplatz: »Ins Mark geht nur, was trifft, das heißt, es muss schon etwas dran sein an der Kritik.« Dann aber setzt er nach, will das alles sportlich sehen. Adam sei ein von ihm »sehr geschätzter konservativer Intellektueller, der allerdings in wichtigen Substanzfragen völlig anderer Meinung ist«. Sozusagen harte, aber faire politische Debatte. Adam sei eben ein »Souveränist«, der meine, Deutschland könne seinen Weg in der Welt alleine gehen, deswegen unterstelle er ihm, mit dem er bei zufälligen Begegnungen in Frankfurt gelegentlich auch mal Smalltalk macht, »nichts Arges und nichts Böses«. Im »politischen Meinungsstreit« sei eben vieles legitim, sogar der Begriff »Hypermoral«.

Hypermoral: Kaum hat Fischer das Wort ausgesprochen, da legt er den Schnellgang ein. Er habe nach der Lektüre von Adams Artikel natürlich sofort in den Bücherschrank geschaut. Und sich gefragt: Gab es da nicht jenen Wälzer des konservativen Philosophen Arnold Gehlen mit dem Titel »Moral und Hypermoral«? Und ist nicht »Hypermoral« ein »Kampfbegriff von rechts«?

Auch in solchen Momenten öffnet sich Fischer weit mehr, als er glaubt, zeigt vieles von den beiden Menschen, die Özdemir erwähnt. *Lange Zeitschiene*: Fischer gibt sich bescheiden und schneidet zugleich auf. Der »Bücherschrank« steht in Wirklichkeit für eine immense Bibliothek, und Fischer erinnert sich genau an jeden einzelnen Band. Ein »Kampfbegriff von rechts« – dieser

Vorwurf stammte schon von der Frankfurter Schule, von den linken Kritikern, die Fischer studiert hat, denn Gehlen versuchte, die Erkenntnisse der Biologie für die politische Philosophie nutzbar zu machen. Ihm war der Mensch ein »Mängelwesen«, das wegen seiner unzureichenden Ausstattung mit Organen und Instinkten ständig existenziell bedroht sei und daher Institutionen bedürfe, die entlasten, ordnen und führen. Wegen dieser biologistischen Grundhaltung und seiner Rechtfertigung von Ordnung und Führung wurde Gehlen in den frühen siebziger Jahren von den Linken gehasst und den Rechten verehrt. Über kaum einen anderen wurde an der Frankfurter Uni so viel gestritten wie über ihn. In Wahrheit erinnert sich Joschka Fischer ganz genau. Wenn er Gehlen scheinbar beiläufig erwähnt, dann will er demonstrieren, dass er Herrn Adam von der *FAZ* geistig mindestens ebenbürtig ist.

Aber eben den *Bettel hinschmeißen*: Fischer hört nicht einfach auf, nachdem er Adam sozusagen elegant pariert hat. Er wird laut, obwohl ihn alle im Raum gut hören können, scheint beinahe die Fassung zu verlieren: »Dass er aber mein Engagement im Kosovo auf Hypermoral reduziert, dass er daraus einen Angriff macht ...«, nur um den Satz im Leeren enden zu lassen. Ebenso schnell, wie er in Rage gekommen war, fängt er sich wieder, lehnt sich in den Sessel zurück, aus dem er halbwegs aufgesprungen war – und gibt dann leise zu, was schon die ganze Zeit zu erahnen war: dass er das Wortgefecht nicht nur für einen fairen Schaukampf hält, sondern dass er in Konrad Adam einen echten Feind sieht: »Doch, ich habe mit dem Begriff Hypermoral ein großes Problem.«

Ein noch größeres Problem hat er allerdings mit Rudolf Augstein. Denn Augstein ist kein »geschätzter Konservativer«, also keiner von der Gegenseite, den man als zuverlässigen Feind schätzen gelernt hat. Nur einen Moment lang und ohne große innere Überzeugung versucht Fischer, auch Augstein als »Souveränisten« abzuqualifizieren. Doch er will es nicht wahrhaben, wünscht sich, dass der Herausgeber des *Spiegel* trotz dessen bekannter Skepsis nicht wirklich gegen die europäische Integration eingestellt ist. Er hätte Augstein gern zum Freund, so wie er die hessische Frohnatur Erich Böhme, den Talkshowmaster und ehemaligen Chefredakteur des Magazins, seinen Freund nennt. Früher hatte er selbst davon geträumt, Chefredakteur des *Spiegel* zu werden, erzählen alte Bekannte.

Joschka Fischer will den Anschein erwecken, ihm könne Augstein nichts anhaben. Typisch seine Antwort in fünf Teilen. Sie zielen weniger auf den Inhalt von Augsteins Kommentaren, sondern auf seine eigene Befindlichkeit. Teil eins: »Die Kritik trifft mich nicht.« Teil zwei: »Das ist jetzt keine Abwehr.« Teil drei: »Ich betreibe doch nicht aus Großmachtsucht Kanonenbootdiplomatie in Osttimor, das ist daneben.« Teil vier: »Dass Rudolf Augstein kräftig unter die Gürtellinie gehauen hat – so what, meine Bauchmuskulatur ist kräftig entwickelt.« Und schließlich Teil fünf: »Der gute alte Harry Truman hat das einmal auf seine unnachahmliche Weise auf den Begriff gebracht: *If you can't stand the heat you can't be in the kitchen.*«

Offensichtlich muss man in seiner Gegenwart das Thema »Kritik von Augstein« nur antippen, um ihn in Rage zu bringen. So verhält sich niemand, der sich seiner Sache völlig sicher ist. Fischer wartet mit einer ganzen Breitseite offensichtlich lange zurechtgelegter Argumente auf, um zu demonstrieren, dass diese Kritik ihm nicht das Geringste anhaben könne.

Dabei bleibt es nicht. Fischer unternimmt dann auch noch einen Streifzug durch die ganze Presselandschaft, meint plötzlich, Amüsiertheit vortäuschend, bei der *Welt* habe es eine Redaktionsentscheidung gegeben: »Der Fischer muss jetzt einmal fertig gemacht werden.« Nach einem kurzen Moment des Innehaltens kehrt er abermals zu demjenigen zurück, der ihn am meisten beschäftigt, zu Rudolf Augstein. »Die Frage ist doch«, erregt er sich plötzlich wieder, »hat er Recht?« Der große alte Journalist hatte einen Nerv getroffen. Fischer, nun wieder mit leiser Stimme, fährt fort: »Ist es die Machtgeilheit des J. F., ja oder nein?« Um sich dann von Fehl und Tadel freizusprechen: »Das muss ich mich schon fragen, und wenn es so wäre, wenn er Recht hätte, dann würde seine Kritik treffen, dann müsste ich sagen, au Backe, aber sie trifft nicht, weil es nicht so ist.«

An diesem Punkt möchte sich auch sein Pressesprecher Andreas Michaelis nicht mehr zurückhalten. Er erinnert daran, dass zumindest »das Umfeld«, also er selber und die höchsten Beamten im Auswärtigen Amt, im Herbst 1999, als diese Artikel erschienen, doch ziemlich nervös geworden seien. Damit gibt er seinem Chef das rettende Stichwort. »Ja, das Umfeld«, spottet der, nun wieder ganz Kämpfernatur, »das Umfeld kommt ja auch von der Diplomatenschule, das Umfeld ist nicht wie ich im Straßenkampf erprobt.«

Im Kabinett der Eitelkeiten

Fischer ordnet sich Gerhard Schröder unter –
aber sonst niemandem in der rot-grünen Koalition

»Die Welt ist nicht genug«

»Er ist ein Schauspieler«, macht sich ein Kabinettsmitglied, auf Joschka Fischer angesprochen, unvermittelt Luft, »ein reiner Schauspieler.« Die Heftigkeit, mit der dieser Minister über seinen Kollegen spricht, verwundert. Einen Politiker einen Schauspieler zu nennen – das ist doch keine allzu große Beleidigung!

Jean-Pierre Chevènement zum Beispiel, der französische Innenminister, erklärt über seinen Berufsstand kategorisch: »Wir sind alle Schauspieler, schlechte oder gute, die auf eine Rolle in einem Stück warten, das noch nicht geschrieben ist.« Der Fraktionsvorsitzende der Grünen, Rezzo Schlauch, der sich Fischer freundschaftlich verbunden fühlt, antwortet auf die Frage, welcher deutsche Politiker mit welcher Rolle Filmstar werden könne, völlig unverblümt: »Joschka Fischer in ›Die Welt ist nicht genug‹.« Fischer selbst lässt so etwas kalt.

Sein Kabinettskollege unterscheidet zwei Typen von Schauspielern: Bekanntlich gebe es solche, die eine Rolle nur spielten, und solche, die sich völlig verwandelten, ihre Rolle gewissermaßen absorbierten. Fischer gehöre zur letzten Art, das sei im Kabinett zu beobachten: »Er wird zu genau dem, den er auf der Bühne darstellt.«

Fischer erinnere ihn an einen Condottiere, einen jener deutschen Ritter des 14. und 15. Jahrhunderts, die sich mit ihren Söldnertruppen bei italienischen Fürsten verdingten und deren Kriege führten. Jetzt spiele er den Außenminister, »und« – der Kabinettskollege zollt dann doch ein wenig Anerkennung für die schauspielerische Leistung – »ich muss sagen, mit großem Können«. Allerdings falle auf, dass sich Fischer in der Rolle schon zu langweilen beginne. »Was hält ihn eigentlich noch auf der Bühne Auswärtiges Amt?«

Dem Minister kommt noch eine Assoziation. Ihm fällt das Plakat mit dem Indianer ein, der im Flugzeug von Washington nach Nevada gereist ist und irritiert feststellt: »Mein Körper ist schon hier, aber meine Seele noch nicht.« Umgekehrt beschrieb es nach fünfzehn Monaten in der Regierung der Kabinettskollege: »Joschkas Körper ist noch im Auswärtigen Amt, seine Seele schon nicht mehr.«

Man spricht im Bundeskabinett nicht offen, weder miteinander noch übereinander. Gerhard Schröder, der den Ton angeben will, liebt die feine Ironie, vor allem auf Kosten der anderen. Richtig stolz war er immer auf seinen Spruch »Mehr Fischer, weniger Trittin«, wenn er den Grünen sagen wollte, wo es langzugehen hat. Doch es war dem Bundeskanzler im ersten Amtsjahr nicht entgangen, dass sein Außenminister viel besser ankam als er selbst.

Eine Zeit lang setzte Schröder nur auf das Äußere, vor allem auf die Kleidung. Der Anzug als Programm: Gleich zum Amtsantritt wollte er Fischer düpieren: »Er wird sich schon ordentlich anziehen.« Ordentlich? Fischer konterte mit den gediegensten Anzügen, mit Schuhen, die wie maßgefertigt aussahen. Zum ersten Mal in der Geschichte der Bundesrepublik standen zwei Dressmen dem Kabinett vor. Schröder erklärte offen, welche Marke er bevorzuge: Brioni, die unbezahlbare italienische. Fischer dagegen trug seine eleganten Dreiteiler, ohne groß darüber zu reden. Andererseits ging auch er auf Nummer Sicher. Jedermann sollte sehen, dass er sich nicht hinter dem Kanzler zu verstecken brauchte. Er setzt sich seither mit Vorliebe so in den Kabinettssessel, dass sein Jackett offen steht und das Etikett einer teuren Marke sichtbar ist.

Kanzler und Vizekanzler sind sich all ihrer Posen und ihrer Mienen sehr wohl bewusst. Gerhard Schröder zeigt am liebsten sein Regieren-macht-Spaß-Gesicht — wenn es aber um Arbeitsplätze geht, legt er die Sorgenfalten extra tief. Nur weil schließlich die eigene Partei ihm vorhielt, nur den Yuppie zu spielen, rieten die Imageberater zu etwas mehr Seriosität. Nach der CDU-Krise — mit Blick auf eine mögliche Herausforderung durch die zeitweilig erfrischend wirkende Angela Merkel — kam der Anstrich des Erfahrenen fast automatisch dazu.

Joschka Fischer dagegen ist der Meister des Mürrischen. Er kann dreinblicken, als sei die ganze Welt, auch das Bundeskabinett, in Wahrheit ein Gruselkabinett. Im Gegensatz zum unermüdlichen Langstreckenläufer gibt er sich bei Kabinettssitzungen und im Bundestag als einer, der unter der Last des Amtes zu stöhnen hat. Dann scheint er in sich zusammenzufallen. Die Augen klappen zu. Und er murmelt, allerdings so laut, dass es auch die weiter entfernt Sitzenden noch gut hören können: »Also darauf wird noch keine Vergnügungssteuer erhoben« – auf die Tätigkeit des Außenministers. Mag sein, dass anderen – Schröder – das Regieren Spaß bringt, ihm ist es eine Tortur.

Joschka Fischer und Gerhard Schröder sitzen nebeneinander wie zwei Magneten, die sich heftig abstoßen. Beugt sich der Kanzler zu seinem Vize, dann lehnt sich dieser weg. Verschränkt Fischer die Arme, dann hält Schröder die Hand vor den Mund. Wenn Fischer im Kabinett von Schröder das Zeichen zum Auftritt bekommt, »und nun zur internationalen Lage«, dann folgt meist ein Referat im Leitartikelstil. Der Kanzler findet das »nervig«, sagt das dem anderen aber nicht ins Gesicht, sondern rollt mit den Augen. Fischer hält sich für intelligenter als Schröder, ist meistens auch geschickt genug, das nicht allzu offen zu demonstrieren, aber bei seinen außenpolitischen Traktaten gehen ihm dann doch die Gäule durch. Anerkennende Blicke, Zuspruch in Mimik und Gesten – so etwas hat Seltenheitswert.

Auf ein freundliches Wort, gar ein persönliches, kann man lange warten. Gerhard Schröder, direkt nach seinem Verhältnis zu Joschka Fischer gefragt, antwortet spitz: »Ich habe mit Außenminister Fischer weder in der Art, wie er Deutschland im Ausland repräsentiert, noch in der internen Diskussion Schwierigkeiten.« Dieser Sympathiebeweis hätte auch aus der Feder eines Referenten stammen können.

Das Netteste, das seinerseits Fischer über Schröder zu sagen weiß – auf dessen herablassende Haltung gegenüber den Grünen angesprochen –, ist dies: Er kenne den Gerhard Schröder »schon ewig« – und daher nehme er dessen »Schauspielerei« auch nicht eine Sekunde »für bare Münze«. Schauspieler unter sich.

Will da einer noch höher hinaus?

Gerhard Schröder gilt als der weniger Skrupellose. Im Umfeld der beiden Oberkoalitionäre heißt es, Schröder halte gewisse Anstandsregeln ein, da sei ein Rest »sozialdemokratischer Umgangsformen« geblieben, gewisse Dinge tue er einfach nicht. Er vermöge es nicht so weit zu treiben wie Fischer, von dem man sich erinnert, dass er jemandem ein Amt versprochen hatte, das Versprechen aber nicht nur nicht eingelöst, sondern auch noch triumphiert hat, wie clever er das alles durchgezogen habe. Schröder überlasse das brutale Geschäft des Sich-Trennens oder des Vergessens lieber Dritten. Er ziehe sich in solchen Fällen zurück, sei einfach nicht mehr zu sprechen.

Schröder hat aber ebenfalls einen ausgeprägten Machtinstinkt und ist sehr wohl fähig, politische Freunde ebenso schnell zu vergessen wie Ehefrauen. Das ist am wenigsten Fischer entgangen. Er hat genau registriert, wie Schröder, als er die Grünen in Niedersachsen nicht mehr als Mehrheitsbeschaffer brauchte, sichtlich erleichtert aufatmete. Oder wie Schröder Monika Griefahn abservierte, die Greenpeace-Aktivistin, die sich seinerzeit den Dünnsäureverklappungsschiffen in der Nordsee in den Weg geworfen hatte. Griefahn ist keine Grüne übrigens, sondern eine Sozialdemokratin, die Schröder hofierte, um sich umweltpolitisch engagiert zu zeigen, die er aber rasch in den politischen Abgrund schieben ließ, als sie ihm nichts mehr nützte. Auch Otto Schily musste ehedem, als er sich mit der Hoffnung auf einen Kabinettsposten in Niedersachsen an Schröder heranmachte, erleben, wie der spätere Bundeskanzler sich verleugnen ließ – eine solch lange Vorgeschichte hat das komplizierte Beziehungsgeflecht im Kabinett der Eitelkeiten. Fischer, der Schröder wirklich schon lange kennt, weiß also, dass dessen Schauspiel schnell Realität werden, dass auch er selbst, Fischer, bei seinem Chef in Ungnade fallen kann.

Ihm ist keineswegs entgangen, dass dem Sozialdemokraten vor der Bundestagswahl 1998 eine ganz andere Konstellation vorschwebte. Schröder hatte auf eine große Koalition gehofft, mit ihm selbst als Kanzler und den Ministern einer schwächeren Union, die dann die unangenehmen Aufgaben des Sparens und der Haushaltssanierung hätten übernehmen müssen. Der überraschende Erfolg von SPD und Bündnis 90/Die Grünen war für Schröder, so seltsam es klingen mag, ein Desaster. Denn der Druck, mit den seinerseits ungeliebten Grünen koalieren zu müssen, wuchs, vor allem auf dem linken Flügel seiner Partei.

Fischer, der jahrelang auf eine rot-grüne Koalition hinarbeitete, der alles tat, um sich selbst und seine Partei »regierungsfähig« erscheinen zu lassen, und der sich mit nichts lieber beschäftigte als dem Ausloten der Machtverhältnisse, dieser Fischer war sich da schmerzlich bewusst, dass Schröder nur widerwillig mit ihm koalierte. Fischer, der sich gern mit seiner Vorsicht brüstet – »Ich habe schon so manchen Hirsch, den Duft des frischen Grün in den Nüstern, vorschnell in die Lichtung preschen sehen, wo er, *patsch*, ebenso schnell erledigt wurde« –, brauchte beim Amtsantritt der neuen Bundesregierung nur zu zählen und zurückzuschauen, um zu wissen, wie der Koch Schröder mit seinen Kellnern umspringt.

Hätte es noch eines Beweises bedurft, dass auch Schröder nicht zu Sentimentalitäten neigt, dann lieferte ihn der fluchtartige Abgang von Oskar Lafontaine. Mit Lafontaine hatte sich Gerhard Schröder noch viel freundlicher gezeigt als mit Joschka Fischer, Umarmungen und Gruppenfotos mit den Ehefrauen inklusive.

Fischer gibt sich mitunter bescheiden, stellt sich gerne als »Sherpa«, als braver Lastträger dar, der dem großen Bergsteiger hilft, den Gipfel zu erklimmen. Aber es gibt wichtige Hinweise, dass er selbst gern der Gipfelstürmer wäre. Er hat Schröder mehr gelenkt, als es diesem recht sein konnte. Es war nicht etwa ein Sozialdemokrat, sondern Joschka Fischer, der Oskar Lafontaine drängte, Schröder zum Kanzlerkandidaten vorzuschlagen. So erinnert sich der Saarländer in seinem Buch »Das Herz schlägt links«: »Er [Fischer] sagte mir, er wisse zwar, dass ich der Alpha-Wolf in der SPD sei, aber so wie die Medienlandschaft einmal sei, wäre es Erfolg versprechender, den Mann der Medien, Gerhard Schröder, zum Kanzlerkandidaten vorzuschlagen.« Das war eine unerhörte Einmischung in die Angelegenheiten der größeren Partei. Seit wann bestimmt ein Sherpa den Expeditionsleiter?

Durch Indiskretionen von Journalisten will Lafontaine überdies erfahren haben, dass Fischer verbreitet habe, er, Lafontaine, habe »den bösen Blick« und sei daher nicht fähig, die Bundestagswahl zu gewinnen. Das hat Lafontaine gewurmt. Denn er musste hilflos zusehen, wie ein Außenstehender und nicht er, der Vorsitzende der Sozialdemokratischen Partei Deutschlands, die wichtigste Entscheidung dieser Partei manipuliert.

Am meisten aber, erinnert sich Lafontaine, habe er sich geärgert, als Fischer meinte, »die Enkel [Willy Brandts] können es nicht«. Lafontaine: »Er [Fischer] rief mich damals an und meinte, wir sollten nach dem Modell des Olivenbaums in Italien einen deutschen ›Prodi‹ als Kanzlerkandidaten nominieren.« Fischer hat demnach zumindest zeitweilig auch Gerhard Schröder keine Chance zugebilligt, die Bundestagswahl zu gewinnen, und lieber einen unabhängigen Kandidaten an der Spitze eines Wahlbündnisses gesehen.

Fischer hat weder dementiert, Schröder als Kanzlerkandidaten bevorzugt noch Lafontaine einen bösen Blick nachgesagt zu haben. Er bestreitet aber, das Modell Olivenbaum vorgeschlagen zu haben. Verständlich: Oskar Lafontaine hat sich ins politische Abseits gestellt, es schadet nicht, ihn herabzusetzen. Schröder aber kann es nicht ertragen, im Kabinett jemanden neben sich zu wissen, der ihm nichts zutraut. Es hat ihn auch immer verdrossen, wenn Umfragen Fischer als den beliebtesten Politiker festgestellt hatten.

Aber Fischer konnte die Sache mit dem Olivenbäumchen nicht ganz aus der Welt räumen. Auch das ist Methode: Er weiß zwar, dass Schröder empfindlich darauf reagiert, aber dieser Schaden ist nicht allzu groß, derweil entsteht der Nutzeffekt, als einer im Gespräch zu bleiben, der größeren Aufgaben gewachsen ist.

Blicken wir zurück auf seine Frankfurter Zeit. Es schien undenkbar, dass er je aus dem Schatten von

Cohn-Bendit heraustreten würde. Joschka war stets darauf bedacht, dass Dany als der Alpha-Wolf erschien. Als sich aber die Gelegenheit bot, Dany abzudrängen, nämlich durch die Kandidatur für den Bundestag, zögerte er nicht mehr – seither ist dieser alte Freund immer mehr in Vergessenheit geraten. Die Spekulation, Fischer würde auch an einem strauchelnden Schröder vorbeiziehen, wenn sich die Gelegenheit dazu böte, ist nicht allzu gewagt.

Er denkt in größeren Zeiträumen, als jene meinen, die immer noch den Sponti in ihm sehen. Nehmen wir seinen langen Anlauf auf das Auswärtige Amt. In der Hagiographie wurde diese Karriereentscheidung auf 1996 datiert, dem Jahr der Wye-Rede. Bei anderer Gelegenheit hat er eingestanden, dass er aber schon länger, womöglich schon seit 1993, zielstrebig auf den Chefsessel im Auswärtigen Amt hinarbeitete. Zumindest hatte er sich schon immer zu Höherem berufen gefühlt.

In China, hinter der Mauer

Da gab es eine Parlamentarierreise im Jahre 1985. Vier grüne Bundestagsabgeordnete flogen nach China, um einmal zu erfahren, »wieso das mit dem Sozialismus nirgends klappt«. Mit von der Partie waren die damalige Fraktionssprecherin der Grünen, Waltraud Schoppe, Mitglied des Frauen Vorstandes und eine Vorkämpferin für die Gleichberechtigung, ebenso die verhinderte Nachrückerin Hannelore Saibold, eine Öko-Expertin, die ihren Sitz im Bundestag nicht einnehmen konnte,

weil sich Petra Kelly weigerte, dem grünen Rotationsprinzip zu folgen. Hannelore Saibold war der Flug von
der Fraktion als Trostpflaster zugedacht worden. Sie
aber hatte keinen großen Spaß an der Reise, denn sie
entpuppte sich als Gegnerin von Flugreisen (anderthalb
Jahrzehnte später sollte sie den grünen Wahlkämpfern
viel Ungemach bereiten, indem sie feststellte: »Es reicht
vollkommen aus, wenn die Deutschen nicht jedes Jahr,
sondern nur alle fünf Jahre eine Urlaubsreise mit dem
Flugzeug machen«). Der Dritte im Bunde war Hubert
Kleinert, damals Haushaltsexperte. Er hatte »eigentlich
gar keine Lust mehr« auf den Ausflug, denn er war gerade erst als Mitglied einer deutsch-indischen Par-
lamentariergruppe durch Indien, Sri Lanka und Burma
gereist und wollte sich nicht dem Verdacht aussetzen,
vergnügungssüchtig zu sein. Es stand also die Frage
nach der Legitimität der Reise im Raum. Für die Grünen
war es eine heikle Frage: Wo endet der politische Nutzen, wo beginnt das schiere Vergnügen?

Eingefädelt hatte den Spaß einer, der dafür monate-
lang den Kontakt zur Botschaft Pekings in Bonn pflegte,
sich dabei so manche Spezialität der chinesischen
Küche einverleibte und überhaupt meinte, die Volks-
republik sei wegen ihrer Blockfreiheit und ihrer Wirt-
schaftsreform ein interessantes Studienobjekt für die
Grünen: Joschka Fischer. Die Kosten der vierzehntägi-
gen Studienreise trug die chinesische »Gesellschaft für
Freundschaft mit dem Ausland«.

Als die Gruppe in einer Staatskarosse vom Flughafen
zum Hotel chauffiert wurde, war Fischer außer sich vor
Vergnügen. »Hättest du das gedacht«, rief er zu Kleinert,
dem er dabei voller Übermut auf die Schenkel schlug,

»wir hier, hättest du dir das in deinen kühnsten Träumen ausgemalt?«

Aber es gab auch Streit. Bei einer Pause in einem Feriendorf in der Wirtschaftssonderzone Zhuhai – an dessen Eingang ein überdimensionaler Donald Duck die grünen China-Touristen begrüßte – kam es beinahe zu einer Prügelei der beiden jungen Männer, die in jenen Jahren und noch lange danach als unzertrennlich galten.

Es saß wohl noch der Jetlag in den Knochen, und Alkohol war auch im Spiel, als sich Kleinert und Fischer in diesem Feriendorf darüber stritten, ob ihnen die zuvorkommende Behandlung eigentlich zustehe. In China herrschte schließlich bittere Armut, als Staatsgästen wurde ihnen aber aller erdenkliche Luxus zuteil. Fischer meinte, für ihn selbst sei es völlig in Ordnung, als Staatsgast behandelt zu werden, für Kleinert nicht. Fischers Begründung: »Dein Vater war ein selbstständiger Bäcker. Bei euch gab es jeden Tag Sahnetörtchen. Du bist ein kleinbürgerlicher Aufsteiger. Meiner war nur ein angestellter Metzger. Bei uns gab es nichts. Ich habe das hier verdient, ich komme aus einer Arbeiterfamilie.« Indem er die angeblichen Klassenunterschiede zwischen sich und dem Fraktionskollegen herauskehrte, wollte er offenbar sein Recht auf die Vorzugsbehandlung betonen.

Kleinert, der eine Hochschullaufbahn hätte einschlagen können, diese bequeme Perspektive aber wegen der Arbeit bei den Grünen aufgegeben hatte, konterte, dass auch er ein Anrecht auf einen Lohn für die Last der Politik habe. Denn: »Ich habe alles riskiert, du nichts.«

Worauf Fischer, der schon heftig mit Otto Schily um die Chance konkurrierte, erster grüner Minister zu wer-

den, ominös ankündigte: »Aber ich kann im Blut stehen
– das wirst du noch sehen.«

Auch ein Einigungskrieg kann entzweien

Nicht so weit wie das Konkurrenzverhältnis Fischer-
Schily reicht das Verhältnis Fischer-Trittin zurück. Und
von Konkurrenz kann kaum die Rede sein. Der Umweltminister ist es gewohnt, sich unterzuordnen.

In den siebziger Jahren gehörte er dem Kommunistischen Bund an, einer im Wesentlichen in Norddeutsch-
land aktiven dogmatischen Gruppe, deren revolutionäre
Tätigkeit hauptsächlich darin bestand, eine unlesbar
dicke Zeitung namens *Arbeiterkampf* herauszubringen.
Im Kommunistischen Bund stand Jürgen Trittin im
Schatten des redegewaltigen Thomas Ebermann und
des Organisators Rainer Trampert, die beide auch bei
den Grünen Karriere machen sollten. Als sie jedoch aus
dem grünen Firmament wieder verschwanden, zeigte
sich Trittins beharrliche Seite. Er wurde Bundesratsmi-
nister in jener rot-grünen Koalition in Niedersachsen,
die Gerhard Schröder 1994 bei erster Gelegenheit auseinander driften ließ. Dort gab er sich als »Realpolitiker«, womit er allerdings nicht genau das Gleiche meinte wie Fischer, sondern einen sich selbst attestierten
politischen Realismus. Als einen »linken Realpolitiker«
bezeichnete ihn Gunda Röstel, die vormalige Sprecherin des Parteivorstands. »Er ist ein Realist, auch wenn
er das nach außen hin kaschiert«, meinten andere.

Trittin ist das selbstdarstellerische Talent eines
Joschka Fischer versagt. Im Kabinett ist er meist mit ver-

schränkten Armen und eingezogem Kopf zu sehen. Nach außen wird er immer als die Nummer zwei wahrgenommen. Trittin ist ein Einzelgänger. Sogar auf der Bundesdelegiertenversammlung der Grünen in Karlsruhe im März 2000, wo er für seine Atompolitik gefeiert wurde, während Fischer mit seinen Vorstellungen zur Parteireform scheiterte, stand Trittin in den Pausen allein an einem Tischchen weit ab des Geschehens, derweil Fischer mitten im Trubel Hof hielt.

Eine typische Szene aus Oppositionszeiten: Trittin sitzt selbstvergessen in einer Kneipe, als Fischer, umgeben von seiner Clique, hereinplatzt. Fischer setzt sich neben ihn, macht laut Witze auf dessen Kosten und fordert ihn auf, doch mitzulachen: »Komm, ein bisschen Humor hast du doch auch, Jürgen!« Solches Mobbing betreibt Fischer gern, er genießt es, wenn der Unterlegene ausgelacht wird.

Doch der Jüngere, Trittin ist Jahrgang 1954, besitzt nicht die Nonchalance Fischers. Wenn er redet, klingt seine Stimme gepresst. Nach Lafontaines Abgang im Bundeskabinett hat er sich zum Hauptprügelknaben machen lassen. Noch lange, nachdem Schröder ihn wegen der Altautoverordnung scheitern ließ, spottete der Kanzler in der großen Kabinettsrunde immer wieder: »Da habe ich Ihnen ja einen schrecklichen Tort angetan, mit dieser Altautoverordnung, nicht?«

Joschka Fischer setzt dann gern noch eins drauf. Er hält seinem Parteifreund einen Regenschirm hin und lässt ihn trotzdem im Regen stehen. Wie das geht?

Erinnern wir uns, was passierte, als Trittin sein Konzept zum Atomausstieg durchsetzen wollte. Schröder hatte ihm nach mehreren Gesprächsrunden abermals grünes Licht gegeben, auch zu einer Passage, wonach die Wiederaufarbeitung von Brennstäben bis zum 1. Januar 2000 zu beenden sei, dann aber seine Meinung über Nacht geändert – und sich zudem noch in der Öffentlichkeit als derjenige präsentiert, der gerade noch rechtzeitig das Schlimmste verhindert hatte.

Also: Trittins Novelle wird gestoppt, die Frist für die Wiederaufarbeitung als verhandelbar erklärt. Es stört den Kanzler wenig, dass sogar noch ein zuvor aufgezeichnetes Interview des ZDF ausgestrahlt wird, in dem er bestätigt, die Atomnovelle werde, wie von Trittin geplant, im Kabinett verabschiedet.

Und als Trittin verletzt am Boden liegt, führt Fischer vor, wie man einen Gnadenstoß versetzt. Kurz zuvor hatte er kundgetan, er werde sich in die Innenpolitik nur noch dann einmischen, wenn es »knirscht«. Rezzo Schlauch, der Fraktionschef der Grünen im Bundestag, greift das Wort auf, erzählt, wegen der Auseinandersetzung um den Atomausstieg habe es »geknirscht, vernehmlich geknirscht«. Schlauch, früher einmal Rechtsanwalt in Stuttgart und Mitglied des dortigen »Sozialistischen Zentrums«, einer undogmatischen Gruppe links der SPD, ersucht energisch die Teilnahme Fischers an der nächsten Fraktionssitzung der Grünen.

Dieser hatte kurz davor beschrieben, wie er die Rolle der Grünen in der damals erst drei Monate alten Koalition sah. Der kleinere Partner müsse gelegentlich Umwege gehen, um nicht in die »schlimmsten Eisbarrieren« zu geraten. »Ausdauer« und die »Intelligenz des Kompromisses« seien gefragt.

In der Fraktionssitzung soll Fischer nun darlegen, was er genau mit »Ausdauer« und »Kompromiss« im

Zusammenhang mit dem Atomausstieg meint. Viele sprechen in der Fraktionssitzung von einer klaren »Niederlage«. Immerhin hatten die Grünen, auch Fischer, im Wahlkampf Stimmen mit ihrem Versprechen gefangen, der Ausstieg solle »sofort«, zumindest »schnell« beginnen. Schlauch gibt sich unversöhnlich: »Ein Kanzler, der am Sonntagabend eine Frist vorgibt und diese am Montag räumt, führt nicht nur seinen Umweltminister vor, sondern hat selbst ein Problem.« Fischer will das alles nicht wahrhaben. Er münzt die Niederlage in einen Erfolg um. Immerhin sei doch der Ausstieg »prinzipiell« von den Energieversorgern anerkannt worden, dies allein sei doch schon eine »historische Zäsur«. Die Festlegung von Fristen sei da doch nur noch zweitrangig.

Die meisten Redner in der Fraktionsrunde beginnen mit einer demonstrativen Unterstützung Trittins. Fischer aber verlangt, die Grünen sollten ihr Befinden jetzt nicht »larmoyant ausleben«, sie müssten vielmehr ihre Erfolge besser »kommunizieren«. Er nennt keinen Namen. Doch jeder weiß, wer gemeint ist: der zur Larmoyanz neigende, kommunikationsunfähige Jürgen Trittin.

Die Grünen aber können ihr Herz urplötzlich einem Underdog wie Jürgen Trittin schenken. Deshalb bleibt er in Fischers Visier. Von Otto Schily dagegen hat er nichts mehr zu befürchten. Deshalb sagt er auch rundheraus: »Wir sind dicke Freunde.«

Von dieser Freundschaft ist in Wahrheit nichts zu sehen. Schily ist sechzehn Jahre älter als Fischer, Jahrgang 1932. Anders als Fischer erlebte Schily, eines von sechs Kindern, von denen zwei früh verstarben, den Nationalsozialismus, den Krieg, die Nachkriegszeit – und die bleierne Zeit, da viele der Jungen zweifelten, ob die Älteren wirklich etwas aus der Katastrophe gelernt hatten, die Zeit der halbherzigen Entnazifizierung, der Wiederbewaffnung und des geistlosen Wirtschaftswunders. Schily stammte aus einer bekannten bürgerlichen Familie im Ruhrgebiet mit einem Hang zur Anthroposophie, in der es allerdings weder an Strenge noch an Benimm- und Anstandsregeln mangelte.

Als Fischer seine ersten Berührungen mit den Achtundsechzigern im Stuttgarter Club Voltaire hatte, war Otto Schily bereits fünf Jahre als Anwalt zugelassen. Als die Achtundsechziger sich zum Marxismus und Leninismus bekannten, empfand sich Schily als »antitotalitärer Radikaldemokrat«. Aber auch er hatte seinen Aufstand. Dieser begann mit der Übernahme des Nebenklägermandats für den von einem Polizisten erschossenen Benno Ohnesorg, er endete mit dem Flick-Untersuchungsausschuss. Sein Kreis hat sich inzwischen geschlossen. Wenn er aus seinem Büro in dem zylindrischen Glasbau des Innenministeriums hinausschaut, kann er das Kriminalgericht Moabit sehen, wo seine Laufbahn begann. Wenn er in sich hineinschaut, dann sieht er wieder den konservativen Bürger, dem die Familie das »größte Glück« ist.

Treffend über das Verhältnis zu Joschka Fischer äußert sich Schily, wenn er ihn und sich als die beiden »Stabilisatoren der Koalition« bezeichnet. Stabilität: Beide haben zu lange auf ihre Ämter hingearbeitet, um sie leichtfertig aufs Spiel zu setzen. Sie haben ihre Hahnenkämpfe längst hinter sich.

Als sie noch miteinander im Wettstreit lagen, hatte

Schily nie eine echte Chance gegen Fischer. »Wir können nicht davon ausgehen, dass wir unsere politischen Ziele anders als im Bündnis erreichen«, bekannte Schily – bereits im Mai 1985, als die Mehrheit der Grünen sich noch in der Fundamentalopposition gefiel. Damit zeigte er sich noch als echter Realo – in derselben Fraktion wie Fischer. Schily forderte damals den Rücktritt der beiden Bundesvorsitzenden und Fundis Jutta Ditfurth und Rainer Trampert, sogar mit demselben durchsichtigen Argument, mit dem Fischer fünfzehn Jahre später die Wahl zweier ihm genehmer Sprecher erzwingen sollte, nämlich mit der Forderung nach »Professionalisierung«.

Auch für ihn war das Wesentliche an der Realo-Position die Koalitionsfähigkeit. Er wusste, was er sich davon versprach: ein Ministeramt. Schließlich hatte er sich, wie er schon damals bekannte, »lange mit dem Wunsch getragen, etwas umzugraben in der Politik«. Dafür wollte er sich »der gleichen Mittel bedienen wie die FDP«, also als Minister eines kleineren Koalitionspartners Zünglein an der Waage spielen.

Doch anders als Fischer verstand es Schily nicht recht, Mitstreiter zu finden. Seine Fähigkeit, Loyalität zu stiften, war immer begrenzt. Antje Vollmer, seine Intimfeindin, auch sie damals weitaus radikaler als heute, meinte schon seinerzeit: »Er weiß eigentlich nicht, wo er hingehört.« Nicht nur äußerlich hob sich Otto Schily mit seinen dunklen Anzügen, mit Kurzhaarschnitt, Krawatte und goldener Uhrenkette von der Jeanspartei ab. Er verlangte, dass »Kleinstgruppen« mit »aberwitzigen Ideen«, die zum Beispiel den Kindersex legalisieren wollten, nicht länger in der Partei geduldet werden sollten. Doch die Grünen mochten niemanden ausschließen – und wenn sie noch so verrückte Forderungen aufstellten. Auch Schily wollte sein Mandat nicht aus Prinzip einem Nachrücker übergeben. Er sah sich als einer »im ersten Sturm« der Partei, sprach von sich selbst als Otto Schily »mit der großen persönlichen Ausstrahlung«.

Aber Fischer sah in Schily einen, der ihm im Wege stand. Fischer sprach vom »Helmut-Schmidt-Effekt«, den Schily auszulösen drohte. Damit meinte er die Gefahr, der damals prominentere Parteifreund mit dem bürgerlichen Habitus könne sich so weit von den Grünen entfernen, dass er gar nicht mehr dazugerechnet würde. »Helmut-Schmidt-Effekt« – da schwang aber noch etwas anderes mit: der Atomkanzler, der Nachrüster – einer von diesem Schlage gehört nun wirklich nicht zu den Grünen. Als Schily vier Jahre später zu den Sozialdemokraten übertrat, versuchte Fischer jedenfalls nicht, ihn umzustimmen.

Auf andere Weise schied auch Rudolf Scharping aus dem Popularitätswettbewerb aus. Oskar Lafontaine erinnert sich so: »Gerhard Schröder hatte mir ... auch die Position des Außenministers angeboten ... Doch nicht nur mich hätte dieses Amt gereizt – auch Scharping wollte Außenminister werden, und Fischer war auf dieses Amt geradezu fixiert.« Das hört sich so an, als hätte Scharping 1998 noch eine echte Chance gehabt. Fischer aber hatte ihn schon drei Jahre davor erledigt. Damals hieß es, Fischer sei der eigentliche Oppositionsführer im Bundestag. Das wurde zu einem geflügelten Wort. In Wirklichkeit führte natürlich Scharping die größte Oppositionsfraktion an. Doch er wurde nur noch als Verlierer wahrgenommen. Schließlich war er 1995 auf dem Mannheimer Parteitag handstreichartig von Lafontaine im SPD-Vorsitz abgelöst worden.

Die endgültige Niederlage für Scharping sah Fischer dann bei der Haushaltsdebatte gekommen, an einem Mittwoch im September 1995: »Wenn er da inhaltlich und vom Stil her überzeugt hätte, wäre er auf Schultern aus dem Plenarsaal getragen worden. Aber hinterher rannten sogar seine Anhänger raus und sagten: Er kann es nicht. Das war das Ende.« Fischer trug kräftig dazu bei, dass Scharping das Loser-Image nicht los wurde – unter anderem auch, indem er das Gerücht vom Ende von dessen Karriere so schnell wie möglich ausstreute.

Während des Kosovo-Krieges schien es hingegen, als wären Rudolf Scharping, Joschka Fischer und Gerhard Schröder zu einem unzertrennlichen Trio zusammengewachsen. Robert Birnbaum beschrieb Anfang April 1999 im Berliner *Tagesspiegel* eine neue Gemeinsamkeit der drei im Kriegskabinett auf treffende Weise: »Bei Rudolf Scharping wirken sie am tiefsten. Bei Joschka Fischer fallen sie nicht ganz so auf. Bei Gerhard Schröder werden sie von Tag zu Tag sichtbarer – die zwei Furchen zwischen den Augenbrauen. Wie ein V stehen sie ihnen im Gesicht. Neu sind sie nicht, die gab's schon vor dem Krieg. Neu aber ist das, wofür sie stehen. Damals, vor unvorstellbar weit zurückliegenden zwei Wochen, hieß das V noch: ›Verletzungen‹ (Scharping), ›Verwandlungen‹ (Fischer), ›Vergnügen‹ (Schröder). Jetzt heißt es bei allen dreien das Gleiche: Verantwortung.«

Doch Kriegskoalitionen pflegen nicht länger als nötig zu halten. Im November desselben Jahres, als der Krieg lange beendet war und die Koalition nach mehreren Landtagswahlen in ein Stimmungstief sank, begehrte Scharping plötzlich auf, stellte sich als ein Ich-könnte-es-auch-Kanzler dar. Welche Krise?, fragte er zurück, wenn er auf die Serie der Wahlniederlagen angesprochen wurde, es sei doch nicht so, dass »wir in Deutschland tief im Jammertal leben«. »Stetigkeit und Konzepte« seien notwendig, er, Scharping, mache jedenfalls »Politik nicht für eine Schlagzeile«. Sein Handeln, lobte er sich selbst, »gilt den Menschen«. Andere, insinuierte Scharping, dächten weniger an die Menschen, mehr an sich selbst – das zielte hauptsächlich auf Schröder, meinte aber ein bisschen auch Fischer. Es sollte ihm nicht gut bekommen. Als er sich an die undankbare Aufgabe der Reform der Bundeswehr machte, stand ihm Schröder nicht hilfreich zur Seite, tat nichts, um ihn vor dem Ruf eines unmodernen Armeebürokraten zu schützen.

Scharping, der damals immer noch irrigerweise behauptete, »Gerhard Schröder und ich, wir reden offen und vertrauensvoll miteinander«, wurde so weit zurechtgestutzt, dass er nicht länger Loyalität zum Kanzler zeigte, sondern nur noch brav das Verteidigungsministerium so führte, als sei er der Sozialminister für die Soldaten. Er verkannte die Situation, sank so weit, dass sogar Jürgen Trittin ihn ungestraft angreifen und die »schnelle und heimliche« Abschaffung der allgemeinen Wehrpflicht fordern durfte, an der Scharping verzweifelt festhielt.

So wurde aus dem Trio mit dem V wieder ein Duo, meist ernst und mürrisch, das sich ohne viele Worte versteht.

Im zweiten Jahr der Koalition versetzte der Kanzler

seinem Außenminister dennoch eine schallende Ohr-feige. Schröder war nach dem Kosovo-Krieg gefragt worden: »Im Sinne eines europäischen Einigungskrieges?« Ein europäischer Einigungskrieg – das war Fischers Wort, eine seiner Begründungen für den Eintritt in den Krieg. »Das Wort ist übertrieben«, befand Schröder nur knapp.

Fischer schwieg dazu. Sein Schweigen zeigt, dass er Schröder als den Alpha-Wolf akzeptiert – jedenfalls in der Öffentlichkeit.

»Kriegstreiber«

Wie Fischer in den Kosovo-Krieg schlitterte,
warum er sich als Opfer stilisierte und wie schwer
es war, der militärischen Logik der Großmacht
Amerika wieder zu entkommen

Geburtstag, Hochzeit und Bomben

»Wenn man heute als ein Kriegstreiber bezeichnet wird,
fragt man sich selbst: Bist du mit dir im Reinen? Hast du
alles versucht, um das zu verhindern? Ich kann das mit
einem klaren Ja beantworten. Wirklich alles!«

Als sich Joschka Fischer während des Kosovo-Krieges mit diesen Worten Erleichterung verschaffte, war
ihm anzumerken, dass ihn die Vorwürfe zutiefst verletzt hatten. Einen Kriegstreiber hatten ihn einige Linke
bei den Grünen und bei der PDS genannt, kaum dass
die ersten Bombenangriffe der Nato gegen Jugoslawien
geflogen waren. In der Folgezeit fühlte er sich mehrmals
bemüßigt, sein Handeln zu erklären. Hatte er wirklich
alles getan, um den Krieg zu verhindern?

Fischer hat immer wieder persönliche Wandlungen
erlebt, immer wieder in Crashkursen politische Realität
erlernen müssen, das erste Mal als Umweltminister in
Hessen. Aber der Krieg im Kosovo war die größte Herausforderung.

Schon der Start in die Regierungsverantwortung
1998 war nicht leicht gewesen. Gleich zu Beginn hatte
der Frischling im Auswärtigen Amt drei Präsident-

schaften zu meistern gehabt, den Vorsitz des EU-Rates, der G-8 und der Westeuropäischen Union. Plötzlich sah sich Fischer aber in einem Krieg, von dem auch er zunächst geglaubt hatte, er würde in wenigen Tagen vorübergehen, und der zu seinem einundfünfzigsten Geburtstag (den er bei der Nato feierte) nun schon beinahe drei Wochen dauerte, ohne dass ein Ende absehbar war. Wortgefechte als Oppositionspolitiker im Bundestag, Debatten über »das rot-grüne Projekt«, der lange Weg zur Regierungsbeteiligung – das alles erschien nun angesichts der Vertreibung hunderttausender Albaner und immer heftiger werdender Bombenangriffe wie ein politisches Proseminar. Der Krieg, das haben Herrscher zu allen Zeiten erfahren müssen, ist ein unerbittlicher Lehrmeister.

Das »Kriegskabinett«, wie das Trio Joschka Fischer, Gerhard Schröder und Rudolf Scharping nun intern genannt wurde, tagte drei-, viermal in der Woche. Im Auswärtigen Amt, sagte damals ein hoher Beamter, »machen wir rund um die Uhr Kosovo«. Allabendlich um sieben telefonierte Fischer mit den westlichen Außenministern aus der Kontaktgruppe, das waren Schaltkonferenzen von einer Stunde und länger. Später kamen die *Quints* (Fünflinge) hinzu, Telefonate der Außenminister der fünf wichtigsten Krieg führenden Nato-Staaten – neben den USA, die diese Telefonkonferenz initiiert hatten, um die Bündnispartner bei der Stange zu halten, waren dies Großbritannien, Frankreich, Italien und Deutschland. Italiener und Deutsche galten in Washington als wackelig, aber deren Beteiligung war für die Amerikaner essenziell, denn nur von Italien aus war der Luftkrieg gegen Jugoslawien zu führen, und das neue,

starke Deutschland sollte nach dem Willen der Großmacht diesem Krieg nicht wie allen früheren fernblei-
ben dürfen.

Aber es war längst nicht nur der schiere physische
Aufwand, der Joschka Fischer aufstöhnen ließ: »Ich bin
mit meiner Kraft am Ende« und der ihm nun häufig sogar die geliebten Dauerläufe verwehrte, worauf er wieder an Gewicht zunahm. Es ging um das Überleben der
Koalition. Es stand ein Parteitag der Grünen bevor, über
den niemand vorauszusagen wagte, ob er Fischers Kurs
bestätigen werde. Es drohte eine Ausweitung des Krieges, denn die Nato hatte nicht nur weitere Eskalations-
stufen für den Luftkrieg eingeplant, sondern entwarf
bereits erste Szenarien für einen Landkrieg. Der Außenminister, im Kriegskabinett derjenige mit der am wenigsten gefestigten Position, aber der größten politischen Weitsicht, musste sich mit dem Undenkbaren
befassen: Was passiert, wenn deutsche Soldaten in Lei-
chensäcken nach Hause geschickt werden?

»Wenn ich es richtig sehe«, meinte er bei einem späteren Interview im Auswärtigen Amt, »habe ich an meinem Geburtstag das erste Mal mit Albright über den Fischer-Plan geredet.«

Bei diesem Rückblick wirft er sich mächtig in die
Brust. »Es ist trotz der erheblichen Gewichtsunterschie-
de zwischen den USA und Deutschland gelungen, zu
einer Diskussion zu kommen zwischen Madeleine und
mir.«

Den Vornamen der Außenministerin spricht er aus,
als handele es sich um eine alte Freundin. Sein ein-
undfünfzigster Geburtstag war also auch in dieser Hinsicht bemerkenswert: Joschka Fischer war der Amerika-

nerin näher gekommen. Normalerweise, so erzählt er weiter, sitzen sich bei solchen Treffen die Außenminister mit ihren Sprechkarten gegenüber und lesen ab. »Das darf doch nicht wahr sein«, habe er sich aber gedacht, »das habe ich nicht akzeptiert.« Schließlich sei er ein »diskursiver Mensch«. Die Amerikaner schienen offenbar zunächst irritiert: »Sie guckten erst einmal misstrauisch und komisch.« Doch dann wurden »Vorschläge gemacht, [wurde] begründet, verworfen, da wurde diskutiert« – so ganz nach dem Geschmack des in den Dauerdiskussionen der linken, später der grün-alternativen Szene Geschulten. Fürwahr ein besonderer Geburtstag: Joschka Fischer, der Sohn eines Metzgers, vermochte die starren Konventionen der Diplomatie zu durchbrechen! Und die oberste Kriegsherrin Madeleine Albright akzeptierte ihn überdies als gleichwertigen Partner, mehr noch – auf dem Gruppenfoto wirkte es so, als verbände die beiden etwas ganz Besonderes, etwas, das nach einem kleinen Flirt aussah. Und er, Joschka Fischer, sollte derjenige sein, der einen Weg *heraus* aus dem Krieg aufzeigen würde, in den sie doch alle mehr oder weniger *hinein*geschlittert waren – ein Weg, so schien es dann im Rückblick, der tatsächlich zum Ende des Krieges führte.

Zwei Opfer führen einen Krieg

Ron Asmus, damals Deputy Assistant Secretary of State, also ein Stellvertreter eines Stellvertreters der Außenministerin, zuständig für Europa und Kanada, hat ganz andere Erinnerungen an die Annäherung zwischen dem deutschen Lehrling und der amerikanischen Meisterin. Asmus erinnert sich, dass man zu Beginn des Kosovo-Krieges sogar im State Department nicht sicher war, ob Fischer tatsächlich ein verlässlicher Juniorpartner sein würde. Bei einem Treffen zwischen seiner Chefin und dem neuen deutschen Außenminister (Asmus, der damals ebenfalls »rund um die Uhr in Kosovo machte«, erinnert sich nur noch an einen der »üblichen, überall gleichen Konferenzräume«) wurden die Amerikaner aber von dem Deutschen angenehm überrascht. Fischer sagte nämlich etwas, das Asmus sofort das sichere Gefühl gab: »Jetzt haben wir ihn, jetzt ist er mit im Boot.«

Was war passiert? Joschka Fischer und Madeleine Albright waren sich auf sehr persönliche Weise näher gekommen. Sie ist bekanntlich tschechischer Herkunft, ihr Vater Josef Korbel, ein tschechoslowakischer Diplomat, war vor dem Zweiten Weltkrieg Prags Botschafter in Belgrad. Und Madeleine Albright ist Jüdin, hat dies aber bis nach ihrer Ernennung zur Außenministerin verheimlicht. Die Korbels flohen nach England, viele ihrer Verwandten wurden von den Nazis in die Konzentrationslager verschleppt und umgebracht. 1949, nach der Rückkehr aus dem britischen Exil, flüchteten sie ein zweites Mal – vor den Kommunisten und nun, für immer, nach Amerika.

Auch Joschka Fischer ist ein Kind von Heimatvertriebenen. Seine Eltern waren Donauschwaben, die aus einem Vorort von Budapest nach Westdeutschland deportiert wurden, wo er 1948 in Gerabronn auf der Schwäbischen Alb geboren wurde. Bei dem Treffen mit der Außenministerin in jenem »üblichen Konferenzraum« wies Fischer auf die gemeinsame Leidenserfahrung hin. Er sagte: »Wir beide sind den aus dem Kosovo vertriebenen Albanern besonders verpflichtet, weil wir beide ja selbst Opfer ›ethnischer Bereinigungen‹ sind.«

So jedenfalls erinnert sich Ron Asmus, den Fischers Selbststilisierung als Opfer ethnischer Vertreibung davon überzeugte, dass er fest zur Kriegskoalition stehen würde. Joschka Fischer dagegen vermochte sich auf Nachfrage zunächst nicht an seine Worte zu erinnern, die sich ja nicht nur bei den Amerikanern fest einprägten, sondern die auch an ein Tabu rührten: das Tabu, die Judenverfolgung und die Vertreibung von Deutschen im gleichen Atemzug zu nennen.

Der Schrei eines Fünflings

Wirklich ein merkwürdiger Aussetzer, denn sein Gedächtnis ist im Allgemeinen exzellent. Wie gut, zeigte sich auch daran, dass er sich andere Details aus jenen Kriegstagen genauestens eingeprägt hat. Etwa eines der *Quints*-Telefonate, das am 26. Mai 1999 geführt wurde. Es war, so erklärte er neun Monate danach, »ein so genanntes Hänger-Telefonat«. Für ihn gab es drei Arten von *Quints*-Telefonkonferenzen: solche, die »sehr konstruktiv«, andere, die *»really depressive«* waren, und eben »Hänger-Telefonate«.

Fischer erzählt: Am 26. Mai spielte Bayern München gegen Manchester United »bei einem dieser Hänger-Telefonate, wo eigentlich nichts passierte in der Leitung. Und ich hing in meinem Bonner Appartement rum und hab schlicht und einfach am Schluss des Gesprächs gedacht, meine Güte, jetzt guckst du halt mal rein, hab den Ton abgeknipst – und dann passierten auf dem Bildschirm die großen Dinge innerhalb von Minuten.« (Manchester United hatte in letzter Sekunde einen Rückstand in einen Sieg verwandelt, worauf Fischer laut aufschrie.) »Madeleines Reaktion war schon so, dass sie fragte, ob bei mir alles in Ordnung sei.«

Bei den *Quints* war es wieder einmal darum gegangen, den Italiener Lamberto Dini zu beruhigen, der sich wegen der Intensivierung der Luftangriffe Sorgen machte. Für die Amerikaner waren die *Quints* das entscheidende Gremium, um Differenzen über die Kriegsführung glatt zu bügeln.

Differenzen gab es genug: Die Griechen hatten von allen Nato-Staaten die größten Probleme mit dem Bombenkrieg, sie fühlten sich den Serben so nahe, dass sie sogar Nachschubtransporte der Nato auf dem Wege von Thessaloniki nach Mazedonien heimlich umleiteten. Die Franzosen hatten ein Mitspracherecht bei Angriffszielen in Montenegro verlangt, weil sie diese kleine Teilrepublik von Restjugoslawien, die darauf bedacht war, sich aus dem Krieg herauszuhalten und sich dem Westen anzunähern, schonen wollten. Die Briten wiederum hatten ein Vetorecht gefordert, wenn Ziele von B-52-Bombern angegriffen wurden, die von britischen Stützpunkten starteten. Aber die meisten Schwierigkeiten bereiteten – aus der Sicht der Amerikaner – immer die Italiener. Ende Mai war die dortige Linkskoalition mit ihrem Dutzend Parteien und Gruppen derart unter den Druck der inneren Opposition geraten, dass Außenminister Dinis Stuhl immer heftiger zu wackeln begann.

Madeleine Albright dagegen war die entschlossene

Bellizistin unter den *Quints*. Den Ruf der Unnachgiebigen hatte sie sich schon im Bürgerkrieg in Bosnien erworben, als sie immer wieder eine harte Hand gegen die Serben forderte.

Nun, im Kosovo-Krieg, drängte sie von Anfang an auf ein Bombardement, aber eben nur aus der Luft, die Entsendung von Bodentruppen lehnte sie ab. Wenn Dini, von dessen Land aus die meisten Angriffe geflogen wurden, mal wieder für eine Deeskalation plädierte, rief sie zuerst einmal bei Fischer und Cook an, damit diese vorab auf den Italiener einwirkten – danach erst ließ sie die *Quints*-Konferenzgespräche freischalten.

Bei jenem »Hänger-Gespräch« am 26. Mai muss sie wohl geglaubt haben, ausgerechnet ihr Bonner Parzival habe irgendetwas falsch verstanden. Als dieser aufschrie, fragte sie, um sein Wohl und seinen Verstand besorgt: *»Are you all right, Joschka?«* Dieser musste kleinlaut beichten, dass er gerade mitangesehen habe, wie Manchester United in den letzten dreißig Sekunden des Spiels zwei Tore schoss und die Partie 2:1 für die Briten endete, was ihn den Krieg zumindest zeitweise vergessen ließ.

An diese Begebenheit kann Joschka Fischer sich präzise erinnern. Aber seine Worte zur familiären Leidensgeschichte scheinen seinem Gedächtnis entschwunden. Ist er sich bewusst, ein Tabu verletzt zu haben, als er die Verfolgung der jüdischen Familie Korbel und seine familiäre Vertreibungsgeschichte im gleichen Atemzug nannte?

Auf Nachfrage räumt Fischer ein, sich wohl doch so geäußert zu haben, wie Asmus es darstellt: »Ich kann mich nicht daran erinnern, ich kann es nicht bestätigen

... aber, ja, ich will es nicht ausschließen, wenn die es sagen, ja, dann kann das wohl so stimmen.«

Offensichtlich bereitet ihm der Gedanke Unbehagen. Wenn es stimmt, was Asmus sagt – was Fischer also nicht ausschließen will –, dann hätte er die Dreistigkeit besessen, zwecks Annäherung an die Amerikanerin die Einmaligkeit der Nazi-Verbrechen in Abrede zu stellen, ferner zu insinuieren, dass die Heimatvertriebenen sich besonders gut in die Lage der Juden hineinversetzen können, weil sie ebenso gelitten hätten. Er möchte nicht daran erinnert werden, wechselt ganz schnell ins Allgemeine, hält einen komplizierten Vortrag: »Nochmals, ich glaube, dass Madeleine und ich sehr schnell gespürt haben, dass hier europäische Gegenwart gegen europäische Vergangenheit steht – und zwar auf einer regionalen Grundlage. Milošević war nicht in der Lage, mit seinen Panzerarmeen zum Kanal durchzubrechen und die Hegemonialfrage im europäischen Staatensystem zu stellen, was früher immer der große Kriegsgrund war. Aber auf der regionalen Grundlage hat sich das alles wiederholt. Ohne Milošević mit Hitler gleichzusetzen, was er mit großserbischer Politik angerichtet hat, wie er dieses Land zu Grunde gerichtet hat, das ähnelt dem doch sehr stark.« Womit er dann doch sagt, dass sich für ihn ethnische Verfolgungen von Kosovaren, Juden und Deutschen nicht allzu sehr unterscheiden.

Wie kam es zu »Nie wieder Auschwitz«?

Joschka Fischer, auf Kontinuität und Bündnistreue bedacht, will mit dieser Erklärung aber auch rechtfertigen, dass er sich auf einen Grundsatz festgelegt hatte, als er mit Madeleine Albright die Weichen in Richtung Krieg stellte: kein Appeasement gegen Diktatoren, denn die Erfahrung lehrte, dass sie damit nicht zu bremsen sind. Das entsprach seinem im Krieg öffentlich geäußerten Glaubenssatz: »Ich habe nicht nur gelernt: Nie wieder Krieg, sondern auch: Nie wieder Auschwitz.«

Ist er deshalb ein Kriegstreiber? Wenn er mit Hinweis auf »Nie wieder Auschwitz« den Einsatz deutscher Tornados vor der Öffentlichkeit zu rechtfertigen versuchte, durfte man ihm dann eine »Verharmlosung des in der bisherigen Menschheitsgeschichte einmaligen Verbrechens« vorwerfen, wie es Mitglieder der Vereinigung der Verfolgten des Nazi-Regimes taten?

Fischers Überzeugungswandel wegen des Einsatzes von Bundeswehrsoldaten vollzog sich im Stillen, die innenpolitischen Debatten und die innerparteilichen Kontroversen wurden mehr beachtet. In Wahrheit war für ihn nicht Račak, sondern Srebrenica der Wendepunkt gewesen. Nach den dortigen Massakern – verübt von bosnischen Serben an bosnischen Muslimen unter den Augen holländischer UN-Soldaten – begann er zu zweifeln, ob das Konzept der Vereinten Nationen, Schutzzonen zu schaffen, überhaupt Sinn machte, wenn diese nicht mit militärischen Mitteln abgesichert waren.

Unter den Grünen hatte eine Diskussion über die »prinzipienorientierte Außenpolitik« (Fischer) begonnen, deren Kern die Gewaltfreiheit war. Wie üblich bei der Partei, die vorgibt, ihre Debatten stets offen zu führen, wurde dieses Thema tatsächlich zunächst in kleinen, abgeschotteten Zirkeln debattiert. Die Frankfurter Kreise erwachten zu neuem Leben. Daniel Cohn-Bendit, Fischers Freund und einstiges Vorbild, rührte lange vor ihm am Tabu: Sollte nicht die Anti-Nato-Haltung aufgegeben werden? Musste nicht anerkannt werden, dass die UN gescheitert waren, dass die Blauhelme nur die Wahl hatten, entweder aus Bosnien abzuziehen oder endlich hart durchzugreifen? Und musste nicht eingestanden werden, dass dazu nur die Nato und eigentlich nur die Amerikaner fähig sind? Das ganz und gar Unerhörte verlangte ebenfalls zuerst Cohn-Bendit: Sollten nicht die Deutschen dabei sein und den drangsalierten Bosniern wirksamen Schutz bieten? Die Debatte führte – auch für die grünen Oberrealos – zu einem Paradigmenwechsel.

Mit dem »Bosnien-Papier« versuchte Joschka Fischer im Sommer 1995 die Bundestagsfraktion und die Partei umzustimmen. Er forderte Intervention und Zustimmung zur Beteiligung der Bundesrepublik an einer Schutzmacht für Bosnien. Doch konnte er nicht alle überzeugen.

Noch im März 1998, auf ihrem Magdeburger Parteitag, lehnten die Grünen das Sfor-Mandat für Bosnien ab, obwohl inzwischen ein fragiler Frieden in dem praktisch dreigeteilten Land geschaffen worden war und es allein galt, diesen zu sichern. Wiewohl: Um diesen mit einer Stimme Mehrheit gefällten Beschluss scherte sich Fischer dann ebenso wenig wie um die Forderung seiner Partei, den Benzinpreis auf fünf Mark pro Liter zu erhöhen. Er warb im Bundestagswahlkampf für eine Verlängerung des Bosnien-Einsatzes, für eine »realistische Außenpolitik«.

Für ihn ging das nur mit den Amerikanern. Doch

zwischen Vasallentreue oder freundschaftlicher Distanz gibt es ein Spektrum von Möglichkeiten in einem Bündnis. Und die große Frage, die sich Fischer gefallen lassen muss, wenn er behauptet, alles zur Verhinderung des Krieges getan zu haben, lautet: Hat er in Betracht gezogen, dass Albrights Strategie, Milošević zu bestrafen, den Kosovo-Konflikt nicht lösen würde?

Deutsche Uniformen in der ganzen Welt

Schon Anfang der achtziger Jahre begann in der internationalen politischen Klasse die Debatte, ob die Bundesrepublik sich auf die Vergangenheit berufen und aus allen Konflikten *out of area*, also außerhalb der Hoheitsgebiete der Nato-Staaten, heraushalten dürfe. Richard von Weizsäcker warnte damals vor allzu großem Eifer: »Die Welt wird sich noch schnell genug wieder an deutsche Uniformen gewöhnen müssen.« Aber die Welt fürchtete diese Uniformen weit weniger, als es die Deutschen selbst taten.

Im Golfkrieg hielten die Amerikaner den Zeitpunkt für gekommen, endlich auch die Bundeswehr zu mobilisieren. Helmut Kohl konnte dies gerade noch verhindern, indem er eiligst einen großen Teil der Kriegskosten übernahm und darauf verwies, dass die Deutschen mit von der Partie seien, weil sie wesentliche Aspekte der Logistik – Panzertransporte, Zwischenstopps auf dem Rhein-Main-Flughafen – ermöglichten und sogar ein paar Flugzeuge und Flugabwehrraketen in die Türkei verlegten. Gleichwohl signalisierte Washington, nachdem Saddam Hussein zurückgedrängt worden war: Beim nächsten Mal wird ein Scheck nicht reichen.

Das nächste Mal war Somalia. Dort kam die Bundeswehr in eine seltsame Lage, denn während alle anderen Armeen ein UN-Mandat für »friedensschaffende Maßnahmen« hatten, beschränkte sich die deutsche auf »friedenserhaltende Maßnahmen«. Sie sollte, pure Fiktion, nur dort eingreifen, wo der Streit der einander meuchelnden Clans bereits geschlichtet war. Es war reines Glück, dass eine indische Brigade, die von dem Bundeswehr-Kontingent versorgt werden sollte, nie eintraf und dass die Amerikaner, die auf deutsche Uniformen gedrängt hatten, eilends die »Operation Restore Hope« für beendet erklärten, nachdem mehrere GIs durch die Straßen von Mogadischu geschleift worden waren.

Der CDU-Verteidigungsminister Volker Rühe baute die Bundeswehr um, es gab nun »Krisenreaktionskräfte« für den Einsatz in der ganzen Welt und »Hauptverteidigungskräfte« für die althergebrachte, aber kaum noch zu erwartende Schlachtordnung, nämlich die Abwehr von Panzerangriffen aus dem Osten. Dieser Wandel – vom Abstandhalten hin zur aktiven Beteiligung – machte die »Militarisierung der deutschen Außenpolitik« aus, vor der Joschka Fischer damals noch warnte. In Bosnien führten deutsche Soldaten erstmals wieder Krieg, wenn auch unter UN-Mandat und nur in einem winzigen Kontingent, nämlich als Besatzungsmitglieder von AWACS, den fliegenden Luftaufklärungssystemen, und als Sanitäter. Als sie dann aber nach dem Friedensschluss in Dayton eines der größeren Kontingente zur Sicherung des Friedens in Bosnien bereitstellten, hatte sich die Welt an deutsche Uniformen gewöhnt.

Kurz vor einem Landkrieg

Ohne diese Vorgeschichte wäre ein deutscher Einsatz im Kosovo-Krieg undenkbar gewesen. Als am 24. März 1999 die ersten deutschen Tornados Angriffe auf jugoslawische Militärinstallationen flogen, kannte Fischer längst die Erwartungen der Amerikaner an die Deutschen. Was er nicht bedachte, war ihre militärische Logik. Die Realität eines Krieges war ihm, wie überhaupt seiner ganzen Generation, ebenso fremd wie die Überraschungen, die er mit sich bringen konnte. Und auch dies hatte er noch nicht erlebt: die Rücksichtslosigkeit und die Arroganz, mit der die Supermacht Amerika ihre Strategie durchsetzte.

Als er während jenes »Hänger-Gesprächs« vor dem Fernseher aufschrie, saß der amerikanische Verteidigungsminister William Cohen im Flugzeug nach Deutschland. Cohen landete am 27. Mai 1999 kurz vor drei Uhr nachts auf dem Köln-Bonner Flughafen und raste zu einem geheimen Treffen mit den Verteidigungsministern Deutschlands, Frankreichs, Großbritanniens und Italiens in der alten Bundeshauptstadt. Neun Wochen Luftangriffe und immer noch kein Sieg: Die Militärs forderten nun Pläne für eine Invasion, verklausulierten dies allerdings zu »Szenarien für Bodentruppen«.

Im Stillen waren die Vorbereitungen für einen Landkrieg schon weit gediehen. Eine aberwitzige Planung, die leicht in eine Katastrophe führen konnte. Die Nato-Truppen sollten über das albanische Kukës und das mazedonische Blace, also vom Westen und vom Süden her in das Kosovo vorstoßen. Es gibt an diesen Grenzen jeweils nur eine Straße. Jene durch Albanien ist kaum befestigt, eine steile, enge Staub- und Schlammpiste, auf der ein schwerer Panzer nicht vorankommt. Beide Straßen führen über leicht zu sprengende Brücken. Das Terrain ist zerfurcht von Tälern und Schluchten, die leicht zu verteidigen und nur unter großen Verlusten zu durchqueren sind.

Nach sechseinhalb Stunden intensiver Beratungen gingen die fünf Verteidigungsminister auseinander. Sie hatten sich schwer getan und waren sich offensichtlich der immensen Gefahren dieses »Szenarios« bewusst. Ihre Regierungen sollten nun rasch entscheiden, ob sie tatsächlich Landstreitkräfte entsenden wollten.

In seinem Kriegstagebuch »Wir dürfen nicht wegsehen« huscht Rudolf Scharping über diesen 27. Mai hinweg. Er selbst hatte die Verteidigungsminister eingeladen, beruft sich aber darauf, dass dieses Planungsgespräch »absolut vertraulich« bleiben müsse. Doch verrät Scharping so viel: »Darüber hinaus wollten wir erreichen, dass die Truppen unverzüglich stationiert werden sollten, die der Nato mit Blick auf die Beratungen innerhalb der G-8 als Garantie für ein politisches Ergebnis angemeldet worden waren.« Der umständliche Satz belegt, dass zumindest eine Drohkulisse aufgebaut werden sollte. Es war die gefährlichste Entscheidung in diesem Krieg.

Auch Joschka Fischer bleibt wortkarg, wenn es um das schicksalsträchtige Treffen am 27. Mai geht. »Verteidigungsminister«, brummt er dann nur, »das ist eine andere Adresse, damit habe ich nichts zu tun.« Eine allzu rasche Ausflucht. Ihm muss genauso wie Scharping in jenen Tagen klar gewesen sein, dass es nur noch eine weitere Eskalationsstufe gab und die Nato nur noch einen winzigen Schritt von einem Landkrieg entfernt war. Und unbestreitbar ist auch dies: Der Außenminister muss sich bewusst gewesen sein, dass ein Kampfeinsatz von Heereseinheiten zu einer Zerreißprobe für die Koalition geführt hätte. Nicht weniger unerfreulich war auch die Gewissheit, dass auf die Amerikaner nicht unbedingt Verlass sein würde. Während Gerhard Schröder vor den Luftangriffen ziemlich unbekümmert auch Bodentruppen in Aussicht gestellt hatte, hatte Bill Clinton ehedem davon nichts wissen wollen. »Ich habe nicht vor«, tat der amerikanische Präsident in einer Fernsehansprache am 24. März, dem Tag der ersten Bombenflüge, unmissverständlich kund, »unsere Truppen in den Kosovo zu schicken, um dort Krieg zu führen.« Nach Somalia, in das noch George Bush mit dem Sendungsbewusstsein der »neuen Weltordnung« hineinstolziert war, während sich Bill Clinton herausschleichen musste, gehört es zu politischen Grundkenntnissen, dass der Tod einer Hand voll amerikanischer Soldaten schnell einen Stimmungsumschwung auslösen und die Supermacht zum Rückzug treiben kann. Die Nato stand womöglich im Mai 1999 kurz vor einem Bodenkrieg, ohne sich darüber im Klaren zu sein, wie sie ihn ohne eigene Verluste führen sollte, und auch ohne zu wissen, welche Staaten sich an ihm beteiligen und wie lange sie ihn durchhalten würden.

Nur wenige Stunden, bevor die Verteidigungsminister die wichtige Vorentscheidung über einen Landkrieg treffen sollten, fand das *Quints*-Telefonat statt, welches sich so zäh hinzog, dass Fischer das Fußballspiel verfolgte. Es konnte eigentlich nur dann so langweilig gewesen sein, wie er erzählt, wenn seine amerikanische Amtskollegin mit ihm und den anderen *Quints*-Partnern nicht über die bevorstehende Entscheidung über einen Landkrieg gesprochen haben sollte. Es gab ja nur drei Möglichkeiten. Entweder: Sie wusste selbst nichts von William Cohens Reise, was aber wenig wahrscheinlich war. Oder: Sie wusste alles, sagte aber nichts. Oder: Alle fünf Außenminister wussten von den Beratungen ihrer Verteidigungsminister, hatten sich aber längst an den Gedanken einer weiteren Eskalation gewöhnt. Auf jeden Fall dürfte Fischer einige Tage nach dem 27. Mai im deutschen Kriegskabinett über das volle Ausmaß der Kriegsplanung informiert worden sein, denn Scharping konnte ihn nicht einfach übergehen.

Fischer gesteht halbwegs selbst ein, wie nahe die Nato vor einem Landkrieg stand. Auf die Frage, weshalb Slobodan Milošević am Ende dann doch so plötzlich aufgab – die jugoslawischen Truppen sollten zwei Wochen nach der Sitzung der westlichen Verteidigungsminister ihren Rückzug aus dem Kosovo antreten –, auf die Frage also, was die Beweggründe des großserbischen Diktators gewesen sein mögen, entgegnet der deutsche Außenminister ein dreiviertel Jahr nach dem Ende des Kriegs drei Mutmaßungen: Erstens: »Die Wirkung des strategischen Luftbombardements.« Zweitens: »Der russische Einfluss.« Drittens: »Das Wissen, dass der Landkrieg kommt – und dass er den verlieren wird ... er hatte begriffen, dass die Entschlossenheit da ist.«

Diese Worte wiegen schwer. Wenn Milošević erkennen konnte, dass die Nato zum Landkrieg entschlossen war, dann müssen die Regierungen des Bündnisses doch weiterreichende Pläne gehabt haben, als sie die

Öffentlichkeit in jenem Frühjahr 1999 wissen ließen. Da liegt auch der Schluss nahe, dass der grüne Außenminister zumindest erwogen haben muss, einer Invasion Jugoslawiens durch die Nato zuzustimmen. Fischer gesteht ein, dass eine solche Eskalation zu einem »Albtraum« geworden wäre und sich das westliche Bündnis dann in eine »*coalition of the willing*« verwandelt hätte. Sein Wort von der »Entschlossenheit« lässt kaum Zweifel aufkommen, dass er zu einer solchen Koalition der Willigen bereit war.

15 Minuten für die wichtigste Entscheidung des Lebens

Nach dem glücklichen Ausgang des Kriegs wollte Bundeskanzler Gerhard Schröder glauben machen, niemand habe die Deutschen zum Kriegseintritt gedrängt. Er verkündete selbstbewusst: »Wir haben das aus freien Stücken getan.« Große Worte, aber kaum die halbe Wahrheit.

Schauen wir zurück auf den 9. Oktober 1998. An diesem Tag, zwei Wochen nach der gewonnenen Bundestagswahl, reisten der designierte Kanzler und sein Vize nach Washington zum Antrittsbesuch bei Clinton. Im Gefolge: Der einzig verbliebene außenpolitische Experte in der SPD, Günter Verheugen. Von der Audienz im Weißen Haus blieben Fischer und Verheugen jedoch ausgeschlossen. Sie durften nur zum Fototermin mit dem Präsidenten zusammenkommen. Das anschließende Gespräch zwischen Clinton und Schröder wurde unter vier Augen geführt.

Aber es wurde einiges über dieses Gespräch kolpor-

tiert. Demnach reichte Clinton die zuvor verabschiedete Resolution des UN-Sicherheitsrates – mit der Stimme
Russlands und bei Enthaltung Chinas –, die von Jugoslawien ein Ende der Kampfhandlungen im Kosovo forderte, nicht aus, weil sie keine militärische Vergeltung
androhte. Clinton aber wollte mehr, nämlich Milošević
mit der Androhung von Luftschlägen abschrecken. Um
diese Drohung glaubhaft zu machen, wollte er dafür die
Zustimmung aller Nato-Staaten einholen. Aber der Präsident soll auch Verständnis für die Übergangssituation
in Deutschland gezeigt haben. Noch amtierte Helmut
Kohl. Bis zur Konstituierung des neuen Bundestags und
der Wahl Schröders zum Kanzler soll, so die Berichte
über das Gespräch im Weißen Haus, Clinton den Deutschen Bedenkzeit eingeräumt haben.

Nach der Rückkehr aus Washington glaubte Joschka
Fischer offensichtlich daran, dass Clinton dem designierten deutschen Kanzler eine Schonfrist gewährt
hatte. Denn er telefonierte mit Angelika Beer, der ver-
teidigungspolitischen Sprecherin der Grünen, die ihn
vor der Abreise bedrängt hatte, keinen Luftschlägen
oder sonstigen Vergeltungsmaßnahmen zuzustimmen.
»Es ist alles okay«, beruhigte er die Parteigenossin vom
linken Flügel.

Aber schon am Tag darauf, also nur 72 Stunden nach
dem Gespräch im Weißen Haus, war nichts mehr okay.
Samuel Berger, der Sicherheitsberater des amerikanischen Präsidenten, hatte bei Günter Verheugen ange-
rufen und ihm einen drastischen Sinneswandel mitgeteilt: Bill Clinton fordere nun doch die sofortige
Zustimmung der Deutschen zur Androhung von Luftschlägen. Den Aufschub, den der Präsident dem Kanz-

ler in spe gewährt hatte, so Berger zu Verheugen, gäbe es doch nicht – um auf Milošević einzuwirken, müssten die Deutschen sofort mitziehen.

Joschka Fischer war schon auf dem Weg ins Kanzleramt, als Verheugen ihm von dem Berger-Anruf berichtete. Im Bonner Kanzleramt sollten sich die Spitzen der noch amtierenden und der zukünftigen Bundesregierung treffen, um die weitere Vorgehensweise abzustimmen.

Über das dann folgende Gespräch zwischen Schröder und Fischer existieren zwei Versionen. Version eins: Kurz bevor sie im Großen Kabinettsaal mit den anderen zusammenkamen, soll Schröder seinem designierten Vize gesagt haben: »Entweder du stimmst der amerikanischen Forderung zu, oder du wirst nicht Außenminister« – so erzählt es jedenfalls Angelika Beer, die es von Fischer erfahren haben will. Version zwei: Schröder übte keinen direkten Druck aus. Fischer jedenfalls behauptet dies. »Es war nur der übliche Druck der Fakten«, sagt er. Denn: »Die Amis gaben uns null Möglichkeiten, noch irgendetwas zu beeinflussen. Wir hatten nun diesen Mühlstein um den Hals. Wir standen vor der Frage, ob das Experiment Rot-Grün an internationalen Konditionen scheitern sollte, bevor es überhaupt gestartet war.«

Schröder sprach seinerzeit von einem »Lackmus-Test der Bündnistreue«. Für diesen Lackmus-Test hatten die Wahlsieger, die noch nicht einmal ihre Koalitionsverhandlungen abgeschlossen und ihre Minister benannt hatten, jedenfalls kaum eine Viertelstunde Zeit. Im Großen Kabinettsaal trafen Schröder, Fischer, Verheugen und Lafontaine auf Kohl, Rühe, Schäuble,

Joschka Fischer bei einem Teach-In an der Frankfurter Universität zum »Häuserkampf« im Frankfurter Westend, Oktober 1973.

Bei einer Straßenbahn-Blockade aus Protest gegen die Fahrpreiserhöhung des Frankfurter Verkehrs-verbundes (den Blick zur Kamera gerichtet), Mai 1974.

Als junger Bundestags-
abgeordneter, 1983.

Mit den Kindern
David und Lara, 1986.

In Andreas-Baader-Pose
im Bundestag, 1984.

In der Rolle des
Taxifahrers in dem Film
»Va Banque«, 1985.

Vereidigung als hessischer Umweltminister durch Holger Börner, 12. 12. 1985.

Nussknacker und rotgrüne Weihnachtssterne zum ersten
Arbeitstag, 13. 12. 1985.

Fünf Wochen nach der Entlassung,
März 1987.

Der Redner,
1992 – 1994.

Beim Fußballspiel der Fraktionsmannschaft,
1995.

Kinkel, Gerhardt und Glos. Fischer erinnert sich so: »Die Entscheidung, so zu verfahren, fiel dann unmittelbar dort.« Allerdings will er zu diesem Zeitpunkt noch für alles offen gewesen sein, will sogar seine Haltung von dem damaligen SPD-Vorsitzenden Lafontaine abhängig gemacht haben. Fischer sagt: »Wir waren abhängig von der Entscheidungskompetenz des größeren Koalitionspartners.«

In diesem ebenfalls entscheidenden Punkt widersprechen Lafontaine und Fischer einander. Lafontaine will die Runde gewarnt und den Vorbehalt durchgesetzt haben, dass es vor einem Kriegseintritt noch einen weiteren ausdrücklichen Kabinettsbeschluss geben müsse. Er hätte den Krieg aufgehalten, versichert er, hätte, wenn er Kanzler gewesen wäre, sogar darauf bestanden, den UN-Sicherheitsrat, China und Russland einzubeziehen. Fischer dagegen behauptet, Lafontaine habe nur »formale Bedenken« vorgetragen, keine »wirklichen«: »Er wollte nur ein paar Kautelen nach der Devise, wenn sich etwas ändert, unterrichtet ihr uns [die amtierende Bundesregierung die zukünftige].«

In jedem Fall herrschte beim Treffen im Kanzleramt eine gewisse Entscheidungsfreiheit. Helmut Kohl war bereit, seinem Nachfolger die Vorhand zu geben und ihn nicht in eine bestimmte Richtung zu drängen. Fischer schildert den Altkanzler als sehr »bedrückt« bei dieser Sitzung. Kohl selbst hat später Andeutungen gemacht, dass er den militärischen Weg nicht ohne die Russen beschritten hätte. Hätte also ein beherztes Plädoyer für die Ausschöpfung der diplomatischen Mittel – wie es später den »Fischer-Plan« ermöglichte – zu diesem Zeitpunkt sehr wohl Aussicht auf Erfolg gehabt?

Die Deutschen hätten sich, ohne dass die Nato zerbrochen wäre, vorläufig verweigern können, so wie sie es ja zunächst in Washington getan hatten. Gerade weil die Amerikaner so viel Wert auf ihre Beteiligung legten, hatten sie mehr Einfluss, als sie glaubten. Aber es scheint, dass Fischer solche Gedanken in diesem kritischen Moment nicht kamen. Er beugte sich dem Marschbefehl aus Washington und der Direktive Schröders. Er war offensichtlich viel zu versessen auf den Ministersessel im Auswärtigen Amt, um dem Druck zu widerstehen, sei dieser nun ein Druck »der Fakten« gewesen oder vom designierten Kanzler direkt ausgeübt worden.

Am 13. Oktober 1998, nachdem sich tags zuvor die Spitzen der scheidenden und der kommenden Bundesregierung auf eine gemeinsame Haltung für die baldige Sondersitzung des Bundestags verständigt hatten, gab es noch ein weiteres Treffen. Der amerikanische Sondergesandte Richard Holbrooke hatte in London – in der VIP-Lounge des Heathrow-Flughafens – den Spitzen der »Kontaktgruppe«, einer Krisengruppe von Außenministern wichtiger Nato-Staaten und Russlands, in dramatischen Worten eine Vereinbarung schmackhaft gemacht, die er nach langen Verhandlungen mit Slobodan Milošević getroffen hatte. Es war kein diplomatischer Durchbruch, von dem Holbrooke berichtete, sondern das eher bescheidene Ergebnis, dass der serbische Diktator der Entsendung einer unbewaffneten Beobachtertruppe der OSZE sowie der unbewaffneten Luftaufklärung der Nato – also Überflügen von kamerabestückten Drohnen – für das Kosovo zugestimmt hatte.

Madeleine Albright hielt sich bei dem Treffen im

Airport zurück. Viele im damals noch von Klaus Kinkel geführten Auswärtigen Amt, wie überhaupt die meisten Teilnehmer in London, sprachen hinter vorgehaltener Hand von Holbrookes Initiative als einer »Schnapsidee«. Kinkel selbst aber sah in ihr eine »Chance«. Sie stammte schließlich von dem »Held von Bosnien«, der die Kriegsparteien in die Konklave von Dayton gezwungen hatte. Und sie machte zugleich deutlich – dies hätte Fischer nicht entgehen dürfen –, dass auch in Washington nicht alle zur *ultima ratio* der Bombenflüge schreiten wollten.

Als designierter Nachfolger Kinkels hätte er leicht in Erfahrung bringen können, dass es innerhalb der Clinton-Regierung solche Differenzen gab. Es ist kein Geheimnis, dass Madeleine Albright und Richard Holbrooke einander ausstechen wollten, dass Holbrooke sich für wesentlich geeigneter hielt, das State Department zu führen, dass Albright ihn dafür auflaufen ließ, wo immer sie konnte. Sie war es vermutlich gewesen, die jenen Umschwung Clintons nach dem Besuch Schröders herbeigeführt hatte. Die ganze Wahrheit wird womöglich erst 25 Jahre nach dem Kosovo-Krieg zu erfahren sein, wenn die amerikanischen Regierungsarchive geöffnet werden – oder auch nie, denn das Verhältnis zwischen dem amerikanischen Außenministerium, dem Verteidigungsministerium und dem Büro des Nationalen Sicherheitsberaters gilt als ein »politisches Bermudadreieck«, in dem politische Direktiven des Präsidenten unauffindbar verschwinden.

Ein erfahrener deutscher Außenminister hätte indes ausloten können, ob die Eifersüchteleien in Washington eine Chance zur Verhinderung des Krieges boten. Doch

Joschka Fischer tat genau das, was die resolute Frau im State Department wollte – und steuerte geradewegs auf den Luftkrieg zu.

Er, der in der Opposition heftigem Streit nie ausgewichen war, scheute den Konflikt mit der Großmacht. Mehr als seine Parteibasis fürchtete er die amerikanische Außenministerin – ihr wollte er es recht machen. Es hatte nur eine Chance gegeben, den Krieg zu verhindern, und sie kam nie wieder. Fischer hätte sich am 12. Oktober nicht überrumpeln lassen dürfen. Hätte er mehr Erfahrung gehabt und auf Clintons ursprüngliche Zusage gepocht, dann hätten die Ereignisse womöglich einen anderen Lauf genommen. So aber einigten sich die scheidende und die kommende Regierung darauf, im Bundestag den gemeinsamen Beschluss herbeizuführen, sich an den von der Nato geplanten Luftschlägen zu beteiligen. Auf einer Sondersitzung des Bundestags am 16. Oktober 1998 stimmten dann 198 Mitglieder der SPD-Fraktion mit Ja, nur 21 mit Nein (bei sieben Enthaltungen), bei den Grünen stimmten 29 mit Ja, bei nur neun Gegenstimmen und acht Enthaltungen.

Das Fatale an dem Beschluss war vielleicht noch nicht einmal, dass es für ihn kein UN-Mandat gab, dass die Entsendung der Bomber völkerrechtlich also einen unerklärten Angriffskrieg bedeuten würde. Schlimmer: Der Bundestag stimmte einem Vorratsbeschluss zu – und gab damit das Heft aus der Hand. Die Nato hatte Anfang Oktober eine ACTORD *(activation order)*, einen »Aktivierungsbefehl«, gegeben. Das ist kein Einsatz-, sondern ein Ingangsetzungsbefehl. Indem der Bundestag diesen Befehl genehmigte, überließ er den Militärs die Entscheidung, wann genau sie zuschlagen würden.

Joschka Fischer hat also keineswegs alles getan, um »das zu verhindern«. Wenn er bis zum Äußersten gegangen wäre, also Schröder noch vor der außerordentlichen Bundestagssitzung entschieden mitgeteilt hätte: mit mir nicht, wenn er bereit gewesen wäre, auf sein Amt zu verzichten, und dadurch ein unübersehbares Zeichen gesetzt hätte, dann wären solche Worte gerechtfertigt. Er will gar nicht einsehen, dass die Chance, den Krieg abzuwenden, nur in dem kurzen Zeitraum nach der Wahl und vor dem Bundestagsbeschluss bestand. Wenn Fischer in der Rückschau davon spricht, er habe alles getan, um den Krieg zu verhindern, dann meint er nur seine Aktivitäten nach seinem Amtsantritt, eine Reise nach Belgrad und die Verhandlungen auf Schloss Rambouillet. Mit der Zustimmung zum ACTORD waren indes schon die Karten aus der Hand gegeben, lief die Militärmaschinerie bereits unaufhaltsam an.

Ihn allerdings einen Kriegstreiber zu nennen, wäre dann doch nur gerechtfertigt, wenn er den Krieg geschürt hätte. Dieser Vorwurf geht zu weit. Fischer hat nicht aufgepeitscht, im Gegenteil; nachdem er in den Krieg geschlittert war, hat er alles daran gesetzt, wieder aus ihm herauszukommen.

Als Grüner allerdings geriet er in Begründungsschwierigkeiten. Wie die Amerikaner ging er deshalb dazu über, den Feind zu dämonisieren. Slobodan Milošević, daran hielt Fischer auch nach dem Krieg fest, sei zwar kein Hitler, aber diesem doch ziemlich ähnlich. Mit seinem »Ich habe auch gelernt: Nie wieder Auschwitz« instrumentalisierte Fischer nicht nur den Holocaust, sondern setzte zudem die Serben den Deutschen unter Hitler gleich.

»Wir dürfen nicht wegsehen«, ist das Folgeargument. So nannte dann ja auch Scharping sein veröffentlichtes Kriegstagebuch. Tatsächlich aber schaut die Welt ständig weg, wendet sich desinteressiert ab von ethnischen Kriegen, von Kulturkriegen, sogar von Völkermord und Genozid. Es ist schlicht nicht alles Schlimme auf der Welt zu verhindern. Nach den Maßstäben, die für das Kosovo angewendet wurden, hätte die Nato auch in ihrem Partnerland Türkei intervenieren müssen, um dort die Verfolgung von Kurden zu unterbinden. Weil sie sich ihrer Sache gar nicht so sicher waren und fürchteten, den Rückhalt in der deutschen Bevölkerung zu verlieren, übertrieben Fischer und Scharping die Gräueltaten der Serben, während sie die eigentlich nicht zu übersehende Brutalität der Albaner schlicht ignorierten.

Wer verübte das Massaker?

Račak ist dafür ein Beleg. Tatsächlich gab das Massaker jenen in der Nato Auftrieb, die ohnehin nicht an eine friedliche Konfliktlösung glaubten, jenen wie Fischer, der auch im Nachhinein behauptet, die »großserbische Gewaltpolitik Miloševićs« habe »letztlich nur mit Waffengewalt gestoppt werden« können. Račak war kein Wendepunkt, an dem er sich vom Pazifisten zum Bellizisten verwandelt hätte, Račak legitimierte im Nachhinein eine Haltung, von der er schon vorher überzeugt war. Der Fund der toten Zivilisten dort war ihm Beweis genug, dass Serben systematisch Albaner ausrotteten – und Begründung genug für die Gerechtigkeit dieses Krieges.

Bei solchem Denken wurden die Serben pauschal zu willigen Helfern des Regimes in Belgrad, die albanischen Kosovaren dagegen ausnahmslos zu Opfern. Dabei war eigentlich die Militanz der Ushtria Çlirimtase e Kosovës, der UÇK genannten »Befreiungsarmee des Kosovo«, kein Geheimnis. Sie bekämpfte den auf Gewaltfreiheit setzenden, von den Albanern im Kosovo zum Präsidenten gewählten Ibrahim Rugova. Viele in der UÇK waren nichts anderes als Verbrecher und Terroristen, denen der Bürgerkrieg, den auch sie anfachten, die Gelegenheit bot, sich als »Widerstandskämpfer« zu gerieren. Außenminister Fischer hätte nicht einmal die Berichte der deutschen Botschaften auf dem Balkan benötigt. Eine genaue Lektüre der Zeitungen hätte gereicht, um die dunklen Seiten der UÇK zu erkennen. Gerade er mit seiner »anarchistischen Vergangenheit«, seiner Kenntnis der deutschen RAF, hätte den Untergrundkämpfern um den selbst ernannten kosovarischen »Präsidenten« und UÇK-Chef Hasim Thaèi ein großes Maß an Misstrauen entgegenbringen müssen. Er tat es nicht. Er sah sie nicht als die schwächere Partei in einem Bürgerkrieg, sondern nur als die Opfer der »ethnischen Bereinigungen«.

Dafür kam ihm Račak gerade recht. Was war dort geschehen? Drei Wochen nachdem die UÇK von sich aus ein Waffenstillstandsabkommen mit den Serben aufgekündigt hatte, nachdem also der Bürgerkrieg, bei dem auch Albaner nicht vor brutalen Anschlägen zurückschreckten, wieder voll entflammt war, machten die inzwischen tatsächlich eingesetzten, unbewaffneten OSZE-Beobachter in Račak eine grausige Entdeckung.

Am späten Nachmittag des 15. Januar 1999 gelangen sie in das Dorf, in dem seit Tagen schwer gekämpft worden ist. Auf ihr Betreiben wird das Feuer gegen 16.45 Uhr eingestellt, die serbische Polizei und Armee ziehen sich zurück. Die OSZE-Beobachter finden einen toten und fünf verletzte Zivilisten. Die albanischen Bewohner berichten ihnen von weiteren Toten in der Gegend. Doch die Beobachter ziehen sich aus Sorge um die eigene Sicherheit erst einmal für die Nacht zurück. Sie kehren in der Frühe des 16. Januar wieder. Jetzt werden sie zu den Leichen von 40 Toten geführt, darunter eine Frau und ein Junge. Fünf weitere Tote seien, so wird ihnen von den Albanern gesagt, bereits von ihren Angehörigen abgeholt worden.

Gegen 13 Uhr an diesem zweiten Tag erscheint der Leiter der so genannten Kosovo Verification Mission, der amerikanische Sonderbotschafter William Walker, in seinem Schlepptau dreißig Journalisten. Einige von diesen betten die Toten so um, dass sie näher beieinander liegen, damit sie Fotos von Leichengruppen machen können. Im Ort sind zu dieser Zeit viele uniformierte UÇK-Kämpfer zu sehen.

Zurück in der Hauptstadt Pristina spricht Botschafter Walker von einem »Massaker« und einem »Verbrechen gegen die Menschlichkeit«, für das er auf der Stelle die serbischen Sicherheitskräfte verantwortlich macht. Walkers Einschätzung wird ohne weitere Nachprüfungen von den Außenministern der Europäischen Union akzeptiert. Am 20. Januar wird dem jugoslawischen Präsidenten ein von Joschka Fischer im Namen der EU verfasster Brief übergeben, der die »Hinrichtung von 45 unbewaffneten Personen, darunter Frauen und

Kinder« beklagt und »weitere Maßnahmen der internationalen Gemeinschaft« androht.

Erst am 17. März – zwei Monate später – legen forensische Experten aus Finnland, die den Fund in Račak untersuchten, ihren Bericht der Öffentlichkeit vor. Er bestätigt, dass die Opfer unbewaffnete Zivilisten sind, unter ihnen mehrere alte Männer und eine Frau. Von Kindern ist keine Rede mehr. Der Bericht enthält sich ausdrücklich eines Urteils über die Umstände, unter denen die Opfer zu Tode gekommen sind, hebt insbesondere hervor, dass es nicht in die gerichtsmedizinische Kompetenz der Experten falle, zu entscheiden, ob es sich um ein Massaker gehandelt habe.

Die Umstände von Račak werfen eine Reihe von Fragen auf, denen jemand, der alles getan haben will, um den Krieg zu verhindern, eigentlich hätte nachgehen müssen. Aber erst ein Jahr nach dem Krieg werden diese Fragen gestellt, und zwar nicht von Außenminister Fischer, sondern vom seinerzeit schon pensionierten deutschen General Heinz Loquai, der während und nach dem Kosovo-Krieg bei der OSZE in Wien tätig war. Loquai gibt in seinem Buch »Der Kosovo-Konflikt – Wege in einen vermeidbaren Krieg« erstens zu bedenken: Weshalb entdeckten die OSZE-Verifikateure nicht sofort das ganze Ausmaß des Blutbades? Die Toten, die sie am Folgetag sahen, lagen doch in unmittelbarer Nähe des Ortes. Und zweitens: Warum haben die serbisch-jugoslawischen Sicherheitskräfte nichts unternommen, um das Massaker zu verbergen, als sie sich am 15. Januar von Račak zurückzogen? Drittens: Welche Partei hatte ein Interesse, ein Massaker zu verüben oder vorzutäuschen?

War es völlig undenkbar, dass die UÇK selbst die Albaner tötete, um die Tat den Serben unterzuschieben? Oder dass sie zumindest von Serben in einem oder mehreren Feuergefechten getötete Albaner so arrangierte, dass es wie ein Massaker aussah? Für Loquai bleibt allerdings unstrittig, dass die Toten »auf das Konto der serbischen Sicherheitskräfte« gingen. Jedoch: Wurde womöglich eines der damals wieder alltäglichen Bürgerkriegsgefechte instrumentalisiert? Loquai zufolge hat Botschafter Walker nicht nur die Schar von Journalisten »frei schalten, walten und fotografieren und mediengerecht positionieren« lassen, Walker habe auch keinerlei Anstalten gemacht, das Gebiet abzusperren, was für eine einwandfreie kriminaltechnische Untersuchung eine entscheidende Voraussetzung gewesen wäre.

Die deutsche Botschaft in Belgrad lieferte bis zum Ausbruch des Luftkrieges genaueste Berichte über das Geschehen im Kosovo. Heinz Loquai konnte sie großenteils einsehen. Als er jedoch das Auswärtige Amt darum bat, sie in seinem Buch zitieren zu dürfen, bekam er einen Korb. Ludger Volmer, der Staatsminister vom linken, fundamentalistischen Flügel der Grünen, den Fischer aus Gründen des innerparteilichen Proporzes mit ins Amt nehmen musste, bügelte ihn ab: »Die Berichterstattung der Botschaft Belgrad zum Thema Kosovo stellt immer noch eine politisch sensitive Materie dar, deren Veröffentlichung unerwünschte politische Auswirkungen haben könnte.«

Merkwürdigkeiten um einen Vertragszusatz

Auf die grundsätzliche Frage, wie er auf Kritik an seiner Person und Politik reagiere (siehe Kapitel »Appetit auf Macht«), fiel Joschka Fischer noch ein Artikel ein, den er schon deshalb nicht wirklich vergessen hatte, weil er ihn »gefährlich« nannte. Der Artikel stammte aus der Feder von Andreas Zumach und war im Frühjahr 1999 in der *tageszeitung* erschienen. Es ging um Rambouillet. Zumach, der in Genf arbeitet und, so spekulierte Fischer, wohl auch vom jugoslawischen Geheimdienst Informationen erhält, hatte über den so genannten »Annex B« geschrieben. So nannte sich ein Zusatz zu dem Vertrag, den Jugoslawen und Kosovaren auf der Konferenz von Rambouillet unterschreiben sollten. Er regelte die militärische Durchsetzung einer Autonomielösung. Der amerikanische Unterhändler Christopher Hill hatte den Annex B in der Mitte der zweiten Konferenzwoche vorgelegt. Zwar war der Text des Annex B seit dem 23. Februar 1999 auf verschiedenen Homepages im Internet, auch jener der Nato, einzusehen, also direkt nach dem Ende von Rambouillet, aber noch vor der Folgekonferenz in Paris – merkwürdigerweise blieb er aber in Deutschland unbeachtet, bis die *tageszeitung* ihn am 6. April, also nach Beginn der Bombenflüge, in Auszügen veröffentlichte.

Der Annex B war so etwas wie der Entwurf für ein Truppenstationierungsabkommen. Er hätte – Miloševićs Zustimmung vorausgesetzt – die Rechte der Nato-Truppen in Jugoslawien, also in Montenegro und Serbien wie auch in den Provinzen Kosovo und Woiwodina, festgeschrieben. Gemäß Annex B hätten Nato-Angehörige »unter allen Umständen und zu jeder Zeit Immunität vor der Gerichtsbarkeit der Konfliktparteien« genossen. Ebenfalls sollten sie immun sein gegen »jede(r) Form von Festnahmen, Untersuchung oder Verhaftung durch die Behörden der Bundesrepublik Jugoslawien«. Ferner sollten sie sich »frei und ungehindert ... in der Bundesrepublik Jugoslawien inklusive ihres Luftraums sowie ihrer Territorialgewässer bewegen« dürfen. Jugoslawien sollte der Nato Priorität bei allen Transporten geben und keinerlei Zölle, Maut oder Gebühren erheben. Der Annex B war also letztlich ein Besatzungsstatut für ganz Jugoslawien, nicht nur das umkämpfte Kosovo. Ein Text, der signalisiert, dass hier eine Siegermacht dem Verlierer Bedingungen diktiert.

Die deutsche Regierung hatte bis zur Veröffentlichung in der *tageszeitung* immer behauptet, dass in Rambouillet – nach dessen Scheitern die Luftangriffe begonnen wurden – lediglich die Stationierung einer von der Nato geführten »Implementierungstruppe« im Kosovo verlangt worden war. Und Joschka Fischer hatte beteuert, in Rambouillet seien »alle diplomatischen Möglichkeiten ausgeschöpft« worden. Genau über diese Behauptung kam es nun zu einer Kontroverse. Die verteidigungspolitische Sprecherin der Grünen, Angelika Beer, schrieb Joschka Fischer einen Brief, in dem sie klarstellte, sie hätte sich im Bundestag gegen die »Umsetzung der ›Activation Order‹ – also den Beginn des Luftkrieges – ausgesprochen«, wenn sie vom Annex B gewusst hätte. Der SPD-Abgeordnete Hermann Scheer wollte, nachdem er vom Annex B erfuhr, nicht länger glauben, dass der Vertrag von Rambouillet »eine Grundlage für Frieden auf dem Balkan« hätte sein können.

Zumach hielt Fischer in der *tageszeitung* Geheimniskrämerei vor. Den Abgeordneten des Deutschen Bundestags sei der vollständige Text des Abkommens vorenthalten, überhaupt nur auf deren Drängen und nach der Veröffentlichung in der *tageszeitung* übergeben worden. Zumach enthüllte ferner, dass auch die Staatsminister im Auswärtigen Amt Günter Verheugen und Ludger Volmer und der Staatssekretär Wolfgang Ischinger vorgaben, entweder nichts von dem Annex B zu wissen oder das abgedruckte Dokument für veraltet zu halten. Die Überschrift über Zumachs Artikel ärgerte den Außenminister am meisten: »Die Rambouillet-Lüge: Was wusste Joschka Fischer?«

Wie gegenüber dem General Loquai berief sich auch beim Annex B das Auswärtige Amt zunächst auf ein vermeintliches Staatsgeheimnis, in diesem Fall auf die »von den Teilnehmern der Rambouillet-Konferenz vereinbarte Vertraulichkeit«. Noch ein Jahr danach machte Joschka Fischer geltend, an dem Annex B sei Rambouillet wohl kaum gescheitert. Ein ganz ähnliches Abkommen hätten die Serben schließlich auch in Dayton akzeptiert. Aber das ist ein unzulässiger Vergleich. Denn nach Dayton durfte die »Implementierungstruppe« für Bosnien – die Sfor – nur innerhalb Bosniens, nicht gleich in ganz Jugoslawien Besatzerrechte wahrnehmen.

Nachdem Fischer in der *tageszeitung* derart kritisiert worden war, verlegte er sich auf die Flucht nach vorne. Auf Drängen des *Zeit*-Korrespondenten Gunter Hofmann, den er schon als junger Abgeordneter zum bevorzugten Gesprächspartner unter den Journalisten auserkoren hatte, öffnete er diesem die Akten des Auswärtigen Amts, wies seine Beamten an, dem alten Bekannten mit jeder gewünschten Auskunft zu dienen. Mit Erfolg. In der *Zeit* erschien ein langer Text mit dem Titel »Wie Deutschland in den Krieg geriet«. Joschka Fischer war voll und ganz befriedigt. Wie Fischer hatte Hofmann immer wieder vor der »Militarisierung der Außenpolitik« gewarnt. So jemand wirkt glaubwürdig auf die Linke. Und nun, nachdem er die »vertraulichen Akten des Auswärtigen Amtes« hatte einsehen dürfen, sprach Hofmann den Außenminister frei. »Deutschland war gutwillig, überfordert, am Ende machtlos«, schrieb er. Das ist zwar kein Lob. Aber es beschreibt Joschka Fischer mit genau den Worten, die er selbst gewählt hätte. Er wollte ja als derjenige gesehen werden, der nicht anders konnte, der erst versucht hatte, einen Krieg zu verhindern, und dann widerwillig zustimmen musste.

Hofmann relativierte seine ohnehin äußerst zarte Kritik noch weiter: »Die Deutschen können sich zugute halten, dass keiner die Kosovo-Frage so früh so ernst genommen hat wie sie.« Das Auswärtige Amt selbst hätte sich nicht besser ins rechte Licht setzen können. Fischers Eigenlob, er habe alles getan, um den Krieg zu verhindern, griff Hofmann mit diesem Kommentar auf: »Es überzeugt, wenn in Bonn gesagt wird ›we walked the extra mile.‹ Oder anders: Nichts haben wir unversucht gelassen.« Ein Zitat aus den Akten, das Hofmann wiedergab, war bestens geeignet, Fischer als einen zu beschreiben, der in eine Zwangslage geraten war. So hatte es ein Protokollant des Auswärtigen Amts festgehalten, und so wiederholte es Hofmann: »In dieser letzten Phase war Rambouillet eine rein amerikanische Veranstaltung.« Was allerdings Fischer, dem diese Bemerkung ja keineswegs schmeichelt, aus guten Gründen verschweigt, wenn er den Text von Hofmann lobt.

Scheinverhandlungen

Die Amerikaner waren nämlich, das hatte der in dieser Hinsicht noch unerfahrene Joschka Fischer wohl erst zu spät bemerkt, bei den Verhandlungen schon gar nicht mehr an einem diplomatischen Ergebnis interessiert. Zwar waren sie mit hundert Diplomaten nach Paris angereist. Zwar gab Madeleine Albright ihr Bestes, um den Eindruck von einem zähen Ringen zu erwecken. Einmal setzte sie sich sogar stumm kauernd vor die Tür der albanischen Delegation, damit, wenn schon nicht die Serben, dann doch wenigstens die Albaner den Vertrag unterschrieben. Doch die amerikanische Außenministerin glaubte von Anfang an nicht an einen Erfolg von Rambouillet. Sie wollte keine zweite Konklave nach dem Vorbild von Dayton, der amerikanischen Stadt im Bundesstaat Ohio, wo ihr Konkurrent Richard Holbrooke 1995 Slobodan Milošević den Friedensschluss für Bosnien abgerungen hatte. Sie wollte Milošević, der nun woanders zündelte, bestrafen. Und sie musste ihn, wenn sie die am Kosovo uninteressierte, außenpolitisch ohnehin wankelmütige amerikanische Öffentlichkeit von einem Krieg überzeugen wollte, als das Böse schlechthin vorführen. Sie wollte aber auch Fischer die Gelegenheit geben, sich vor seinen Wählern rein zu waschen. Sie hatte ihm längst signalisiert, dass er verhandeln dürfe, dass aber bombardiert würde, wenn es zu keinem Ergebnis käme.

Fischer selbst dürfte allerdings auch schon vor Rambouillet erkannt haben, dass die Gespräche hoffnungslos waren. Spätestens als sich zeigte, dass Milošević nicht nach Paris reisen würde, war für jeden ersichtlich, dass diese Balkan-Konferenz scheitern musste. Die serbischen Delegierten in Rambouillet hatten nichts zu sagen.

Auch auf die Albaner hatte Fischer keinen Einfluss. Nicht Ibrahim Rugova, der zeitlebens nach friedlicher Veränderung gestrebt hat, dominierte die albanische Delegation, sondern Hasim Thaèi und seine UÇK. Sie wollten von Anfang an einen militärischen Sieg über die Serben erringen. Und weil sie am Ende der Konferenz den vom Westen vorgelegten Vertrag unterschrieben, erreichten sie, was sie sich zuvor nicht in ihren kühnsten Träumen ausgemalt hatten: Die UÇK machte die Nato zu ihrer Luftwaffe. Bei seinem Rückblick auf die Konferenz gestand Fischer indirekt ein, dass er nicht mäßigend auf den Albaner Thaèi einwirken konnte. Der war nämlich auf Rambouillet »kaum noch ansprechbar«.

Auf andere Weise war auch der mächtigste Serbe unzugänglich geblieben. Als Fischer – vor Rambouillet – Milošević in Belgrad aufgesucht hatte, war es zu einem regelrechten Showdown gekommen.

Der serbische Präsident fragte den deutschen Außenminister: »Was wollen Sie eigentlich im Kosovo?«

Fischer treuherzig: »Wir wollen, dass das Morden beendet wird.«

»Wieso, das sind doch unsere Leute?«

Solche Kälte, solche Skrupellosigkeit hatte Joschka Fischer noch nicht erlebt. Ihm war es so vorgekommen,

als habe Slobodan Milošević ihm unausgesprochen mitgeteilt: Ich gehe über Leichen und du kannst das nicht.

Später, als der Krieg längst ausgebrochen war, wurde
offenbar, wie sehr Milošević auf seine zynische Weise
Recht behalten sollte. Joschka Fischer und mit ihm
Rudolf Scharping suchten verzweifelt nach Beweisen
für serbische Gräueltaten. Sie konnten zwar nicht über
Leichen gehen – aber über Leichen reden. Denn sie
brauchten für den deutschen Kriegseintritt einen zwin-
genden Grund, der einer großen Mehrheit der eigenen
Bevölkerung ohne viele Worte einleuchtete.

Wer verfasste den »Hufeisenplan«?

Also horchten sich in den Flüchtlingslagern, die über
Nacht in Albanien und Mazedonien errichtet wurden,
Bundeswehrsoldaten um. Ihr Auftrag: Belege für ethnische Säuberungen und Völkermord zu finden. Ein
schwieriger Auftrag. Es waren Hunderttausende vertrieben worden, keine Frage. Mehrere tausend albanische
Kosovaren mussten ihr Leben lassen (wiewohl nach
dem Krieg die tatsächliche Zahl der Opfer sich als sehr
viel kleiner herausstellte). Doch ebenso unübersehbar
war, dass der große Exodus der Albaner aus dem Kosovo erst nach Beginn des Bombardements begonnen hatte. Und handfestes Material, das auch vor einem internationalen Tribunal Bestand gehabt hätte, war während
der Luftangriffe nicht beizubringen. Die Albaner mussten viel zu hastig flüchten, um etwa Fotos machen oder
gar ihre Toten mit sich bringen zu können. Ihren Berichten war nur selten zu trauen.

Mangels anderer Beweise zauberte daher Rudolf Scharping die »Operation Hufeisen« aus dem Hut. (»Hufeisen« deshalb, weil – entsprechend der Landkarte des Kosovo – angeblich eine dreiviertelkreisförmige Säuberungsaktion durch die Provinz geplant war). Für den Verteidigungsminister war der angeblich serbische Operationsplan »ein Beweis dafür, dass schon im Dezember 1998 eine systematische Säuberung des Kosovo und die Vertreibung der Kosovo-Albaner geplant worden war, mit allen Einzelheiten und unter Nennung aller dafür einzusetzenden jugoslawischen Einheiten«. Wohlgemerkt: »ein Beweis«.

Am 8. April 1999 stellte Scharping, unterstützt vom damaligen Generalinspekteur der Bundeswehr, Hans-Peter von Kirchbach, die »Ergebnisse der Auswertung« des Hufeisenplans auf einer Pressekonferenz vor. Demnach hatten die jugoslawischen Streit- und Sicherheitskräfte schon gleich nach dem Jahreswechsel begonnen, die Albaner »im Norden der Provinz und entlang eines breiten Streifens beiderseits der Hauptverbindungsstraßen im Kosovo« zu vertreiben. Und: »eine weitere Phase der Operation war während der Verhandlungen in Paris, also im März 1999, in vollem Gange«. Scharping sprach sogar von »ernst zu nehmenden Hinweisen auf Konzentrationslager« im Kosovo.

Die deutsche militärische Führung verriet damals nicht, wie ihr der Geheimplan der Serben in die Hände gefallen war. Das fiel aber niemandem auf. Manche stutzten nur, weil es hieß, die Operation sei bereits im März in vollem Gange gewesen. Bis zum 24. März, dem Beginn der Luftangriffe, waren nur vereinzelt Flüchtlinge über die Grenze nach Mazedonien gekommen. »Entlang der Hauptverbindungsstraßen« lebten aber hunderttausende Albaner. Sie hätten demnach im Kosovo herumirren müssen. Aber auch dort war von großen Flüchtlingstrecks zu diesem frühen Zeitpunkt nichts zu sehen. Die Bilder deutscher Aufklärungsdrohnen, die damals täglich über dem Kosovo kreisten, zeigten davon ebenso wenig wie von Beweisen für die Behauptung Thaèis (die Scharping ebenfalls weiter verbreitete), im Stadion von Pristina seien 100 000 Menschen zusammengepfercht worden.

In seinem Kriegstagebuch verriet der Verteidigungsminister indes, woher er den Plan hatte. Unter dem 5. April heißt es dort: »Erhalte von Joschka aus Geheimdienstquellen ein Papier, das die Vorbereitungen und die Durchführung der ›Operation Hufeisen‹ der jugoslawischen Armee belegt. Haben wir jetzt einen vollständigen Beweis über lange geplante serbische Vertreibungen im Kosovo? Sofort Auswertung veranlasst.«

Woher hatte Fischer den Operationsplan, welche waren seine »Geheimdienstquellen«? Er schweigt sich darüber aus. Der *Spiegel* schrieb neun Monate nach Scharpings Pressekonferenz: »Doch die Quelle des Papiers ist dubios. Wie der *Spiegel* erfuhr, wurde der Plan den Deutschen von Sofias Außenministerium zugespielt und stammt aus der Giftküche des bulgarischen Geheimdienstes – die Bulgaren, einst berühmt für die Regenschirm-Attentate ihrer Schlapphüte, bemühten sich während des Kosovo-Kriegs besonders um Nähe zur Nato: Sie wollen bald in die Organisation aufgenommen werden.«

In der Sitzung des Bundestages am 15. April 1999 hatte auch Bundeskanzler Schröder keinen Zweifel daran gelassen, dass er den Plan für echt hielt: »Die jugoslawische Regierung hat von Anfang an den Feldzug der ethnischen Säuberung geglaubt und ihn geplant, einen Feldzug, dessen Zeuge wir heute sind. Das, meine Damen und Herren, kostete bis jetzt tausende von Menschen im Kosovo das Leben ... Vertreibung und Mord waren längst im Gange, als die Nato ihre Militäraktion begann.«

Der Fraktionsvorsitzende der SPD, Peter Struck, übertrieb noch mehr, verlängerte großzügig um ein paar Monate: »Seit Frühjahr 1998 führt Milošević im großen Stil Vertreibungsaktionen und Dorfzerstörungen im Kosovo durch.« Sein Kollege bei den Grünen, Rezzo Schlauch, wusste, nachdem Scharping den ominösen Plan ausgewertet hatte: »Es kann kein Zweifel daran bestehen, dass die Verbrechen von Milošević gegen die Menschlichkeit von langer Hand geplant waren.«

Sogar Karl Lamers, der außenpolitische Experte der Unionsfraktion, der schon immer Bedenken gegen Interventionen des Westens auf dem Balkan hegte, schien von der Echtheit des Dokuments überzeugt. Er sagte in dieser Sitzung des Bundestages, dass »Milošević die Nato-Luftschläge nutzt, um die schon lange geplante Vertreibung der Albaner mit brutaler Konsequenz umzusetzen«.

Skeptisch war nur Gregor Gysi. Für ihn schien ein Umstand besonders »merkwürdig«: »Der Generalinspekteur der Bundeswehr hat die Originalüberschrift dieses Plans vorgelesen. Diese Überschrift war in Kroatisch und nicht in Serbisch verfasst. Kann man sich ernsthaft vorstellen, dass das serbische Militär in kroatischer Sprache einen solchen Plan verfasst? Da sind doch Zweifel geboten.«

Zweifel hegte offensichtlich noch einer, obwohl er dies verheimlichte: Joschka Fischer. Er beschwor den Bundestag, die richtigen Konsequenzen aus dem Plan zu ziehen, doch dabei rutschte ihm etwas heraus: »Sie mögen den Plan nennen, wie sie wollen. Entscheidend ist doch die Frage, dass es bereits im letzten Jahr angefangen hat. Lesen Sie doch die Biografien der heute nach Deutschland gekommenen Familien!«

Entscheidend für die Wahrheitsfindung wäre die Herkunft des Plans gewesen. Die Leidensgeschichten der geflüchteten Kosovaren – so schrecklich sie sind – verraten nichts über die Geheimpläne Belgrads. Für Fischer und die Bundesregierung zählte jedoch nur eines: endlich etwas vorweisen zu können, das auf einen systematischen Völkermord im Kosovo schließen ließ.

Es war abermals der Militärexperte Heinz Loquai, der später die richtigen Fragen stellen sollte, die indes ebenso wie jene zu Račak unbeantwortet blieben.

Laut Scharping, schreibt Loquai in seinem Buch, habe der Plan alle Einzelheiten bis »zur Nennung aller dafür einzusetzenden jugoslawischen Einheiten« enthalten. In einer vom Verteidigungsministerium herausgegebenen »Übersicht« stehe aber, der Plan sei »in seinen Details nicht bekannt«.

Verteidigungsminister Scharping behauptete seinerzeit, der Plan habe die ethnische Säuberung des gesamten Kosovo zum Ziel gehabt. In der »Übersicht« ist dagegen zu lesen: »Hauptziel der ›Operation Hufeisen‹ ist ... die Zerschlagung ... der UÇK.« Der Verteidigungsminister behauptete, die jugoslawischen Streitkräfte im Kosovo seien bereits im Februar 1999 erheblich verstärkt worden. In der »Übersicht« ist dagegen nur lapidar von »einigen Verstärkungen der Landstreitkräfte« im März die Rede.

Fischers Kabinettskollege habe, schreibt Loquai, auch das Datum der Entlassung des sich dem Plan widersetzenden Chefs des Generalstabs der jugoslawischen Armee, General Perišić, falsch benannt. Scharping datierte sie auf den Januar 1999. Tatsächlich aber sei der General, wie es in der »Übersicht« richtig gestanden habe, bereits im November 1998 entlassen worden.

In einer für einen Bundeswehrgeneral bemerkenswert kritischen Zusammenfassung hält Heinz Loquai fest: »Das Beispiel ›Hufeisenplan‹ zeigt auf eindrucksvolle Weise, wie leicht es sein kann, erfolgreiche politische Kampagnen zur Rechtfertigung des politischen Handelns zu führen, wenn der Nährboden bereitet ist. Kein Staatsanwalt würde es in einem Rechtsstreit wagen, mit einer in sich so widersprüchlichen Anklageschrift und mit so schwachen Beweisen Anklage zu erheben. Doch der Verteidigungsminister offerierte seine Anklage nicht nur den Parteien, den Medien und der Öffentlichkeit. Noch bemerkenswerter ist, dass seine Behauptungen bereitwillig und nahezu kritiklos übernommen wurden ... Es gibt einen Zusammenhang zwischen dem ›Massaker von Račak‹ und dem ›Hufeisenplan‹. Der Leiter der KVM, Walker, zündete mit seiner unbewiesenen Version von ›Račak‹ die Lunte zum Krieg gegen Jugoslawien. Scharping löschte mit dem ›Hufeisenplan‹ die Kritik an diesem Krieg. Beide Anschuldigungen wurden, obwohl doch eigentlich Zweifel angebracht waren, ungeprüft für wahr gehalten und konnten so ihren Zweck erfüllen.« Loquais Arbeitsvertrag bei der OSZE wurde im Sommer 2000 nicht verlängert, weil das deutsche Verteidigungsministerium seiner Weiterbeschäftigung nicht zustimmte.

»Geliebte Gegner«

Joschka Fischer stand, nachdem er Rudolf Scharping den »Hufeisenplan« zugespielt hatte, heftige Kritik allerdings auch von anderer Seite bevor – von der eigenen Partei. Die Grünen hatten auf den 13. Mai 1999 einen Sonderparteitag angesetzt. Und während Gerhard Schröder das Kabinett mit Eigenlob überraschte – es habe sich in letzter Zeit durch »Berechenbarkeit, Stetigkeit und Verlässlichkeit ausgezeichnet« –, relativierte Angelika Beer ihre bis dahin demonstrierte Unterstützung für Fischer. Sie warnte im Vorfeld des Parteitages: »Die Zustimmung zu den Militärschlägen steht jeden Tag neu auf dem Prüfstand.«

Wegen des großen Andrangs war das für Hagen geplante Treffen in eine größere Halle in Bielefeld verlegt worden. Die Teilnehmer gelangten nur unter Polizeischutz hinein. Es war Donnerstag, der 13. Mai, Himmelfahrtstag. Ein Freund Fischers hatte pessimistisch prophezeit, die Grünen würden nun den »Superstar zum Suppenhuhn« machen. Der Star selbst hatte voller Pathos die Entscheidung über die Zustimmung zum Krieg zu einer Abstimmung über die Realitätsfähigkeit seiner Partei gemacht: »Wollt ihr mich oder eure Träume?«

Es war Sarkasmus mit einem guten Schuss Demagogie, als er den Delegierten vorhielt, wer gegen Fischer sei, sei für Milošević: »Geliebte Gegner: Wisst ihr, ein halbes Jahr sind wir jetzt hier in der Bundesregierung. Ein halbes Jahr – ja, jetzt kommt ihr, ich hab darauf gewartet: Kriegshetzer. Hier spricht ein Kriegshetzer und Herrn Milošević schlagt ihr demnächst für den Friedensnobelpreis vor.«

Die Konfrontation kam schneller – und anders als erwartet. Der Farbbeutel eines Protestierers traf den Außenminister am rechten Ohr. Die rote Flüssigkeit rann über den Kragen auf Ärmel und Rücken des dunkelblauen Nadelstreifenjacketts. Was aussah wie Blut, klebte auch am Nacken, ein paar Spritzer lagen auf der rechten Hand. Angelika Beer, die spröde Norddeutsche, die sich bei der Bundestagsentscheidung im Oktober 1998 der Stimme enthalten und sich für diesen Parteitag vorgenommen hatte, gegen den Luftkrieg zu stimmen, hielt eine spontane Rede, voller Gefühl und von seltener Kraft – für die Fortsetzung des Nato-Einsatzes gegen Jugoslawien, für die deutsche Beteiligung, für Joschka Fischer.

In ihrem Haus bei Neumünster, das unter Polizeischutz steht, weil auch sie nach ihrem Parteitagsauftritt zur Zielscheibe von vermummten »Autonomen« geworden ist, erinnert sie sich an Bielefeld. »Das hat wehgetan, nicht nur körperlich«, sagt sie und meint den unerwarteten Rollenwechsel. »Die Entscheidung [das knappe Ja der Grünen zur Fortsetzung der Luftangriffe] fiel mit dem Farbbeutel.«

Aber Fischer hatte schon vor dem Parteitag einen wichtigen Schritt in Richtung Frieden getan. Genau eine Woche vor Bielefeld hatte er die Außenminister der G-8 auf den Petersberg bei Bonn gelockt. Dort konnte er dem russischen Jugoslawien-Beauftragten Wiktor Tschernomyrdin das Bekenntnis abringen, man müsse gemeinsam durchsetzen, »dass uns diese Verrückten nicht auf der Nase herumtanzen«, womit Slobodan Milošević und seine Clique gemeint war.

In der Rückschau hat das Treffen mit seinen Amtskollegen »den Weg zum Durchbruch eröffnet«. Fischer war mit Recht stolz, endlich wieder der Diplomatie eine Bresche geschlagen zu haben. Die Russen, die Madeleine Albright noch zu Zeiten von Klaus Kinkel – ebenfalls bei einem Treffen in Bonn – brüsk verprellt hatte, waren »wieder mit im Boot«. Damit bot sich die Chance, eine Resolution im Weltsicherheitsrat durchzubringen, dem Kosovo-Einsatz also eine gewisse völkerrechtliche Legitimation zu geben. Noch wichtiger war, dass nun Tschernomyrdin – gemeinsam mit dem von der EU beauftragten finnischen Präsidenten Martti Ahtisaari – mit Milošević verhandelte.

»Wie die Juden in den Ghettos«

Ob die Erkenntnis, dass die Russen nicht felsenfest zu ihnen stehen würden, die Serben schließlich zum Einlenken brachte, ist eine Frage, die bis heute nicht beantwortet ist. Fischer vermutet, wie erwähnt, dass alle Faktoren zusammenwirkten und Anfang Juni das überraschend schnelle Ende des Krieges brachten: der Druck eines bevorstehenden Landkrieges; das Ende der russischen Nibelungentreue zu den Serben; die verheerenden Folgen der Luftangriffe auf die Zivilbevölkerung in Jugoslawien.

Ihm reicht, dass der Frieden mit seinem Namen verknüpft ist. Der auf dem Petersberg enthüllte »Fischer-Plan«, der auch den Wiederaufbau auf dem Balkan mit einer Art zweiten Marshallplan vorsah, war schließlich der Beweis dafür, dass er doch noch alles getan hatte, um den Krieg jedenfalls schnell zu Ende zu bringen.

Doch in seiner vermeintlich größten Stunde gab er sich seltsam griesgrämig. Am Freitag, dem 4. Juni 1999, passierte etwas Außergewöhnliches. Abgebrühte Journalisten, die meinten, schon alles erlebt zu haben, klatschten bei einer Pressekonferenz in Köln Bundeskanzler Schröder und dem finnischen Präsidenten Ahtisaari Beifall, als Letzterer vom Durchbruch berichtete, den er auf seiner Belgrad-Mission erzielt hatte. Es war zu ahnen: Der Krieg ist aus. Joschka Fischer aber zeigte auf dieser Pressekonferenz dieselbe Miene wie drei Wochen zuvor auf dem Bielefelder Parteitag. Den Kopf auf die Hand gestützt, die Stirn in Falten gelegt, schaute er über die auf seiner Nasenspitze sitzende Lesebrille, als habe er gerade eine Kröte geschluckt. Ahtisaari hatte vorgeschlagen, den Stabilitätspakt für den Balkan »Schröder-Plan« zu nennen.

Als Monate nach dem Krieg offenbar wurde, dass die Nato trotz massiver Bombardements kaum ein Dutzend gegnerischer Panzer zerstört hatte, musste es Joschka Fischer nicht mehr kümmern. Auch nicht, dass erst die Luftangriffe die schlimmsten Gräueltaten provoziert hatten. In Deutschland wurde der Krieg schnell aus dem kollektiven Gedächtnis verdrängt.

In seinem Aufsatz »A Perfect Failure« in der Zeitschrift *Foreign Affairs* wagte indes Michael Mandelbaum, Kenner der amerikanischen Außenpolitik, eine

Kritik an der Nato-Kriegsführung und an Madeleine Albright, zu der sich bei uns bislang kein renommierter Experte durchringen mochte. Der Krieg der Nato gegen Jugoslawien war für ihn ein »perfektes Versagen«. Mandelbaum nannte einige einigermaßen verlässliche Zahlen: »Vor der Nato-Intervention am 24. März waren während des Bürgerkrieges zwischen den serbischen Ordnungskräften und der albanischen Befreiungsarmee (UÇK) ungefähr 2500 Menschen im Kosovo umgekommen. Während der elf Wochen des Bombardements starben in der Provinz ungefähr 10 000 Menschen eines gewaltsamen Todes, die meisten von ihnen albanische Zivilisten, ermordet von Serben. Ein wichtiges Ziel der Nato war es, die Vertreibung der albanischen Kosovaren zu verhindern. Zu Beginn des Bombardements hatten ungefähr 230 000 Menschen ihre Häuser verlassen. Am Ende waren 1,4 Millionen vertrieben.« Und: »Die Allianz zog, nach eigener Angabe, in den Krieg, um die heikle politische Balance der Balkanländer zu stabilisieren. Das Ergebnis war aber genau das Gegenteil: Der Krieg hat sie alle instabiler gemacht.«

Unter den Augen der Nato – nun als Kfor, *Kosovo Force* mit UN-Mandat – übten die Albaner grausige Rache an den Serben und allen anderen Minderheiten in der Provinz – den Roma, den Türken sowie den Gorani, den muslimischen Slawen. Ein »friedliches multi ethnisches Zusammenleben«, wie es die Resolution des UN-Sicherheitsrates will und wie es Joschka Fischer beschwört, blieb ein frommer Wunsch. Hass vor dem Krieg, Hass nach dem Krieg: Die im Kosovo verbliebenen Serben würden nun, so sagte es Fischers alter Freund Tom Koenigs, der als Chef der UN-Zivilverwaltung nach Pristina zog und jeden Ort im Kosovo besuchte, unter ähnlichen Umständen leben »wie einst die Juden in den Ghettos«.

Joschka Fischer aber will das nicht wahrhaben. Die Racheakte, den Unfrieden tut er mit einer Gegenfrage ab: »Wie lange hat es gedauert, bis sich Deutschland und Frankreich aussöhnten?« Und die Fehlentscheidungen vor und während des Krieges? Er holt weit aus (»Man muss anfangen beim Auseinanderbrechen von Jugoslawien«), verweist schließlich darauf, dass andere die größeren Fehler gemacht hätten, vor allem Hans-Dietrich Genscher »mit seiner voreiligen Anerkennung Kroatiens«.

»Spätestens bei der Zerstörung von Vukovar [der kroatischen Stadt nahe der serbischen Grenze] hätte der Westen klar machen müssen, dass er nicht bereit ist, die jugoslawischen Erbfolgekriege zu akzeptieren«, sagt er, »und das wäre nur gegangen, wenn man die Beteiligten – unter Aufbietung einer starken Militärmacht – dazu gezwungen hätte, sich an einen Tisch zu setzen.«

Vukovar, das war der Anfang, die erste brutale, große Schlacht im zerfallenden Jugoslawien; die kroatische Stadt wurde nach dreimonatigem Dauerfeuer von den Serben erobert. Wenn dies nicht nur ein zurechtgelegtes Argument ist, dann wäre Fischer also schon um das Jahr 1991 herum innerlich bereit gewesen, die jugoslawischen Kriegsherren mit militärischen Mitteln zur Räson zu bringen. Doch die Berichte (auch von ihm selbst) über seine Haltung zu den »Erbfolgekriegen« und zu der Frage, wie sich der Westen einmischen soll, sind zu unterschiedlich, als dass man ihm diesen Schlusssatz abnehmen könnte. Zu Beginn der Kriege, die während eines Jahrzehnts immer wieder an den verschiedensten Ecken des Balkan aufflammten, hat Joschka Fischer jedenfalls nicht nach der Nato gerufen. Wenn er jetzt die Fehler anderer betont, dann auch, um Kritik an ihm selbst vorzubeugen, sollte im Kosovo oder anderswo im Restjugoslawien doch noch alles schief gehen. Sein Glück war, dass der Nato-Einsatz nur minimale Verluste auf der eigenen Seite forderte. Doch wer weiß, ob dieses Glück anhält. Nach dem Kosovo-Krieg musste sich die Bundeswehr ähnlich einer Besatzungsmacht in einem Protektorat auf einen Einsatz in der Unruheprovinz einrichten, der möglicherweise fünfundzwanzig Jahre währen kann. Die Risiken waren da noch gar nicht abzuschätzen.

In fünfzehn Minuten all diese Konsequenzen abzuwägen, hätte niemand vermocht. Joschka Fischer gibt sich gern als schneller Entscheider. Das Leben lehrt, dass solche schnellen Entscheidungen nur möglich sind, wenn man zuvor weiß, was man will. Übersetzt auf seine Zustimmung zum Krieg: Er wollte lieber Außenminister werden, statt als jemand in die Geschichte einzugehen, der sich verzweifelt (und womöglich auch vergeblich) gegen einen Vorratsbeschluss der Nato gestemmt hat. Vielleicht hat Schröder ihm tatsächlich buchstabiert, was ein Nein bedeutet hätte. Nötig gewesen wäre dies nicht. Denn Fischer war nie wirklich ein Pazifist.

»Ich war nie ein Pazifist«

Als Hausbesetzer und Straßenkämpfer gehörte Joschka Fischer zu den Radikalen und war zeitweilig nur einen Herzschlag von der RAF entfernt – als Außenminister entdeckt er plötzlich seine bürgerliche Herkunft

Friedensverhandlungen mit dem Katzenkiller

Wir schreiben das Jahr 1973. Es ist zwar erst Ende März, aber die Sonne scheint schon warm. Die Demonstranten ziehen Jacken und Pullover aus. Viele gehen untergehakt in Reihen, das sind die »Organisierten«, die Mitglieder der diversen Splitterparteien, von denen jede ihren eigenen Block mit Fahnen und Transparenten bildet. Die dogmatischen Miniparteien wie der Kommunistische Bund Westdeutschland oder die DDR-treue Deutsche Kommunistische Partei sind wie immer bemüht, diszipliniert zu wirken, sie glauben, die Arbeiterklasse würde sie sonst nicht ernst nehmen. Die Jusos wirken wie immer etwas verloren, weil auch sie zwar protestieren wollen, es aber schließlich ihre Mutterpartei SPD ist, die Frankfurt regiert. Neben dem Demonstrationszug und in lockeren Gruppen zwischen den Blocks laufen die Unorganisierten, viele davon einfach Neugierige, aber auch Straßenkämpfer, die sich irgendwie dem »Häuserrat« verbunden fühlen.

Die Polizei hält sich in den Nebenstraßen verborgen. Als der Zug in den Kettenhofweg einbiegt, sind nur ein paar vereinzelte Uniformen zu sehen. Die Stimmung ist ausgelassen wie auf einem Volksfest, denn seit langem hat es in Frankfurt keine große »Demo« mehr gegeben. Das »Häuserkampflied« wird angestimmt. Doch nur wenige singen mit, denn das Lied hat keine erkennbare Melodie, und der Text ist den meisten ohnehin fremd: *Reiht euch ein, seid zum Kämpfen bereit / Sind wir nur fest entschlossen / Jetzt zu kämpfen, Genossen / Dann wird unsere Stadt bald befreit.* Es ist nicht das Lied, was so gute Laune macht. Die Demonstranten sind vor allem stolz, es den »Spekulanten« gezeigt zu haben.

Kettenhofweg 51 war das vierzehnte besetzte Haus in Frankfurt. Etwas mehr als ein Jahr zuvor, in der Nacht des 7. Februar 1972, war es in einer gut geplanten Operation besetzt worden. Die *Frankfurter Rundschau* hatte damals berichtet: »Obwohl die Polizei einen Tipp bekommen hatte, im Kettenhofweg solle ein weiteres Haus besetzt werden, konnte die Aktion nicht verhindert werden. Punkt 12:30 Uhr marschierten 80 Besatzer aus verschiedenen Richtungen auf das Haus zu, nahmen vor ihm, mit Helmen geschützt und Knüppeln bewaffnet, Aufstellung, während sechs Personen einen Mietlastwagen entluden, auf dem Material zum Verbarrikadieren herbeigeschafft worden war.«

Doch ganz so lässig, wie es der Reporter der *Rundschau* empfand, waren die Besetzer nicht vorgegangen. Sie hatten einige Nächte zuvor die Einfahrt zum Grundstück ausgemessen. Dabei hatten die Hände des Vermessers wohl so stark gezittert, dass er sich falsche Angaben über die Breite des Tors notierte: Der Mietlastwagen, mit dem sie anrückten, hätte um ein Haar nicht in die Einfahrt hineingepasst.

Das Haus Kettenhofweg 51 war keine jener Perlen

143

der Gründerzeit- und Jugendstilvillen im Frankfurter Westend, von denen einige ebenfalls besetzt worden waren. Es war ein schlichtes Gebäude mit drei Fünf-Zimmer-Wohnungen. Die Eigentümer Abraham Markiewicz und Felix Neufeld hatten es erst zwei Wochen zuvor erworben. Sie brauchten das Grundstück zur Arrondierung ihrer Baupläne, denn sie wollten in diesem hübschen, unmittelbar an das Zentrum angrenzenden Viertel im Dreieck Kettenhofweg / Feuerbachstraße / Guiolettstraße mehrere Bürogebäude errichten.

Anfang der siebziger Jahre war Frankfurt zwar schon längst der wichtigste Banken- und Börsenplatz in Deutschland, aber die Wolkenkratzer, die heute das Stadtbild prägen, standen noch bevor. Das höchste neuere Gebäude war der AFE-Turm an der Uni, der Sitz der Abteilung für Erziehungswissenschaft, ein grauer Klotz und eine Hochburg der radikalen Linken (neben der Arbeit in den Betrieben galt die Pädagogik als der einzig andere akzeptable Weg, sich mit dem »revolutionären Subjekt«, der Arbeiterklasse, eins zu machen). Das Westend liegt zwischen Uni und der Stadtmitte und war damals wie heute die bevorzugte Wohnlage in Frankfurt, damals allerdings noch für Studenten erschwinglich, besonders, wenn sie sich die geräumigen Altbauwohnungen teilten. Oder sie besetzten.

Es waren zwölf Studenten und drei Gastarbeiter, die in den »Kettenhofweg«, wie es in der Szene dann nur noch hieß, einzogen. Sie wollten, wie sie sagten, »erst mal Spaß haben, Skat kloppen, diskutieren, lachen und singen«. Aber der Kettenhofweg stand auch bei der Stadtverwaltung ganz oben auf der Liste: als das Haus, das zuerst geräumt werden sollte.

Räumen und abreißen war damals an sich nichts Ungewöhnliches. Rudi Arndt, der SPD-Oberbürgermeister, hatte allen Ernstes vorgeschlagen, die Alte Oper – Anfang der siebziger Jahre noch eine Ruine, inzwischen wieder schön restauriert – in die Luft zu sprengen, was ihm den Spitznamen »Dynamit-Rudi« einbrachte. Rudis Lösung war nicht ganz so abstrus, wie es heute scheint. Damals bevorzugten die meisten Bundesbürger noch Neubauten. Viele Familien hatten sich in der Nachkriegszeit über Jahre hinweg Altbauwohnungen mit anderen teilen müssen und wollten endlich einmal Küche, Bad und Toilette für sich allein haben. Wenn sie nicht aus den Altbauten herauskamen, dann »modernisierten« sie, hängten Decken niedriger, versteckten Stuck und Putz unter Raufasertapeten. Zugleich fehlte es an Büroraum. Jagt den alten Schrott in die Luft, schafft Platz für das Neue – das wollte »Dynamit-Rudi« signalisieren!

Den Immobilienhändlern kam sein Signal sehr gelegen. Die alten, höchstens fünf Stockwerke hohen Wohnhäuser, zur Jahrhundertwende gebaut und seit dem Krieg nicht mehr saniert, waren billig zu haben. Die Mieter, oft Studenten, genossen kaum Kündigungsschutz. Man konnte sie leicht hinausekeln oder ihnen den freiwilligen Auszug mit wenigen tausend Mark versüßen, dann die Abrissbirne bestellen und schließlich mit Profit zehn, zwanzig oder mehr Etagen für Büroraum hochziehen.

Da gefährdete der »Häuserkampf«, der in Frankfurt lange vor den Hausbesetzungen in Berlin-Kreuzberg begann, das schöne Geschäft. Zwar waren es wie erwähnt nur wenig mehr als ein Dutzend Häuser, die tatsächlich erobert wurden. Aber die Eigentümer mussten fürchten, dass jedes Mal, wenn sie ein Haus »entmietet« hatten, dieses sofort wieder besetzt wurde. Und der Magistrat der Stadt hatte, unsicher über die weitere Vorgehensweise, auch noch ein Räumungsmoratorium beschlossen – dieses aber zum März 1973 auslaufen lassen.

Als die Polizei unmittelbar nach dem Ende des Moratoriums gegen den Kettenhofweg 51 vorrückte, fand sie überraschend eine Schutztruppe vieler hunderter Sympathisanten vor. Der »Häuserrat« und die ganze locker zusammengewürfelte linke Szene hatten eine Telefonkette organisiert. Eine Wohngemeinschaft warnte die nächste, diese dann wieder eine dritte und so weiter, bis alle Sympathisanten auf den Beinen waren. Die meisten wollten sich den Polizisten einfach nur in den Weg stellen. Doch ein harter Kern, die »Putzgruppe« (wobei »Putz« auch in Frankfurt für »Randale« stand – »jetzt machen wir Putz« – ein Witzbold aber »Putz« sofort zum Akronym für Proletarische Union für Terror und Zerstörung machte), hatte sich mit einem Sammelsurium von Waffen ausgerüstet, hatte Zwillen, Eisenstangen und Steine (»die besten Argumente«) angeschleppt. Und sie schlug die Polizei tatsächlich in die Flucht.

Im Polizeibericht hieß es im holprigen Deutsch: »Die Demonstranten zeigten ein bis dahin in Frankfurt am Main nicht gekanntes Ausmaß an Aggressivität und Brutalität. Die Angriffe durch Steinwürfe und Würfe mit schweren Eisenteilen wurden teilweise so heftig geführt, dass die eingesetzten Beamten erst nach mehrmaliger Aufforderung vorgingen. Die Wurfgeschosse waren von solcher Schwere und Größe, dass Lebensgefahr bestand. Außerdem waren die Besetzer mit Latten, schweren Knüppeln, durch Schlaufen am Handgelenk befestigt, Bleirohren, die teilweise auch geschleudert wurden, bewaffnet. Sie verschossen aus sog. ›Spatzenschleudern‹ Glaskugeln, die die Schutzschilde der Beamten durchschlugen.«

Dieser Polizeibericht blieb zunächst unter Verschluss. In der Presse hieß es nur, dass 48 Polizisten verletzt worden waren. Dieser erste – vergebliche – Räumungsversuch im März 1973 war also der größte Sieg für die Szene: der »Kettenhofweg« blieb besetzt.

Der Sieg wurde gefeiert mit der Demonstration am Tag danach, an dem sich auch die Sonne schon so gnädig zeigte. Die meisten Marschierenden hatten allerdings, anders als der harte Kern der Besetzer, große Angst vor einer Konfrontation mit der Polizei. Sie wollten Sympathie für die Hausbesetzer bekunden, sich aber nicht mit den »Bullen« prügeln. Dies war der eigentliche Grund für die Volksfeststimmung: Alle waren erleichtert, dass die Einsatzleitung der Polizei anscheinend Zurückhaltung angeordnet hatte.

Als sich aber die Spitze des Zuges dem Haus Nummer 51 näherte, begann der Krieg. Aus den Seitenstraßen schossen Wasserwerfer ihre harten, mit Tränengas angereicherten Strahlen. Hinter den Wällen der Schutzschilde stürmten einzelne Polizisten hervor und schlugen mit ihren Stöcken nach Demonstranten, die hingefallen waren. Im engen Kettenhofweg waberte ein so dichter Gas-Wasser-Nebel, dass die Sonne zwischenzeitlich zu verschwinden schien. Nur Glück, dass die Beamten nicht auch das Ende des Zuges abgeriegelt hatten. So konnten die meisten Demonstranten durch die parallel verlaufenden Westendstraßen in Richtung Alte Oper flüchten.

Es folgte eine Woche heftiger Unruhen. Die Frankfurter Spontis dramatisierten einzelne Tage zum »roten Mittwoch« und »blutigen Samstag«. In Wahrheit waren es meistens nur kleinere Handgemenge, am Ausgang einer U-Bahn-Passage, an der Hauptwache, dem zentralen Platz Frankfurts, oder an der Bockenheimer Warte, dem alten Stadtturm vor dem Campus der Uni. Aber die Szene nahm Rache. Mehrmals wurden einzelne Polizisten brutal zusammengeschlagen, die sich zu weit aus ihren Kordons hervorgewagt hatten.

Rudi Arndt war plötzlich nicht mehr der entschlossene Draufgänger. Verunsichert empfing er den »Häuserrat« zu einem Geheimgespräch, um zu erkunden, wie die Straßenschlachten ein Ende finden konnten. Das Gespräch blieb indes nicht geheim. Daniel Cohn-Bendit, stolz, wie ein gleichberechtigter Unterhändler in einem Bürgerkrieg behandelt worden zu sein, plauderte sofort alles aus. So blieb das Treffen ohne Folgen. Die konservative *Frankfurter Neue Presse* sah in der Begegnung eine Kapitulation des Staates vor der Revolution: »Es ist nicht auszuschließen, dass sich nach Frankfurter Beispiel inmitten der Großstädte eine Art Nebenregierung bildet, gestern die Uni-Räte, heute die Häuserräte.«

Doch die Polizei hatte den längeren Atem. Am Mittwoch, dem 4. April 1973, fast genau vierzehn Monate nach der Besetzung, wurde der »Kettenhofweg« geräumt. Die permanenten Wachdienste und die dauernden Demonstrationen hatten zu Ermüdungserscheinungen geführt. Auch Hausbesetzer wollen einmal ausschlafen. Niemand leistete Widerstand. Im Keller des Hauses stellte Feuerwehrchef Ernst Achilles auf der Suche nach explosiven Stoffen mehrere Korbflaschen sicher. Sie enthielten nur Wein. Das Haus wurde trotzdem noch am selben Tag platt gemacht.

Die Demonstranten, die nicht zum harten Kern zählten, waren sich noch lange nach diesen unruhigen Tagen ganz sicher: Sie waren friedlich marschiert, es war die Polizei, die unvermittelt losgeschlagen und erst durch ihr Verhalten die Straßenkämpfe ausgelöst hatte. Bei den erregten Diskussionen, die in den gemütlichen Frankfurter Apfelweinstuben geführt wurden, wo brave Bürger und Demonstranten an denselben langen Tischen ihre Schoppen tranken, ereiferte man sich: »Die Bullen haben angefangen.« Erst Wochen später wurde die ganze Wahrheit bekannt. Der »Häuserrat« hatte auf seinem Plenum beschlossen, genau vor dem besetzten Haus die Polizei anzugreifen, sie zu provozieren, »damit der Staat endlich seine blutigen Krallen zeigt«.

Wer war dieser Häuserrat? Niemand wusste es genau. Wenn es sich um ein Plenum aller Hausbesetzer gehandelt hätte, so wäre dies kein Geheimnis geblieben, denn die besetzten Häuser waren beinahe so etwas wie öffentliche Einrichtungen, eine Art Ersatz für Partykeller und Disko.

Viele Besetzer galten der linken Avantgarde überdies als »unpolitisch« – undenkbar also, mit ihnen einen Rat zu bilden. Der Häuserrat tagte auch gar nicht in einem der besetzten Häuser, sondern in einem Studentenwohnheim.

Erst lange nach dem Abriss des »Kettenhofwegs« wurde offenbar, dass der Häuserrat mit dem »Revolu-

tionären Kampf«, dem RK, der coolen Truppe, die
»beim Opel« die Revolution anzetteln wollte, identisch
war. Ein Zwischenfall in der »Niedenau« brachte zu-
tage, wer ihm so angehörte. Aus einer Wohngemeinschaft in einem besetzten Haus in der Straße Niedenau
kam weinend eine Frau heraus, die immer wieder
schrie: »Höke hat meine Katz' geköpft, mit seinem
Schwert.« Tatsächlich hatte ihr Mitbewohner Höke im
Drogenrausch das Haustier umgebracht. Zwei Genossen
vom Häuserrat wurden in die »Niedenau« geschickt,
um »Friedensverhandlungen« zu führen – es waren
Matthias Beltz und Joschka Fischer.

»Massenwiderstand gegen die reaktionäre Gewalt«

Heute erklärt Fischer das Kapitel seiner »anarchistischen Vergangenheit«, wie er sie selbst nennt, für endgültig abgeschlossen. Er will nicht mehr darüber reden,
jedenfalls nicht über Einzelheiten. Allenfalls in allgemeinen Worten, etwa, wenn er erklärt, der »Straßenkampf« habe ihn für den »politischen Grabenkampf«
gestählt. Hierin liegt die tiefere Bedeutung jener Worte
verborgen, die er Anfang 1999 mit Blick auf eine deutsche Beteiligung im Kosovo-Krieg geäußert hatte: »Ich
war nie ein Pazifist.«
   Damals, in der »Straßenkampf-Zeit«, zeigte der Staat
nicht nur die blutigen Krallen, sondern etwas, das die
Spontis nicht kannten: Geduld. In den Monaten nach
dem Kettenhofweg wurden noch mehrere andere besetzte Häuser in Frankfurt geräumt, so auch die vier Gebäude im »Block« an der Ecke Bockenheimer Land-

straße und Schumannstraße. Diese Häuser waren den Spontis ganz besonders wichtig, denn hier wohnten viele ihrer Genossen.

Die Wortführer des RK – Matthias Beltz (später Kabarettist), Daniel Cohn-Bendit (später Europaparlamentarier), Tom Koenigs (später UN-Verwalter für den Kosovo), Johnny Klinke (später Inhaber eines Varieté-Theaters), Thomas Schmid (später leitender Redakteur der *Welt* und der *FAZ*) und Joschka Fischer – lebten auch alle in Wohngemeinschaften, jedoch in Wohnungen, die ordnungsgemäß gemietet worden waren. So etwas galt in der Szene als feige. Deswegen mussten Fischer & Co. die Genossen in den besetzten Häusern überbieten, wenn sie in der informellen Hierarchie der Gruppe bestehen wollten. Am besten mit starken Sprüchen, wie man sich abermals den Bullen in den Weg stellen würde.

Ein beliebter Treff der Spontis war das Lokal »Pizza Peter« in der Glauburgstraße, wo auch die Genossen vom KBW gern einkehrten. Im Hinterzimmer wurden lautstark »Grundsatzdebatten« ausgetragen. Die Spontis tranken viel, die KBWler wenig, denn sie hatten diszipliniert im Dienste der Arbeiterklasse zu leben. Die Argumente der Spontis waren am Ende nur noch gelallt. Aber ihre Kampfeslust imponierte zumindest den Frauen. Joschkas zweite Frau Inge war beim KBW, er hatte sie den Dogmatikern regelrecht ausgespannt.

An einem grauen Tag im Februar 1974, als die Ordnungshüter endlich gegen den »Block« vorrückten, kam es am Ende zu keiner Straßenschlacht, denn die Polizei hatte dazugelernt. Sie hatte die Räumung drei Monate vorher angekündigt, war aber immer nur zum Schein ausgerückt. Schließlich nahmen die Sympathisanten und auch die Besetzer selbst die nächtlichen Ketten-telefonate nicht mehr ernst. Immer wieder hatte der Häuserrat falschen Alarm ausgelöst. Als die Hundert-schaften schließlich anrückten, brachen Tom Koenigs und Johnny Klinke in eine Kirche ein und zogen an den Glockenseilen – ein Hilferuf, der ungehört verhallte. Wieder einmal war der Szene der Schlaf wichtiger ge-wesen als der Häuserkampf. (Alexander Kluge drehte just in jenen Tagen seinen Frankfurt-Film »In Gefahr und größter Not bringt der Mittelweg den Tod« [der Mit-telweg ist eine Straße in Frankfurt], ein ironisches Ne-beneinander von Beischlafdiebstahl, Fasching und Häu-serkampf. In einer langen Einstellung ist zu sehen, wie die Abrissbirne immer wieder gegen die tragenden Wände des Häuserblocks Bockenheimer Landstraße/ Schumannstraße knallt. Der Film erlangte in Frankfurt Kultstatus, die Abrissbirne brachte viele zum Weinen.)

Aber Joschka Fischer gehörte nicht zu den Lang-schläfern. Er war, wie es hieß, »anders drauf« und reim-te: »Jeder Stein, der abgerissen, wird von uns zurückge-schmissen.« Bei einer Veranstaltung im Frankfurter Volksbildungsheim, einem »Tribunal gegen die Folter«, auf dem vermeintliche Polizeiexzesse gegen die in den vorausgegangen Tagen inhaftierten Hausbesetzer und -schützer angeprangert werden sollten, wurde über die Legitimität von Gewalt im Häuserkampf diskutiert. Auf dem Podium saßen neben anderen Karsten Voigt, der Juso-Chef, der gerade in den Bundestag gewählt worden war, Daniel Cohn-Bendit, damals für alle »der Dany«, und – zum ersten Mal in solch exponierter Rolle – Joschka Fischer, fortan für alle »der Joschka«.

Es kam zu einem grundsätzlichen Streit über Gewalt. Die RK-Genossen hatten sich in ihrer Zeitung *Wir wollen alles* mit Angriffen auf die Polizisten gebrüstet. Karsten Voigt, der immer wieder ausgepfiffen und angebrüllt wurde, daher kaum zu hören war, hatte zwar »Überreaktionen« der Ordnungshüter verurteilt, aber auch tapfer die Militanz und das Geprahle der Straßenkämpfer kritisiert. Er warnte: »Die Spielerei mit Gewaltaktion provoziert nur die Reaktion.« Worauf Joschka ihn belehrte: »Ich spreche hier für die Genossen, die in den letzten Tagen gewöhnlich als Politrocker bezeichnet wurden. Es gibt nur zwei Möglichkeiten: Entweder wir entscheiden uns für einen Reformismus, der letztendlich die Praxis des Kapitals darstellt, oder für das, was als Aktionen von Politrockern diffamiert wird, was aber in Wirklichkeit heißt, Massenwiderstand gegen die reaktionäre Gewalt zu organisieren.«

Manche meinten gehört zu haben: »Massenwiderstand gegen die reaktionäre Gewalt *gewaltsam* zu organisieren«. Darüber entspann sich wieder Streit, denn auch die Spontis hatten einen Hang zum Sophismus. Aber es kam gar nicht darauf an, ob Joschka den Widerstand nun *ausdrücklich* gewaltsam oder nicht organisieren wollte. Widerstand hieß, und das wusste jeder, die Prügelei mit der Polizei zu suchen, ihr nicht aus dem Weg zu gehen. Das war zwar immer noch weniger dreist als die »gewaltsame Aktion«, welche die Terroristen bevorzugten, also Brandanschläge, Überfälle, schließlich Entführung und Mord. Aber »Widerstand« schloss für manche nicht aus, einen »Bullen« mit dem Bleirohr zusammenzuschlagen.

Entscheidend an dem Abend im Volksbildungsheim war, dass sich Joschka Fischer zur Putzgruppe bekannte. Wenn auch nicht mit deutlichen Worten, schließlich war er in der Konspiration geübt. Die RK-Genossen, mit denen er zuvor das Opel-Werk in Rüsselsheim hatte unterwandern wollen, hatten in den vorausgegangenen Jahren zwar ihre richtigen Namen behalten, sich aber neue Biografien zurechtgelegt und unter falschen Adressen polizeilich gemeldet. Und natürlich war die Putzgruppe kein Verein mit Satzung und Mitgliederlisten. Das Konspirative allerdings gab dem ganzen Unternehmen einen revolutionären Anstrich. Wenn es beim »Pizza Peter« über jemanden hieß: »Ei, der is' doch in der Putzgrupp'«, dann war er für den Abend der Größte. Und musste bestimmt nicht alleine nach Hause gehen.

Die Kader der militanten Hausbesetzerszene, unter ihnen also der spätere deutsche Außenminister, übten regelmäßig Werfen, Laufen und Nahkampf in den Wäldern des Taunus. Ein bisschen herrschte Gruppenzwang, ein bisschen spätpubertäres Getue – und es wehte über allem ein Hauch von revolutionärer Romantik. Was die Militanten allerdings antrieb, war das Gegenteil von Pazifismus, denn keiner in der Gruppe wollte bei Demos Prügel einstecken müssen. Der gewaltlose Widerstand eines Mahatma Gandhi oder eines Martin Luther King, dem sich viele Achtundsechziger verpflichtet fühlten, war den Genossen vom Revolutionären Kampf fremd.

Joschka Fischer hatte sich schon früh für die Randale qualifiziert. Er war zwar aus Stuttgart gekommen und in der schwäbischen Provinz aufgewachsen, was die Frankfurter Avantgarde, die Berlin den Rang abgelaufen hatte, als Makel empfand. Aber er konnte etwas vorweisen, hatte eine Auszeichnung für Mut im Angesicht des Feindes erhalten: eine sechswöchige Gefängnisstrafe. Das machte bei den hochnäsigen Frankfurter Genossen Eindruck: 1967, bei einer Anti-Vietnam-Demonstration auf dem Stuttgarter Schlossplatz, war Joschka von den »Bullen« verprügelt worden; aber er hatte sich gewehrt – und deshalb für »Landfriedensbruch« sechs Wochen Haft aufgebrummt bekommen. Sie wurden ihm dank einer Amnestie der Bundesregierung erlassen. Eine Ordnungsstrafe von sechs Tagen musste er indes absitzen – in Stammheim. So etwas trug man wie eine Medaille.

Daniel Cohn-Bendit, Hans-Jürgen Krahl und die anderen großen Rhetoriker machten sich dagegen immer schnell aus dem Staub, wenn die Polizei losknüppelte. Das nun wurde ihnen allerdings keineswegs als Feigheit ausgelegt. Schließlich akzeptierte jeder, obwohl die anti-autoritäre Grundhaltung eigentlich keine Führer duldete, dass einige für die Bewegung sprechen mussten und deswegen nicht verletzt oder gar in den Knast gesteckt werden durften. Andererseits mussten die Führer darauf bedacht sein, den »Fightern« Respekt zu zollen (was auch ein Grund dafür war, dass sie nicht in der Lage waren, sich unzweideutig vom Terror der RAF zu distanzieren). Wie sehr sich der »Spontifex maximus« Dany Cohn-Bendit der Hierarchie in der Szene bewusst war und wie sehr er das betrieb, was man auf einem preußischen Gutshof einfach Gesindepflege nennen würde, verriet er auf eben jenem »Tribunal gegen die Folter«, als er ausrief: »Ob wir es im Einzelnen waren oder nicht, wir sind solidarisch, unterstützen, finden richtig, was geschehen ist.« In dieser Hinsicht war Dany damals noch Joschkas Vorbild.

Aber es gab auch Unterschiede. Während Dany dem Sport nicht viel näher kam, als sich zu wünschen, einmal als Reporter auf dem Motorrad die Tour de France begleiten zu können, trainierte Joschka eisern. Er spielte regelmäßig Fußball. Die Sponti-Mannschaft, die noch viele Jahre nach dem Ende des Häuserkampfs zusammenhalten sollte, war in Frankfurt wegen ihrer Aggressivität und Schnelligkeit gefürchtet. Und während andere Joints rauchten, wieder andere frühmorgens vor den Fabriktoren Flugblätter verteilten, machte Joschka Liegestütze und Sit-ups, arbeitete mit Gewichten und Hanteln – und dies in einer Zeit, als von Fitness noch keine Rede war, als es schick war, irgendwie vergeistigt und ein wenig abgeschlafft zu wirken. Er stählte sich für den Kampf, für den »Massenwiderstand gegen reaktionäre Gewalt«.

Wie Joschka Fischer seine bürgerliche Herkunft entdeckte

Mit ganzem Leib und ganzer Seele Revolutionär – Joschka Fischer glaubte mit der gleichen Leidenschaft an die Revolution, mit der sich weiland seine Mutter der katholischen Kirche verschrieben hatte. Er wollte sich keine Blöße geben, deshalb strickte er schon in der Frankfurter Zeit an seiner Legende. Da war aber etwas, das überhaupt nicht zum konsequent gepflegten linksradikalen Image passte, nämlich die eher bürgerliche

Herkunft, aber vor allem die Tatsache, dass die Fischers Heimatvertriebene waren.

Heimatvertriebene, das war für die linksradikalen Studenten das Schlimmere, ein viel größerer Makel als die Zugehörigkeit zur »falschen Klasse«. Die Apo stempelte alles und jeden allzu leicht als »faschistisch« ab – ein »Faschist« war für sie zum Beispiel ein Professor, der es wagte, im Seminar differenzierte Noten zu geben. Ein noch viel schlimmerer Faschist war einer, der die ehemaligen deutschen Ostgebiete zurückforderte, schon das Wort »Heimat« war den Linken suspekt. Joschka Fischer wäre nie ein Wortführer des Revolutionären Kampfs geworden, hätte er sich zur deutschen Heimat in Ungarn bekannt.

Auch bei der sozialen Einordnung war Vorsicht geboten. Wenn Joschka Fischer von seiner Abstammung sprach, dann nur im Stil proletarischer Erweckungslegenden und unter Auslassung der Vertreibungsgeschichte – und dies bis in die neunziger Jahre. So weit waren die Spontis dann doch nicht von den dogmatischen Parteien entfernt, als dass sie die Klassenlehre von Karl Marx über Bord geworfen hätten. Und Fischer, ein besonders fleißiger Marx-Rezipient, wusste es besser als alle anderen: Die einzig revolutionäre Klasse ist die Arbeiterklasse. Ein Argument übrigens, das er mitunter ganz schlau vorbrachte, um sich vor der Betriebsarbeit zu drücken, denn auch er war, wie seine engsten RK-Freunde von damals noch heute sagen, »irgendwo auch eine faule Sau«.

So kam es ihm gelegen, dass sein Vater »nur« ein angestellter Metzger gewesen war. Joschka musste nicht, wie sein Kampfgenosse Tom Koenigs, Sohn des Chefs der Frankfurter Börse, erst ein Vermögen dem Vietcong schenken, um sich als Revolutionär glaubwürdig zu machen. Er brauchte sich nicht mit der Frage zu quälen, ob sich »bürgerliche Intellektuelle«, welche die Studenten nach stringenter Analyse nun einmal waren, überhaupt an die Spitze der Bewegung stellen durften, ob dies nicht vielmehr den Arbeitern vorbehalten war. »Arbeiter«, das hatte in seinen Kreisen einen Klang wie »Heilige«. Joschka, offiziell ja nicht einmal Student, was er auch bei jeder Gelegenheit betonte, war der Sohn eines »armen Grasfressers« – ebenfalls etwas, das er jeden wissen ließ.

Dreißig Jahre später stellte er seine Familiengeschichte ganz anders dar. Nun schlug das Pendel in die andere Richtung aus: Nicht mehr die revolutionäre Herkunft spielte eine Rolle, sondern die Betonung eines familiären Opfergangs. 1998, bei einer Wahlkampfveranstaltung auf der Wartburg, fiel den ihn begleitenden Journalisten erstmals auf, dass Fischer seine Familiengeschichte nun gleichsam zur Quintessenz der deutschen Geschichte stilisierte. Jetzt waren seine Eltern nicht mehr kleine »Proletarier«. Ihm gefiel nun, worauf ihn seine Biografin Sybille Krause-Burger erst richtig gestoßen hatte, dass nämlich die Fischers in Wahrheit Bürger waren, mit einem »ansehnlichen Gehöft«, mit Kindermädchen und Waschfrau, Kaufleute im vormals deutschen Wudigess bei Budapest, von wo sie allerdings wegen der Tragödie von Nationalsozialismus, Weltkrieg und Vertreibung in den Westen gespült wurden. Joschka Fischer legte nun, auf der Wartburg, sein Bekenntnis zur bürgerlichen Herkunft ab.

Die Stuttgarter Journalistin hatte geschrieben, die

Fischers seien in Wudigess »geachtete Leute« gewesen. Wie sein Vater und Großvater habe auch Jozsef Fischer (Joschkas Vater) eine Fleischerei betrieben, ein Bruder habe ein Gasthaus besessen, ein weiterer sei Notar gewesen, die Schwester habe eine Getreidegroßhandlung ihr Eigen genannt: «Alles war wohlgeordnet, ein Ausweis deutschen Fleißes.«

Kein Zweifel daran. Aber welch ein bemerkenswerter Sinneswandel. Einem Frankfurter Sponti war nichts widerwärtiger als »deutscher Fleiß«. Und jetzt ein aufsteigender grüner Politiker, der seinem Freund hatte weismachen wollen, er habe höhere Weihen verdient, weil er aus den angeblich ärmlicheren Verhältnissen stamme, und der nun plötzlich stolz verbreiten lässt, dass alles ganz anders war, dass er ein Nachfahre »geachteter Leute« sei!

Es war übrigens Helmut Kohl mit seiner Witterung für die Schwächen der anderen, der Fischers Bekenntnis zur bürgerlichen Herkunft und zur Heimat aufspießte. Bei der Haushaltsdebatte Anfang September 1998 spottete er mit einer seiner üblichen schiefen Metaphern: »Alles, was Sie mal geschworen haben, haben Sie doch in den Rhein geworfen!«

Was der Altkanzler wohl sagen wollte: Die Glaubenssätze von einst hatten für Fischer, der sich auf den Sprung zur Macht einrichtete, keine Bedeutung mehr. Damit hatte Kohl gar nicht so Unrecht.

»Wir kommen nach Westen«

Budakeszi, wie Wudigess heute heißt, die Partnerstadt von Neckarsulm, ist mit dem Bus Nummer 22 zu erreichen, der in Budapest vom Moskva tér abfährt, dem zentralen Platz auf der Budaer Seite. Wo der Bus am Stadtrand den Hügel hinauffährt, kommt er an der Zugliget-Kirche vorbei, jenem Gotteshaus, das vor nicht langer Zeit deutsche Geschichte geschrieben hat. 1989, als hier die DDR-Flüchtlinge, die nicht mehr in der überbelegten Botschaft der Bundesrepublik unterkommen konnten, ihre Zelte aufstellten, wurde vom ungarischen Außenministerium der Hinweis ausgestreut, sie sollten doch nach Sopron zum »paneuropäischen Picknick« fahren. Und siehe da, nahe der westungarischen Stadt war der Eiserne Vorhang einen Spalt weit geöffnet worden. Ein Grenztor war nur angelehnt, nicht abgesperrt. Die ungarischen Grenzer, die den Feldweg in die Freiheit kontrollierten, schauten nur in die Luft. Achthundert ostdeutsche Picknickteilnehmer rannten ungehindert nach Österreich hinüber. Es war diese »Massenflucht von Sopron«, die eine noch viel größere Fluchtbewegung über Ungarn und dann über die Tschechoslowakei auslöste, welche schließlich das Honecker-Regime zu Fall brachte.

Bis heute hat das von Joschka Fischer geführte Auswärtige Amt sich den Ungarn für diese Hilfe auf dem Weg zur Wiedervereinigung dankbar gezeigt. Ungarn wurde als einer der drei ersten ehemaligen Warschauer-Pakt-Staaten in die Nato aufgenommen und gilt als aussichtsreicher Beitrittskandidat für die EU.

Im Januar 1999 besuchte Außenminister Joschka

Fischer, der hier Jóska – mit langem, offenen »o«, wie Jooschka – genannt wird, die Heimatstadt seiner Eltern erstmals offiziell.

Geduckt reihen sich die Häuser in Budakeszi aneinander. Manche sind lang gezogene Gebäude mit Stallungen nach hinten, die Reste unansehnlicher Gehöfte, von denen nur die wenigsten mit einem Fenstersims oder einer Stuckleiste verziert sind. Wuchtig steht allein die barocke, gelb gestrichene Wehrkirche.

Im Franz-Erkel-Kulturhaus erinnerte der berühmteste Sohn der Stadt an die leidvolle Geschichte Europas, sprach auch von der lichten Zukunft des sich vereinigenden Kontinents. Doch war er nun Diplomat – und wählte seine Worte mit Bedacht. Nüchtern kamen sie daher und politisch korrekt: Deutschland werde weiterhin »Anwalt der Reformstaaten für einen baldestmöglichen Beitritt zur EU« sein. Fischers ungarischer Amtskollege János Martonyi blieb es vorbehalten, in gutem Deutsch und ohne diplomatische Klauseln die »unmenschliche, ungerechte und rechtswidrige Vertreibung« der Ungarndeutschen zu bedauern, mit der sich sein Land nur selbst geschadet habe.

Es gibt nur noch wenige Zeitzeugen, die diese Vertreibung selbst erlebt hatten und damals alt genug waren zu verstehen, wie ihnen geschah. Einer ist Georg Messner, der heute in dem schwäbischen Ort Ilsfeld-Wüstenhausen lebt. Georg Messner wurde 1932 in Budakeszi geboren. Laut Sibylle Krause-Burger, die anscheinend von Fischers älterer Schwester informiert wurde, hatten die Donauschwaben seinerzeit eine gewisse Wahlmöglichkeit, ob sie in ihrer Heimat bleiben wollten. Messner, der am 11. April 1946, dem Tag nach

seiner Ankunft im württembergischen Untergruppen-
bach, seinen vierzehnten Geburtstag feierte, erinnert
sich etwas anders.

Ihm zufolge wurden Mitte Februar des Jahres 1946
Listen am Rathaus von Budakeszi ausgehängt mit den
Namen jener, die ausgewiesen werden sollten. Die Genannten sollen vierzehn Tage Zeit bekommen haben,
um sich zu melden. Wer waren sie? Laut Messner waren
auf den Listen all diejenigen verzeichnet, die sich bei
der Volkszählung 1941 zum »Deutschtum« bekannt hatten. Sie mussten demnach besonders überzeugte Deutsche gewesen sein. Denn der Volksbund, ein Anhängsel
der NSDAP, kam, auch Messner zufolge, in Budakeszi
erst 1942 auf, danach sei auch erst die neue Schule gebaut worden, in der nur auf Deutsch unterrichtet wurde.

Von den Deutschen auf den Listen durften aber auch
einige bleiben, sagt Messner, nämlich jene, die Bürgen
aufbringen konnten, welche ihnen eine anti-national-
sozialistische Haltung bezeugten. Jeder Bürge durfte allerdings nur einer einzigen Person auf diese Weise zum
Bleiberecht verhelfen. Messner zufolge standen die Namen der Eltern von Joschka Fischer auf den Listen.

Diese Fischers nämlich – Vater Joszef, Mutter Elisabeth sowie die 1939 geborene Georgina und die 1943
geborene Irma Maria Franziska – kamen auf den ersten
Transport, der Budakeszi am 19. März 1946 verlassen
sollte. Messner kannte sie vorher nicht, will sich aber
erinnern, sie auf dem Transport gesehen zu haben. Er
schildert die Vertreibung detailgenau:

Der 19. März war ein kleiner katholischer Feiertag,
ausgerechnet der Josefstag. Es war kalt, aber trocken.
Am Vormittag rollten Pferdefuhrwerke von dienstver-

pflichteten Bauern aus dem Nachbardorf Páty an. Sie fuhren die Ausgewiesenen zu dem acht Kilometer entfernten Bahnhof von Biatorbány. Jeder durfte fünfzig Kilo an Gepäck mitnehmen, nur Lebensmittel und Kleidung. Wertsachen wurden ebenso beschlagnahmt wie Werkzeuge. Auf dem Fuhrwerk, auf dem die Messners zusammengedrängt waren, wurde am Ortsausgang eine Axt beschlagnahmt.

Die Pferdewagen kamen gegen 14 Uhr am Bahnhof an. Auch hier standen Ungarn mit Listen, sie wiesen einzelne Familien in bestimmte Waggons ein. Zwei Stunden später dampfte der Zug ab. Alle hatten Angst, nach Russland deportiert zu werden. Immer wieder hielt der Zug an. Auf Nebengleisen standen oft Waggons voller Soldaten der Roten Armee. Wann immer der Vertriebenen-Zug stand, verrammelten die Deutschen die Türen von innen, jeweils zwei Leute schoben Wache. Zur Verrichtung der Notdurft gingen die Frauen nur in Begleitung von Männern, »weil immer Russen in der Nähe waren«.

Kaum jemand von den Erwachsenen sprach. Das Ungewisse bedrückte sie. Sie befürchteten Spitzel im Zug. Einmal, als der Zug hielt, hieß es »Wasser holen«. Die Wasserstelle war vorn bei der Lokomotive. Gerade als sie ihre Eimer füllten, fuhr der Zug ab. Also schütteten sie das Wasser wieder aus und rannten hinterher.

Am ersten Tag fuhr der Zug nur zwanzig Kilometer weit bis nach Komárom. Die Lok wurde abgekoppelt. Am Tag darauf wurden zwei weitere Waggons angekoppelt, einer vorne, einer hinten. Wie ein Lauffeuer verbreitete sich die freudige Botschaft: »Da sind amerikanische Soldaten drin, wir kommen nach Westen.«

Einige Tage später in Passau wurden die Deportierten in einer amerikanischen Station entlaust. Hinterher gab es Kaffee, Tee, sogar Kakao und belegte Brötchen, die erste Verpflegung seit ihrer Abfahrt. Ihren Hochmut aber legten die Deutschen nie völlig ab. Die Älteren, erinnert sich Messner, waren überzeugt, spätestens zu Weihnachten wieder zu Hause zu sein: »Weil die Ungarn allein nicht mit der Arbeit und den Maschinen fertig werden.«

So weit die Erzählung von Georg Messner, der Zeit seines Lebens die Erinnerung an die alte Heimat im Vertriebenenverein pflegte. Wenn seine Darstellung zutrifft, dann wären die Eltern von Joschka Fischer nicht ganz so unschuldig an ihrer Vertreibung gewesen, wie er vor dem Kosovo-Krieg gegenüber Madeleine Albright insinuierte, dann hätten sie zumindest keinen Bürgen stellen können, der sie vor der Vertreibung hätte bewahren können. Das alles wäre immer noch kein Beweis dafür, dass sie Parteigänger der Nazis waren (und selbst wenn sie es gewesen wären, wäre dies wohl kaum ihrem Sohn anzulasten). Wenn Joschka Fischer jedoch diese Vertreibung mit der Verfolgung der Juden oder mit den jüngsten »ethnischen Säuberungen« auf dem Balkan vergleicht, dann bricht er mit einem Tabu, das anzutasten er in jungen Jahren niemals gewagt hätte.

Sibylle Krause-Burger zufolge konnte Joszef Fischer schließlich eine Metzgerei in Langenburg pachten. Der Ort liegt malerisch auf einer Bergkuppe. Unterhalb fließt die Jagst. In Langenburg steht das Schloss der Fürsten zu Hohenlohe-Langenburg. Die Häuser sind aus Fachwerk. Joschka Fischer, der am 12. April 1948 im Krankenhaus der nahe gelegenen Kreisstadt Gerabronn geboren wurde, fand alles »sehr, sehr schön«. Die Kindheit in Langenburg, so zitiert ihn Sibylle Krause-Burger, war eine »Zeit der Märchen und Legenden«.

Raue Wirklichkeit aber war, dass der Vater die Pacht nicht zahlen konnte und sich in Stuttgart erst als Bauarbeiter, dann als angestellter Metzger auf dem Schlachthof verdingen musste und die Fischers wieder gezwungen waren, umzuziehen, diesmal nach Öffingen hinter Fellbach, einer katholischen Diaspora im protestantischen Württemberg.

Bei jenem Besuch in Budakeszi im Januar 1999 spann Joschka Fischer also weiter an einer Geschichte, die sich allzu sehr nach einem der Märchen aus der Kindheit anhört. Er erinnere sich, erzählte er, noch genau an das Finale der Fußballweltmeisterschaft von 1954. Er habe dabeigesessen, als sein Vater das Spiel im Radio verfolgte. Es geschah bekanntlich das »Wunder von Bern«: Die Fritz-Walter-Elf schlug die als unbesiegbar geltenden Magyaren. Beim dritten Tor der Deutschen, das nicht nur für das Spiel, sondern auch für das Selbstbewusstsein der Deutschen entscheidend war, während es dem der Ungarn mit ihrer »Jahrhundertmannschaft« einen derben Schlag versetzte – bei diesem dritten Tor, sagte Joschka Fischer, habe sein Vater Tränen vergossen. Während alle anderen deutsch jubelten, hat Joszef Fischer also ungarisch geweint.

In früheren Darstellungen erinnert sich Joschka Fischer indes anders an den Vater, wenn überhaupt. In seiner Rückschau wuchs er praktisch vaterlos auf. Der Vater, so vertraute er 1991 der Fotografin Herlinde Koelbl an, habe »mühselig gearbeitet«, und das »karge Salär« habe für die fünfköpfige Familie nie ausgereicht.

165

Erinnerungen an den Vater in Soziologendeutsch: »Er war präsent als Institution und doch nie präsent.« Denn Joszef Fischer ging morgens um sechs aus dem Haus und kam erst abends um zehn zurück. Wenn er da war, hielt er sich meist abseits: »Saß in der Küche, rauchte, las seine Krimis und Groschenromane, trank seinen Kalterer See, marschierte auf und ab und roch streng nach Tabak.«

Erzogen hat den Bub also die Mutter. Auch daran erinnert sich Joschka Fischer merkwürdig nüchtern: »Sie war die immer präsente Hausfrau, der Fürsorgebezugspunkt, zu dem man flüchten konnte, wenn man Angst hatte oder Geborgenheit wollte ... Sie war eine sehr starke, durchsetzungsfähige Frau, die mich im hohen Maße geprägt hat.« Unbewusst habe sie ihn in seinem »Rebellentum« gestärkt. Denn sie erzählte schon sehr früh Geschichten über seine »kindlichen Ausbruchsversuche«, auch diese: »dass ich mich etwa, kaum war ich geboren, vom Wickeltisch stürzen wollte«.

Hat der Vater nie beim Auf- und Abmarschieren geklagt, dass es ihm als selbstständigem Meister in Wudigess besser gegangen war? Dachte er wirklich immer nur mit Zuneigung an die Ungarn, die ihm Haus und Hof genommen hatten? Und die streng katholische Mutter, war sie nie verbittert? Widmete sie sich immer freudig Kind, Küche und Kirche, wie sich Joschka Fischer erinnert? Oder hat sie auch einmal ganz unchristlich denjenigen Verdammnis gewünscht, die ihr den gehobenen Platz in der Gesellschaft abspenstig gemacht hatten?

Herlinde Koelbl fragte seinerzeit nicht weiter nach, und Joschka Fischer betrachtet auch dieses Kapitel seines Lebens als abgeschlossen, verweigert heute jenen, die es genauer wissen wollen, die Auskunft.

Er hat den Tod seines Vaters immer wieder als das einschneidende Erlebnis seiner Jugend dargestellt. Im Sommer 1966 war er von zu Hause getürmt, zum zweiten Mal schon, als er von dem lebensgefährlichen Nierenversagen erfuhr, unter dem Irma Maria Franziska litt, die jüngere seiner beiden Schwestern. In Kuwait angekommen, wo er sich, auf dem Weg nach Indien, gerade durch Blutspenden die Reisekasse hatte auffüllen wollen, kehrte er wieder um. In Stuttgart jobbte er, achtzehnjährig, in der Spielwarenabteilung des Kaufhauses Breuniger, als ihm die Nachricht von einem Unglücksfall in seiner Familie überbracht wurde. Es war nicht, wie er zuerst befürchtete, die Schwester, die gestorben war, es war der Vater. Gerade 56 Jahre alt, durch Schlaganfall während der Arbeit in der Metzgerei des Kaufhauses Horten.

Blitzschnell entschieden, eisern durchgehalten

Erst, so erzählte er später, wollte er es nicht wahrhaben, dachte, der Vater sei mit einem Arbeitsunfall eingeliefert worden. Doch dann sah er, dass der im Bürgerhospital Aufgebahrte nicht mehr zu retten war. Die Mutter, Elisabeth Fischer, eilte vom Krankenbett der schon schwer gezeichneten Tochter im nahen Katharinenhospital herbei, kehrte aber alsbald dorthin zurück. So war es Joschka überlassen, die Kleider von Joszef Fischer nach Hause zu tragen, »diese nach Fett und Blut riechenden Arbeitsklamotten, mit dieser Metzgertasche, die so speckig war und die er seit Schlachthofzeiten mit sich herumschleppte«. In diesem Moment will er blitzartig über seinen weiteren Lebensweg entschieden haben. Sibylle Krause-Burger erzählte er es so: »Und da hab ich mir gesagt: Nee, so lebste nicht, so nicht.« Und Herlinde Koelbl so: »Da sagte ich mir: Nein, so nicht, so wirst du nicht enden.« Die beiden Versionen ähneln einander genügend, um glaubhaft zu sein. Aber es fällt doch auf, wie sehr er die blitzschnelle Entschlossenheit betont – und wie er fortan sein Image als Ruck-Zuck-Entscheider gepflegt hat.

Beinah dreißig Jahre nach diesem 6. November 1966 sollte ihm nämlich erneut im Bruchteil einer Sekunde ein Licht aufgehen, ein Licht, das ihm den Weg zu einem neuen, besseren Leben zeigte. Es war im August 1996, er machte Urlaub in der Toskana und »stand plötzlich vor einer privaten Katastrophe«, die ihn »zu einem Neuanfang gezwungen hat, ansonsten hätte der persönliche Absturz im wahrsten Sinn des Wortes gedroht«. Seine Ehe mit Claudia Bohm-Fischer war gescheitert.

In seinem Buch »Mein langer Lauf zu mir selbst« findet er dramatische Worte: »Ich traf diese weit reichende Entscheidung in jener einen Sekunde (es war tatsächlich nicht mehr an Zeit notwendig), an die ich mich noch sehr genau erinnern kann, denn in derselben Sekunde wusste ich auch, dass ich zu meiner ›alten‹ körperlichen Verfassung, zu meinem idealen ›Kampfgewicht‹ des Jahres 1985 zurückwollte.« Welche Entschlusskraft! Man fühlt sich gleichwohl erinnert an den trefflichen Satz von Oscar Wilde, »*there is no fiction except autobiography*« – es gibt keine Dichtung außer der Autobiografie.

Ein merkwürdiger Gegensatz: Hat Joschka Fischer nicht immer wieder öffentlich insistiert, dass er keineswegs der Haudegen ist, zu dem er gemacht wird? Hat er sich selbst nicht oft als vorsichtig beschrieben, als einer, der erst einmal Witterung aufnimmt, bevor er auf die Lichtung tritt?

In seinem jüngsten Bestseller streift er nur beiläufig den Schicksalsschlag eines alten Kumpanen: »Und dann bekam ein enger Freund und Bruder im Schmausen und Zechen, der nur ein Jahr älter war als ich und ebenfalls über erhebliches Übergewicht nebst einem ähnlich ungesunden Lebensstil verfügte, nach einer schweren Operation sechs Bypässe gelegt.« Dass es sich bei diesem alten Freund um Klaus Trebes handelt, den Wirt des großartigen Frankfurter Speise- und Weinlokals »Gargantua«, sagt er nicht. Und lässt ebenfalls aus, dass dieser Trebes auf eine andere Weise seine Gesundheit wiederherstellte. Trebes wanderte nämlich, begleitet nur von seinem Hund, von Frankfurt nach Florenz. Eines aber lässt Joschka Fischer bei der Erwähnung seines alten Kumpels einfließen, nämlich, dass die Sorge um die Gesundheit auch ihn selbst beschäftigte: »Stiche in der Brust weckten mich nachts auf, oder ich spürte sie beim Einschlafen, und die Angst vor einem Herzinfarkt war fortan immer präsent.«

Man muss kein Tiefenpsychologe sein, um sich vorstellen zu können, dass es wohl auch diese ständig präsente Angst war und nicht allein Claudias Abfuhr, die Fischers radikale Umstellung der Lebensweise bewirkte. Der Gedanke an die schwere Operation von Klaus Trebes hatte Zweifel geweckt. Dazu noch die Erinnerung an den Schlaganfall des eigenen Vaters. Wenn einer wie Joschka Fischer, der jahrelang Selbstgedrehte geraucht hatte, schweißgebadet und mit dröhnendem Schädel nach Fress- und Sauforgien aufwachte, dann hat er mehr als nur einmal daran gedacht, sein Leben zu verändern.

Das alles wäre eigentlich gar nicht der Rede wert, würde er nicht zu gleicher Zeit mit derselben Verve einen ganz anderen Fischer präsentieren – und seinen Interviewer auch noch beeindrucken.

»Vorsichtig sein, einstecken können und durchhalten«, das hat Fischer Herlinde Koelbl ebenfalls anvertraut, seien seine »drei Devisen«. Erst wenn er angegriffen würde, käme er so richtig in Fahrt. Wie verträgt sich dieses Selbstbildnis mit dem des spontan handelnden Draufgängers? Dass große Entscheidungen gewöhnlich lange Vorgeschichten haben, dass sie auch im Nachhinein infrage gestellt werden, dass sie nie völlig eindeutig sind – das alles hat etwas Banales an sich. Doch genau so will Joschka Fischer nicht gesehen werden: als ganz normaler Mensch. Kaum hat man sich an das eine Bild von ihm gewöhnt, präsentiert er ein neues.

Die Selbststilisierung eines Zukurzgekommenen? Auf dem Gymnasium kam er nicht klar, verständlich, wenn Eltern weder die Zeit noch die Fähigkeit haben, sich um die Schule ihrer Kinder zu kümmern. Baden-Württemberg gehört zu den Bundesländern mit einer grundsätzlich konservativen Bildungspolitik. In den sechziger Jahren war es dort noch elitär, ein Kind auf das Gymnasium zu schicken. Dass die Familie Fischer, die ihrem Sohn nicht einmal ein eigenes Zimmer bieten konnte, diesen Weg für richtig hielt, zeugt von Ehrgeiz. Dass Joschka trotz des Misserfolgs in der Schule von diesem Ehrgeiz eine gehörige Portion mitbekommen hatte, davon wiederum zeugt sein Erfolg im Sport. Im Radfahren schaffte er 1965 die württembergische Meisterschaft im Vierer-Zeitfahren über fünfzig Kilometer – für ihn der »sportliche Höhepunkt in diesem Lebensabschnitt«.

Dass auch die Geltungssucht früh ausgeprägt war, dafür spricht etwas in den Frankfurter Jahren.

Es ist dutzendfach, und mit Bewunderung, nacherzählt worden, wie der junge Joschka sich seine Bildung selbst angeeignet hat. Als Kind hatte er heimlich unter der Bettdecke gelesen, angeblich am liebsten die Geschichtsbücher seiner älteren Schwestern. Als Quasi-Student in den Wirren nach 1968 hat er die Marx-Exegese so intensiv betrieben wie wenige andere; er war Leiter der »Marx-Schulung« im RK, bezichtigte wie ein Politkommissar seine Genossen des »Revisionismus«, wenn sie eine »Trennung des jungen Marx vom alten« diskutierten. Und als Taxifahrer und Buchhändler im alternativen Leben kam dann das Studium aller anderen Disziplinen hinzu: der herkömmlichen Politik, der Wirtschaftswissenschaft und der Ökologie. Weniger bekannt ist, dass Joschka Fischer sich selbst noch etwas anderes beibrachte, nämlich die Kunst zu reden. Als er nach Frankfurt kam, war er noch zu schüchtern, um auf einer großen Versammlung das Wort zu ergreifen. Fünf Jahre später gab es kaum eine große Veranstaltung, bei der es ihn nicht aufs Podium drängte. Gelernt hat er diese, seine hervorstechendste Eigenschaft, indem er sich immer wieder selbst zwang, das Mikrofon zu ergreifen.

Konkurrenz zur Roten Armee Fraktion

Große Energie, Ehrgeiz und Geltungssucht, Aggressivität und Durchstehvermögen – das alles sind Joschka Fischers beständige Eigenschaften. Von Sanftheit und einer Scheu vor Konfrontation, die Menschen zu überzeugten Pazifisten macht, war indes nie etwas zu sehen. Das führte ihn in gefährliche Nähe zum Terrorismus der siebziger Jahre.

Joschka Fischer setzte damals im Revolutionären Kampf durch, dass es keine »öffentliche Distanzierung« von den Taten der »Genossen im Untergrund« geben dürfe, wiewohl er nicht gewillt war, ihnen in den Untergrund zu folgen. Die Leute von der Roten Armee Fraktion, der RAF, besaßen jedoch eine perfide Art, andere regelrecht in die Illegalität zu zwingen. Anfang der siebziger Jahre waren sie zunächst noch bemüht, sich auch den Genossen zu erklären, die ihnen nicht folgen mochten. Schließlich fühlten auch sie sich als Avantgarde und meinten, das »richtige Bewusstsein« werde sich schon rasch genug verbreiten. Wie ehedem der Anarchist Bakunin – und wie der RK, der Häuserrat und all die anderen Militanten – glaubten sie an die »Propaganda der Tat«.

Ulrike Meinhof schickte einmal ein Tonband aus dem Untergrund, das im großen Hörsaal VI der Johann-Wolfgang-Goethe-Universität abgespielt wurde, ein Band, auf dem sie den bewaffneten Kampf legitimierte. Die Journalistin aus Hamburg hatte einen größeren Einfluss auf die Studenten als die anderen RAF-Kämpfer. Sie war älter, sie vermochte eine theoretische Begründung ihrer Aktionen zu formulieren. Das Tonbandgerät stand auf einem Tisch am Podium. Der Saal war so verraucht, dass die Tabakschwaden sich wie dichter Nebel auf dieses Podium legten. Man brauchte gar mehr nicht die Augen zu schließen, um zu meinen, Ulrike Meinhof selbst stünde auf dem Podium.

Weniger prominente »Illegale«, die RAF-Genossen der zweiten Generation und die Mitglieder der »Roten Hilfe«, die sich als Zwischenträger empfanden, versuchten im unmittelbaren Gespräch andere von ihrem Kampf zu überzeugen und sie zum Mitmachen zu bewegen. Dies war die harmlosere Variante: In einer der Szenekneipen oder in einem Apfelweinlokal – den eigentlichen »revolutionären Zentren« Frankfurts – saß plötzlich einer mit am Tisch, den man schon seit einigen Monaten nicht mehr gesehen hatte. »Was machst denn du so?«, war die übliche Frage oder »Wo bist denn du?«, was bedeutete: Welcher politischen Gruppe gehörst du denn jetzt an? Denn die »Parteien« wurden so häufig gewechselt wie die »WG« oder die »Beziehung«. Doch diese Leute, die nervös um sich blickten, antworteten dann nicht mit dem üblichen »beim KBW«, »beim KB«, »beim RK« oder »gerade nirgendwo, ich bin unheimlich im Examensstress«. Sie antworteten, mit einem leisen »Psst«, mit einem auf die Lippen gelegten Zeigefinger oder einem vielsagenden Achselzucken. Denn sie waren nur kurz aufgetaucht, um zu rekrutieren, und verschwanden ebenso schnell wieder aus den Kneipen. Ihre Zeche zu bezahlen, das war unter der Würde des »bewaffneten Arms des Proletariats«.

Als der Fahndungsdruck zunahm, wurden die Terroristen noch wagemutiger. Peter-Jürgen Boock, einer aus einer Gruppe von jugendlichen Straftätern, die Andreas

Baader aus dem Gefängnis »befreit« hatte – und der später im Herbst 1977 dabei war, als der Arbeitgeberpräsident Hanns Martin Schleyer entführt und nach 43 Tagen ermordet wurde –, dieser Boock klapperte die WGs ab, um das Bombenwerkzeug, das er als Mechaniker der Gruppe benötigte, sicher unterzubringen. Boock war klein, aber sehr kräftig. Meistens hatte er eine Wollmütze tief in die Stirn gezogen. Er schien sich regelrecht an den Hauswänden entlangzuschleichen. Plötzlich stand er mit einer großen Tasche neben jemandem, den er aus früheren Zeiten kannte und den er nun eine Zeit lang beobachtet haben musste, hielt die Tasche hin und fragte: »Kann ich die ein paar Tage bei euch abstellen?«

Alle, die aus dem SDS, aus einer der politischen Splittergruppen oder auch nur vom Sehen oder Hören Leute im Untergrund kannten, hatten Angst, dass die Abgetauchten eines Abends bei ihnen auftauchen und Unterschlupf begehren würden. Auch Leute wie Oskar Negt, der Soziologe, Vordenker des Sozialistischen Büros und spätere Berater Gerhard Schröders, zitterten. Negt hatte sich zwar auf einem Angela-Davis-Kongress in Frankfurt grundsätzlich von der RAF distanziert: »Sie sind keine Genossen, ihre Taten sind nicht politisch, sondern verbrecherisch.« Aber Negt war Professor, hatte eine große Wohnung – und musste bangen, dass sich die Flüchtigen gerade an ihn wenden würden in der Annahme, er werde schon nicht die Polizei rufen.

Bei den Frankfurter Spontis, bei Joschka Fischer und Daniel Cohn-Bendit, die mehr als nur Verständnis für die »Genossen im Untergrund« geäußert hatten, hoffte die RAF auf mehr als nur auf eine Übernachtungsmöglichkeit. Die Spontis sollten auf den Weg der RAF gezwungen werden. Oder wie Joschka es sah: »Sie wollten unsere Leute wegködern.« Das konnte so aussehen: Einer von der RAF ging plötzlich neben einem Putzgrüppler, aber nicht, um diesem eine Tasche zum Verstecken zu geben, sondern um ihn in ein scheinbar harmloses Gespräch zu ziehen. Plötzlich aber zog er eine Waffe. Die Absicht war, eine Schießerei mit Polizisten zu beginnen – und somit dem ihrer Meinung nach noch nicht ganz Entschlossenen den Weg zurück in die Legalität abzuschneiden.

Joschka wäre die Nähe beinahe zum Verhängnis geworden: Am 11. Mai 1981 fiel Heinz Herbert Karry einem Terroranschlag zum Opfer. Der hessische Wirtschaftsminister wurde mit einer Pistole erschossen. Diese soll nach Angaben der Polizei acht Jahre zuvor bei einem Überfall erbeutet und von einem gewissen Hans-Joachim Klein vom Frankfurter Westend in den südlich des Mains gelegenen Stadtteil Sachsenhausen gebracht worden sein. Klein, der als nicht besonders helle galt und »Klein-Klein« genannt wurde, war einer jener aus dem »Revolutionären Kampf«, die bereit waren, bis zum Letzten zu gehen und den Kampf im Untergrund fortzusetzen. Nach dem Überfall fuhr er einen VW-Variant – der Wagen gehörte Joschka Fischer. Wie der Mörder Karrys an die Waffe gelangte, blieb unaufgeklärt. Fischer versichert glaubwürdig, nichts davon gewusst zu haben, als Klein sie in seinem Wagen transportierte. Aber er wurde über Jahre hinweg observiert und von der hessischen CDU bezichtigt, in den Mord verstrickt zu sein.

Die Trennlinie zwischen RAF und RK war für Außenstehende bisweilen nicht mehr zu erkennen. Im

Sommer 1973 hatten die RK-Genossen den Anschlag auf das US-Hauptquartier in Deutschland gründlich diskutiert und in ihrer Zeitung *Wir wollen alles* erklärt, wie sie den Gebrauch von Waffen beurteilten: »Die RAF hat das Recht beansprucht, sich zu verteidigen. Das ist ein legitimes Recht! Jeder hat das Recht, sich gegen tägliche Gewalt dieses Staates, gegen die Gewalt dieser gesellschaftlichen Verhältnisse zu wehren. Ein Revolutionär kann sich nur der Notwendigkeit der Situation unterwerfen, nicht aber dem Gesetzbuch seiner Henker.« Genauso sahen es auch die Genossen von der RAF. Sie übermittelten ein Hilfegesuch an den RK. Auch dieser wurde gründlich diskutiert – und abgelehnt. Die Spontis und die Terroristen: da gab es also nicht nur Sympathie, sondern auch Konkurrenz.

»Wir sind noch immer unbefriedigt«

Sie waren hin- und hergerissen. In der ersten Hälfte des Jahres 1976 konnte man bei Joschka Fischer genau beobachten, wie zwiespältig seine Gefühle sein mussten.

Die eine Seite: Am Sonntag, dem 9. Mai, war Ulrike Meinhof in ihrer Gefängniszelle in Stuttgart-Stammheim tot aufgefunden worden, sie hatte sich erhängt. Joschka glaubte, sie sei »von der Reaktion in den Tod getrieben, im wahrsten Sinn des Wortes vernichtet worden«. Am folgenden Tag kam es zu einer Demonstration. Anders als bei den Häuserkampfdemos erschienen nur wenige hundert, die tatsächliche Zahl der RAF-Sympathisanten war immer weit niedriger als angenommen. Dafür waren sie umso gewalttätiger. Ein militanter Kern von Vermummten warf Brandbomben auf die Polizei, die versucht hatte, die Formation eines Demonstrationszuges von vornherein zu unterbinden. Einer dieser Molotowcocktails traf einen Streifenwagen, der sofort in Flammen aufging. Drinnen saß der dreiundzwanzigjährige Polizist Jürgen Weber, der so schwer verbrannt wurde, dass er tagelang in Lebensgefahr schwebte.

Am Freitag darauf wurden vierzehn Tatverdächtige festgenommen, unter ihnen Joschka Fischer. Sechs von ihnen kamen schon nach 24 Stunden wieder frei. Joschka und sieben andere wurden immerhin dem Haftrichter vorgeführt – der sie indes entließ (bis auf einen Studenten, der noch zehn Tage in Haft gehalten, dann aber auch freigesetzt wurde). Karsten Voigt, der den Streit im Volksbildungsheim nie vergessen hatte, schrieb ein Jahrzehnt später: »Die Tatsache, dass die Militanz der Spontibewegung praktisch funktionell abrufbar war, machte sie objektiv zu einem Instrument ihrer Wortführer.« Verständlicher ausgedrückt: Auch wenn Joschka Fischer keinen »Mollie« geworfen hatte, so war er in den Augen Voigts doch für den Brandanschlag mitverantwortlich.

Die andere Seite: Zu Pfingsten 1976 hatte das Sozialistische Büro einen »Anti-Repressionskongress« organisiert. Nicht nur die sich schneller drehende Spirale der terroristischen Gewalt und der staatlichen Überreaktion beherrschte damals die öffentliche Diskussion, die siebziger Jahre waren auch geprägt vom »Berufsverbot«. Bereits 1972 hatten die Regierungschefs von Bund und Ländern auf Drängen von Bundeskanzler Willy Brandt einen »Radikalenerlass« beschlossen. Damit wollte er sich für seine Ostpolitik den Rücken von Vorwürfen freihalten, er öffne den Kommunisten Tür und Tor. Der Radikalenerlass untersagte die Beschäftigung von Staatsgegnern im öffentlichen Dienst. Nun zeigte sich, wie der Beschluss mit deutscher Gründlichkeit angewandt wurde: Plötzlich wurden Postboten entlassen, die der harmlosen, aber DDR-treuen DKP angehörten. Lehrer, die einmal ein staatskritisches Flugblatt verteilt hatten, mussten nun um ihre Stelle bangen. Im gesamten Staatsdienst wurden Biografien durchleuchtet: Wer war radikal?

Der Anti-Repressionskongress sollte zunächst nichts weiter bewirken, als die Berufsverbote im öffentlichen Dienst breit zu thematisieren. Es zeigte sich schnell, dass die Angst, für immer aus dem bürgerlichen Leben, vom Schoß des öffentlichen Dienstes ausgeschlossen zu bleiben, trotz allen Aufbegehrens gegen den Staat immens war. Aus dem ganzen Land kamen Anmeldungen zu dem Kongress, Sonderzüge wurden organisiert, Schlafplätze in Wohngemeinschaften und Turnhallen bereitgestellt. Man rechnete mit über zehntausend Teilnehmern.

Joschka hatte ein ausgeprägtes Gespür entwickelt, wo die »Massen« zu finden und wie sie anzusprechen seien. Er hatte sich schon darüber geärgert, dass der RK – also er selbst – nicht auf dem erwähnten Angela-Davis-Kongress gesprochen hatte, dass damals die Gelegenheit verpasst worden war, »die Position des Revolutionären Kampfes den Massen deutlich zu machen«. Auch zu dieser Veranstaltung des »SB« genannten Sozialistischen Büros waren nämlich mehrere tausend Teilnehmer gekommen – und ihre Botschaft war Negts

»Nein« zum Terror gewesen. Nun, nach dem Debakel mit der Gewaltdemonstration nach Ulrike Meinhofs Selbstmord, drängte es Joschka, sich auf dem Pfingstkongress des SB Gehör zu verschaffen.

Solche Trittbrettfahrerei war nicht ungewöhnlich. Vor Demonstrationen gab es immer erst ein langwieriges Sammeln von verschiedenen Organisationen, die alle die Parolen und – von unschätzbarem Wert – auch die Rednerlisten mitbestimmen wollten. Und dann gab es Zellteilungen. Die Deutsche Kommunistische Partei (DKP), die in einer einzelnen Stadt kaum mehr als ein paar Dutzend Mitglieder hatte, trat nicht nur als DKP auf. Sie unterzeichnete auch als Marxistischer Studentenbund (MSB) Spartakus, als Sozialistischer Hochschulbund (SHB), als Betriebsgruppe einer von ihr dominierten Sektion der Gewerkschaft Öffentliche Dienste, Transport und Verkehr usw. Unter den Maoisten gab es eine KPD-ML (Kommunistische Partei Deutschlands Marxisten-Leninisten), eine KPD-AO (Aufbauorganisation). In München existierte eine AK (Arbeitskonferenz), die sich allerdings über Jahre hinweg nur über die Tagesordnung der Konferenz stritt, die dann doch nie stattfand. Noch heute wäre es unmöglich, ein Organigramm der postachtundsechziger Linken aufzustellen. Unter den Demonstrationsaufrufen fand sich jedenfalls regelmäßig eine Buchstabensuppe, die beinahe so schwer verdaulich war wie die langen Beiträge von einem Dutzend oder mehr Rednern auf den Abschlussveranstaltungen.

Die Offenbacher, wie die Leute vom Sozialistischen Büro auch genannt wurden, waren bei den Spontis und den dogmatischen Gruppen nicht sonderlich beliebt.

Sie hatten keine klare Organisationsform – nannten sich einfach Arbeitsgruppe –, kein Programm, an dem sie sich hätten reiben können. Sie waren Reformisten, wollten also den Staat nicht umstürzen, nur reformieren, und sie distanzierten sich unzweideutig von Gewalt.

In den Tagen vor dem Pfingstkongress mischte sich bei den Offenbachern Zuversicht mit Besorgnis. Alle möglichen Gruppen hatten sich daran gemacht, die Veranstaltung »umzufunktionieren«. Eine Einengung auf die Thematik »Berufsverbot« schien nicht opportun. Das hätte zu sehr nach DKP ausgesehen. Und man war zwar dafür, dass auch Mitglieder der moskautreuen Kommunisten als Briefträger in der Bundesrepublik Dienst tun dürften, aber wehrte sich ebenso heftig dagegen, als Wasserträger der Ost-Regime missbraucht zu werden. So kam es zu dem – beinahe unaussprechlich sperrigen – Namen »Anti-Repressionskongress«. Doch was war nicht alles repressiv? Feministinnen wollten die »Männergewalt« schlechthin zum Kongressthema machen. Betriebsräte, die von den Gewerkschaften ausgeschlossen worden waren, sahen auch darin eine Form von Repression. Die Spontis und die den Terroristen nahe stehenden Gruppen wie die »Rote Hilfe«, der »Gefangenenrat« und das »Folterkomitee« wollten aus der Veranstaltung ein Tribunal zu Gunsten der »Genossen im Knast« machen und gegen die vermeintliche »Isolationsfolter« protestieren.

Eines Abends vor dem Kongress kam Joschka Fischer mit einer Gruppe von Spontis nach Offenbach, diesmal ohne Daniel Cohn-Bendit. In dem größten der drei Räume setzten sie sich an den alten Küchentisch, an dem sonst auch die Redaktionskonferenz für die Zeitschrift *links* abgehalten wurde. Sie benahmen sich wie eine offizielle Verhandlungsdelegation, forderten Rederecht zu Pfingsten. Aber sie waren auch kleinlaut, sprachen mit verhuschten Stimmen. Denn im Arbeitsausschuss des SB, gewissermaßen dem Vorstand, saßen etliche bekannte Professoren, auch ihre Professoren. Fischer kramte unruhig nach seinem Tabak. Sonst rauchte er eine Selbstgedrehte nach der anderen. Aber hier herrschte Rauchverbot. Nach viel Hickhack, bei dem manche der Offenbacher verlangten, die Spontis sollten sich von den Taten der RAF distanzieren, was die Spontis aber nicht zu versprechen bereit waren, wurde dennoch entschieden: Einer von ihnen sollte reden dürfen.

Pfingsten kam in jenem Jahr mit strahlenden Frühsommertagen. Es war Sonnabend, der 5. Juni, vier Wochen nach den Krawallen wegen Ulrike Meinhofs Tod. Alle Erwartungen waren übertroffen worden, gut 20 000 Menschen versammelten sich zu dem Kongress, der in den von Sozialdemokraten errichteten Frankfurter »Bürgerhäusern« tagte und die meiste Zeit in Arbeitsgruppen, also wie ein großes politisches Seminar abgehalten wurde. Aber auch das SB pflegte althergebrachte linke Rituale. Der Kongress hatte begonnen mit einer Demonstration durch die Frankfurter Innenstadt. Jemand hatte ein Lied gedichtet. Es war ebenso albern, wurde ebenso tonlos gebrummt wie das Häuserkampflied. *Leute kommt zu Pfingsten / nach Frankfurt an den Main / Kongress der kleinen Leute / soll dort drei Tage sein.*

Es war gut, dass die Demonstranten die Stadt für sich hatten. Wären die Bürger nicht ins Grüne gefahren, dann hätten sie bei solchem Liedgut wohl eher mit

Blumentöpfen nach den Marschierenden geworfen als sich ihnen angeschlossen. Dank des guten Wetters waren die Teilnehmer des Kongresses auch bei der Eröffnungskundgebung auf dem Römerberg nur unter sich. Die Polizei verhielt sich unauffällig, sie erwartete keine Wiederholung der vorausgegangenen schweren Ausschreitungen beim Tod von Ulrike Meinhof.

Und so wurde aus dem Pfingstkongress weniger eine Manifestation gegen den Radikalenerlass, sondern viel mehr so etwas wie eine Seelenmassage für die verunsicherte Linke. Im Rückblick wird deutlich, dass dies der letzte große Aufmarsch der Studentenbewegung war. Danach kamen andere: die Friedensbewegung und die Umweltbewegung – mit anderen Wortführern und anderen Stoßrichtungen. Joschka Fischer, der mit dem Pazifismus ebenso wenig am Hut hatte wie mit dem Umweltschutz, sollte fortan dort die »Massen« suchen, die dem RK in Frankfurt abhanden gekommen waren.

Über dem Kongress lag der Schleier der Ungewissheit. Wie sollte es weitergehen mit der Linken? Acht Jahre nach 1968 konnte man nicht mehr den lebensfremden Dogmatismus leugnen, in dem die Bewegung erstarrt war. Und die Zersplitterung in Kleinstgruppen hatte dazu geführt, dass man sich mehr gegeneinander abgrenzte, statt nach außen zu überzeugen. Die Terroristen hatten derweil genau das Gegenteil ihrer Absichten erreicht, hatten nämlich den Hass des ganzen Landes auf sich gezogen und so gleichzeitig die gewaltfreie Linke diskreditiert. Der Staat reagierte heftig, manchmal übermäßig. Und dann noch die Berufsverbote – an den drei Tagen in Frankfurt waren die meisten einfach nur froh, sich ausweinen zu können.

Ein paar schnelle Denker hatten, wenn auch verschämt, schon im Vorfeld gewispert: »Die Organisationsfrage steht an.« So etwas konnte nur hinter vorgehaltener Hand gesagt werden. Denn keiner mit einem Funken von Verstand wollte noch eine weitere bedeutungslose Splittergruppe gründen. Wäre es nicht um den »Radikalenerlass« gegangen und hätte es nicht den »Unvereinbarkeitsbeschluss« gegeben (der die gleichzeitige Mitgliedschaft in der SPD und einer weiter links stehenden Organisation ausschloss) – die meisten wären schnell zur alten Heimat SPD zurückgekehrt. So aber führten diese Denkanstöße in Richtung einer neuen Partei, deren Namen noch keiner ahnen konnte: der Grünen.

Oskar Negt, der Hauptredner, umschiffte diese Klippe jedoch elegant. Er wiederholte, was er 1972 geschrieben hatte, sprach davon, sich nach »Interessen, nicht nach Köpfen zu organisieren«, meinte damit, dass politische Gärungsprozesse in »Arbeitsfeldern« entstünden, an Schulen, im Gesundheitswesen, in Betrieben. Dort solle man sich organisieren – nicht in einer neuen Partei. Es sprach auch Willi Scherer auf dem Römerberg, der wortgewaltige Betriebsratsvorsitzende von Küppersbusch, einem großen Metallbetrieb im Ruhrgebiet. Auch das hatten die Offenbacher zeigen wollen, dass ihre Leute im wirklichen Leben Politik machten, nicht in den Seminaren und Hinterzimmern Frankfurter Apfelweinstuben.

Joschka Fischer wagte sich daraufhin nicht allein auf das Podium. Er kam mit einer ganzen Gruppe seiner Genossen hoch. Sie schlangen die Arme umeinander und stellten sich dicht aneinandergedrängt vor das Mikro-

fon, blickten mehr zu Boden oder auf die Giebel des ge-
genüberstehenden Römer als auf die Menschenmenge
unter ihnen. Es war, als trauten sie Fischer, den sie als
Redner auserkoren hatten, nicht vollends, als hätten sie
Angst, er würde von einem vorher abgesegneten Rede-
text abweichen. Nach Negt mit seinen wohlakzentuier-
ten Sätzen und seinem ostpreußisch rollenden R, nach
Scherer, der auch ohne Lautsprecher auf dem ganzen
Platz zu hören gewesen wäre, drohte Joschka beinahe
unterzugehen. Alle hatten ein abermaliges Lamento
über den »Bullenterror« und die »Isolationsfolter« erwartet. Nicht alle, aber doch viele horchten auf, als sie
folgenden verzweifelten Appell vernahmen:

»Gerade weil unsere Solidarität den Genossen im
Untergrund gehört, weil wir uns so eng mit ihnen verbunden fühlen, fordern wir sie hier auf, Schluss zu machen mit diesem Todestrip, runterzukommen von ihrer
bewaffneten Selbstisolation, die Bomben wegzulegen
und die Steine und einen Widerstand, der ein anderes
Leben meint, wieder aufzunehmen.«

Er hatte doch zugehört bei der Diskussion am
Küchentisch im Offenbacher Souterrain, hatte die Argumente zum Teil aufgenommen, zum Teil verworfen,
ohne sich das vor der Rede anmerken zu lassen – genau
so wie er es fünfunddreißig Jahre später bei Redevorbe-
reitungen im Auswärtigen Amt tun sollte. Also: Schluss
mit der Gewalt, aber doch kein klarer Trennstrich. So
setzte er fort: »Wir können uns aber nicht einfach von
den Genossen der Stadtguerilla distanzieren, weil wir
uns dann von uns selber distanzieren müssten, weil wir
unter demselben Widerspruch leiden, zwischen Hoff-
nungslosigkeit und blindem Aktionismus.«

Auch auf die »Organisationsfrage« ging er ein, wenn auch auf völlig überraschende Weise: »Wir Linksradikale sind die Wahnsinnigen, die Utopisten – uns treibt der Hunger nach Freiheit, Liebe, Zärtlichkeit, nach anderen Arbeits- und Verkehrsformen.«

Das knüpfte an das »Wir wollen alles« der Spontis an, doch auch dies war eine Ankündigung dessen, was kommen würde. Auch Joschka hatte es richtig gespürt: Der Pfingstkongress war die Geburtsstunde der »Alternativbewegung«, die sich später in den so genannten grün-alternativen Listen wiederfinden würde. »Anders arbeiten und leben«, viele verstanden dies aber zunächst nur als Ausstieg aus der bürgerlichen Gesellschaft – und Ausstieg aus der Politik. Auch das wurde auf dem Kongress allzu deutlich.

Zum Abschluss am Pfingstmontag wurde in einem riesigen Zelt auf einer Wiese am Frankfurter Ostpark kaum noch diskutiert, nur gefeiert. Die Bühne war offen für jeden, der reden oder singen oder tanzen wollte, und die Organisatoren begnügten sich damit, den Leuten am Mikrofon ein Pappschild vor die Nase zu halten mit der Aufschrift: »Noch 2 Minuten!«

Matthias Beltz und Klaus Trebes kamen als Polizisten verkleidet auf die Bühne. Beltz, der sechs Jahre bei Opel ausgeharrt hatte, war ein begnadeter Imitator, der besonders gut Willy Brandt nachahmen konnte. Er hatte seine Rolle fürs Leben gefunden, gründete bald darauf mit Klaus Trebes und einer Reihe anderer ehemaliger RK-Genossen das »Karl Napps Chaos-Theater«. Trebes wiederum sollte noch einige Zeit brauchen, bis er aus seiner eigentlichen Begabung, dem Kochen, einen Beruf machen und das Feinschmeckerrestaurant

»Gargantua« eröffnen konnte. Thomas Schmid, der nicht auftrat, sollte bald in einer neuen, von ihm gegründeten Zeitschrift namens *Autonomie* so etwas wie eine theoretische Begründung des »alternativen Lebens« abgeben: »Politik in der ersten Person – wir sollten erst einmal entscheiden, von uns selbst auszugehen.« Er war im namenlosen Kollektiv der *Wir wollen alles*-Redaktion der heimliche Chefredakteur gewesen, und die Gründung der *Autonomie* wurde für ihn der alternative Zwischenschritt auf dem Weg zum normalen, zum »bürgerlichen« Journalismus.

Für Joschka Fischer aber sollte eine ziemlich graue Zeit anbrechen. Jahre später erzählte er Sibylle Krause-Burger, wie er heldenhaft die Seiten gewechselt hatte, wie er – sekundenschnell – Partei ergriffen hatte für die israelischen Kommandos, die bei der Befreiung der 1976 nach Entebbe entführten Passagiermaschine die Terroristen erschossen hatten. Sie schrieb es treu auf: »Entebbe wurde für Joschka Fischer zum Damaskus.«

Doch in der alternativen Szene, zu der sich alsbald die ganze Frankfurter Linke zählte, war von der Verwandlung vom Saulus zum Paulus nichts zu spüren gewesen. Nach der Mordserie an Hanns Martin Schleyer, dem Bankier Jürgen Ponto und dem Generalbundesanwalt Siegfried Buback durch die RAF, über die ein »Göttinger Mescalero« damals »klammheimliche Freude« verspürte, schrieb Fischer: »Bei den drei hohen Herren mag mir keine rechte Trauer aufkommen.« Das war 1978 – nach Entebbe. Ihm brachten derweil seine »anderen Arbeits- und Verkehrsformen« das mönchische Leben in einer reinen Männer-WG und zudem harte Arbeit im alltäglichen Verkehr ein – als Taxifahrer. Ende 1978 war er dermaßen frustriert, dass er sich aufs Land verabschieden wollte. Er hatte schon einen Abschiedsbrief geschrieben und diesen (wie beinahe alles, was ihn bewegte) veröffentlicht, nämlich im *Pflasterstrand*, ebenfalls einem »Alternativprojekt«: »Die Perspektivlosigkeit, das Rumhängen, das Nicht-wissen-was-tun wird immer unerträglicher.«

Auch das war eine Variation der Themen des Pfingstkongresses: Ganz zum Schluss hatte sich in dem Zelt auf der Ostparkwiese ein gewisser Professor Dr. Dr. Dr. Rolf Schwendter ans Mikrofon gesetzt. Plötzlich saß er da, mindestens zweihundert Pfund schwer, feines, rötliches, vom Kopf abstehendes Haar und einen wallenden Bart, auf einem kleinen Hocker, den er mitgebracht hatte, und zwischen den Knien eine winzige Trommel. Er klopfte einen mitreißenden Takt und sprach mehr, als dass er sang, seine Variation des Rolling-Stones-Hits *Satisfaction*: »Wir sind noch immer un-be-frie-hi-digt, wir sind noch immer un-be-frie-hi-digt.«

Die Fünftausend, die bis zuletzt auf der Wiese ausgeharrt hatten, stimmten ein, bis es über den ganzen Ostpark schallte: »Wir sind noch immer un-be-frie-hi-digt.« Die Organisatoren wagten es nicht, Dr. Dr. Dr. Schwendter mit ihrem »Noch 2 Minuten!« von der Bühne zu weisen. Er muss den irren Chor eine halbe Stunde angeführt haben.

Sein Lied wurde der Hit des Frankfurter Sommers. An den Kiesgruben im Stadtwald, wo die Szene nackt badete, zeltete und Lagerfeuer machte, konnte das Lied ebenso plötzlich aufbranden, wie Dr. Dr. Dr. Schwendter auf die Bühne gekommen war. Und eine ganz und gar unmusikalische Stimme krächzte besonders laut, im angenommenen Frankfurter Dialekt: »Mer sind noch imme' unbefridicht.« Die von Joschka Fischer.

»Wer zweimal mit derselben pennt ...

*... gehört schon zum Establishment«, reimte die
Apo verächtlich. Joschka Fischer scherte sich
nicht darum. Er heiratete, und das gleich viermal*

Wenn ein Klammeräffchen plötzlich losgelassen wird

»Dieser Blitz traf mich aus heiterem Himmel, die Erde
tat sich vor mir auf, der Himmel fiel mir auf den Kopf,
und unter der Wucht der emotionalen Katastrophe zerbrach mein ganzes bisheriges Leben innerhalb kürzester
Zeit.« Das schrieb Joschka Fischer in seinem Buch
»Mein langer Lauf zu mir selbst«. Der Blitz – das war
die Abfuhr, die ihm seine dritte Ehefrau Claudia Bohm-
Fischer erteilt hatte, im Sommer-Urlaub 1996 in der
Toskana. Nach fast neun Jahren Ehe macht sie plötzlich
Schluss – aus seiner Sicht ohne Vorankündigung, ohne
dass er die Zeichen des drohenden Gewitters hätte erkennen können.

   Tatsächlich zerbrach ein Teil seines Lebens, seine
Existenz als »linker Hedonist«. Noch am Tag der Trennung begann die ungeheure körperliche Verwandlung.
Sofort nach dem »Blitz« machte er Liegestütze, brach
zwar keuchend zusammen, hielt aber an seinem Vorsatz
fest, wieder sein »Kampfgewicht« von 1985 zu erreichen. Es sollte noch ein Jahr dauern, bis fast vierzig
Kilo weggeschmolzen waren und die Tonne sich in
einen Marathonmann verwandelt hatte. Fischer hatte

gleich nach diesen schrecklichen Sommerferien mit dem Joggen angefangen, war erst heimlich, dann in Begleitung von Fotografen, den Rhein entlanggetrabt, war urplötzlich zum Asketen geworden. Die Fettlebe hatte ein Ende.

Joschka Fischer bekannte, es sei ihm schon in jener »bewussten Sekunde nach der Trennung« klar geworden, dass es »unwideruflich vorbei war mit unserer Ehe«. Trotzdem versuchte er Kontakt zu halten, bestellte einmal sogar einen Möbelwagen, um Claudia wieder ins gemeinsame Nest zurückzuholen. Aber die Ehe war nicht mehr zu kitten, schließlich, ein halbes Jahr, nachdem Claudia das Band zerschnitten hatte, kappte auch er den Restbestand an emotionaler Bindung: »Das mit der Eifersucht endete genau am 29. Dezember letzten Jahres [1996] zwischen 20 und 21 Uhr.« Da habe er noch einmal vergeblich um Claudia gekämpft, wie er Herlinde Koelbl verriet.

Danach wurde Joschka Fischer nicht nur äußerlich ein neuer Mensch, er will sich auch innerlich völlig verändert haben: »Die ganze Krise hat letztlich mein Verhältnis zu Frauen grundlegend geändert. Durch sie ist die Nabelschnur zu meiner Mutter endgültig durchgeschnitten worden. Ich bin von meiner Mutter zu meiner ersten Frau, von meiner ersten zu meiner zweiten, von meiner zweiten zu meiner dritten. Ich habe mich als ausgewachsener Mann immer noch wie ein Klammeräffchen verhalten, obwohl ich längst nicht mehr klein und niedlich war.« Das ist das Vokabular eines geläuterten Mannes, der nach drei Anläufen bemerkt hat, dass er sein Leben ändern muss, die Worte eines Mannes, der Asche auf sein Haupt streut. Oder etwa eines

Mannes, der dieses Vokabular einfach nur beherrscht, wenn es ihm nützlich erscheint?

Fischer kennt diesen Typ von Mann. Er hat ihn selbst beschrieben. Das war 1984, als nur Frauen in die Spitze der grünen Bundestagsfraktion gewählt wurden, was manche seiner männlichen Kollegen noch ausdrücklich begrüßten. Genau diesen Leuten gegenüber empfand er nur Verachtung: »Mir gehen die Klemm-Chauvis auf den Sack, die da plötzlich in serviler Ergebenheit, jeden aufrechten Gang und sonst manches Aufrechte beiseite lassend, auf breiter Schleimspur der Frauenemanzipation hinterherkriechen.«

Und nun, zwölf Jahre später, das Ende des »Klammeräffchens«? Ist er vielleicht nur auf einer Schleimspur von Selbstmitleid ausgerutscht? Oder auf verletzter Eitelkeit?

Die Ehe mit Claudia war keineswegs so überraschend beendet worden, wie er es darstellt. Es hatte, wie er bei anderer Gelegenheit selbst betont, schon vorher Krisen gegeben, Tiefpunkte und vorübergehende Trennungen. Claudia trieb etwas anderes von ihm weg, etwas, wogegen er sich stemmte: der Wunsch, Kinder zu bekommen – auch diese Version stammt von ihm selbst.

Und nach dem »Big Bang«, wie er den Sommertag der Trennung nannte, sollte das Verhältnis trotzdem fortbestehen, diesmal in Freundschaft: Als Joschka Fischer zum vierten Mal einen Bund fürs Leben schloss und Nicola Leske heiratete, war Claudia eingeladen.

Es drängt sich das Bild von einem Chamäleon auf, das zwar seine Farbe ständig der Umgebung anpasst, das mit den Augen in alle Richtungen schielt, sein Wesen aber nicht verändert. Oder, um Fischers Worte abzuwandeln: Mal ist er Schimpanse, mal Gorilla, aber immer fest angeklammert.

Doch ist er es selbst, der Bettgeflüster verbreitet, stets Intimes hinausposaunt, früher im *Pflasterstrand*, heute in Interviews und in seinem Buch über das Laufen. Was er dort behauptet, ist allerdings immer nur ein Teil der Wahrheit.

Woher dieser Mitteilungsdrang? Die persönlichen Rückschauen der Achtundsechziger sind immer mit der Frage gepaart: Was haben wir eigentlich erreicht? Je größer der Abstand zur Studentenbewegung wurde, desto zaghafter fielen die Bilanzen aus. Vietnam, die Hochschulen mit ihrem »Muff von tausend Jahren unter den Talaren«, der »lange Marsch durch die Institutionen«, der ja beileibe nicht nur linke Lehrer, sondern ein insgesamt gelasseneres, freundlicheres und friedfertigeres Deutschland mit sich brachte – all das ist verblasst. Eines aber erfüllt die Achtundsechziger mit besonderem Stolz: Sie glauben, die »Lebens- und Umgangsformen« radikal verändert zu haben, und diese – im weitesten Sinne – kulturelle Revolution sei ihr größter, ihr eigentlicher Erfolg gewesen.

Lebens- und Umgangsformen – zunächst nur andere Worte für etwas, das Mitte der siebziger Jahre in Frankfurt schnöde »Beziehungskiste« genannt wurde. Aber ebenso wie die Frage nach der politischen Zugehörigkeit (»Wo biste denn jetzt so?«) drückte auch die Frage nach der Beziehung (»Mit wem biste denn jetzt so zusammen?«) die Normalität des schnellen Wechsels aus.

Joschka war die große Ausnahme. Er kam als verheirateter Mann nach Frankfurt. Und, auch dies eine

Seltenheit, »Ede« war nicht nur seine Ehefrau, sie war seine erste Frau überhaupt. Als Achtzehnjähriger hatte er sie kennen gelernt, und zwar im Club Voltaire: Edeltraud, zufälligerweise mit Nachnamen ebenfalls Fischer, Tochter eines Polizisten. Was man so kennen lernen nennt, denn wie auch seine späteren Frauen hatte er »Ede« anfangs gar nicht richtig wahrgenommen.

Es gab Clubs Voltaire in vielen Städten, sie waren die bevorzugten Kneipen der diskutierfreudigen Apo. Kleinere politische Veranstaltungen fanden hier statt. Und auch wenn nichts los war, fand man immer jemanden zum Streiten. Der Name war Programm – im Club Voltaire wollte die außerparlamentarische Opposition den öffentliche Diskurs führen, hier sollte Aufklärung betrieben werden.

Gemütlich waren diese Clubs nicht. Es gab Bier aus der Flasche und Strammen Max mit Bratkartoffeln, am Tresen selbst abzuholen. Es standen ein paar wacklige Tische und klapprige Stühle herum und es gab keinerlei Bestellzwang. Die meisten rauchten Rothhändle oder Reval, die filterlosen deutschen Zigaretten, die einem die Kehle zerrissen. Man konnte den ganzen Abend sitzen und nur reden, rauchen, reden. Die Clubs in Frankfurt und in Stuttgart waren die einzigen, in denen keine politische Inzucht herrschte. Sie hatten zumindest Laufpublikum und lagen nicht direkt an den Unis, sondern in den Innenstädten.

Im Stuttgarter Club traf man oft auf Willi Hoss. Er arbeitete bei Daimler, war überzeugter Sozialist. Seine Liste sollte bei Betriebsratswahlen rund ein Viertel der Stimmen bekommen, ein ungeheurer Erfolg für eine linke Gruppierung. Willi Hoss, der immer mit sanfter

Stimme sprach, nie laut wurde, nie auftrumpfte, sollte zu einem der angesehensten linken Arbeiterführer werden. Später exponierte er sich auf dem Gründungsparteitag der Grünen 1980 in Karlsruhe.

Ein anderer häufiger Gast im Stuttgarter Club Voltaire war Fritz Lamm. Auch er, Jude und Sozialist, sprach so, dass man sich unwillkürlich zu ihm hinbeugte, um ihm zuzuhören. Er war in den Sechzigern schon ein älterer Herr. Und hatte anderes zu erzählen als Willi Hoss: von der Flucht vor den Nazis, von Kuba, wohin es ihn verschlagen hatte. Mit seinen tief liegenden dunklen Augen schlug Fritz Lamm die Zuhörer in seinen Bann. Ein »roter Opa« erzählte von den schönsten Stunden der Revolutionsgeschichte, noch dazu einer, der Abstand zu dem dogmatischen SED-Ableger DKP hielt.

In diesen Club war Joschka Fischer von einem Freund mitgeschleppt worden. Und obwohl er damals noch nicht so recht zu unterscheiden wusste zwischen linker und rechter Politik – er fühlte sich laut Sibylle Krause-Burger zeitweilig sogar der Jungen Union verbunden –, sich nicht darüber im Klaren war, ob er abermals ausreißen oder der verwitweten Mutter helfen sollte, klopfte er im Club Voltaire starke Sprüche. Wie Hoss und Lamm wollte er, das war unübersehbar, in dieser linken Künstler- und Intellektuellenkneipe das Wort führen.

Dabei hätte er fast das um einen Kopf kleinere Mädchen mit den Kulleraugen übersehen, das seine erste Frau werden sollte.

Berufsrevolutionär mit Trauschein

Erst als sie sich später wiedertrafen und sie ihm erzählte, dass sie schon einmal auf eigene Faust nach Paris gefahren war, nahm er sie richtig wahr. Per Anhalter nach Paris, das machte etwas her! (Ein paar Jahrzehnte später sollte es ihn mit Stolz erfüllen, mit einer Persönlichkeit wie der amerikanischen Außenministerin flirten zu dürfen, sie fragen zu können: »*How did you sleep last night, Madeleine?*«) Dieses Mädchen hatte ihm etwas entgegenzusetzen. Er selbst war zweimal in England gewesen, hatte sich über Frankreich, Spanien, Südosteuropa und Kleinasien auf den Weg nach Indien gemacht und war immerhin bis Kuwait gekommen. Edeltraud Fischer hatte etwas ganz anderes zu überwinden gehabt: die Autorität eines gestrengen Vaters. Eine junge Frau, die ihrem Polizisten-Vater die Stirn geboten hatte, das war schon etwas. Mit der sollte man wohl ausreißen können.

Jedenfalls feuerten sich Fischer und Fischer bei einem Wiedersehen auf den Treppen zu den Kolonnaden auf dem Stuttgarter Schlossplatz (wo damals die Jugendlichen, wie es ihre Eltern nannten, zu »gammeln« pflegten) gegenseitig so an, dass sie tags darauf gemeinsam nach Paris aufbrachen. Noch weiter nach Amsterdam und Marseille zogen sie – aber der Winter trieb sie Anfang 1967 wieder nach Hause. Immerhin konnten Joschka und Edeltraut in Stuttgart eine Gartenlaube bewohnen, die er bezogen hatte. Doch einige brave Schwaben, bekanntlich weit reinlicher als die anderen Deutschen, erstatteten Anzeige, sodass es mit Laubenfreuden schnell ein Ende hatte.

Joschka, nun schon neunzehn, war für damalige Verhältnisse eigentlich zu alt, um das erste Mal mit einer Frau zusammen zu sein. Zwar galt noch der so genannte Kuppeleiparagraph, der es einem Vermieter oder Eltern unter Strafandrohung verbot, Unverheiratete zu beherbergen. Doch es gab auch andere Möglichkeiten, miteinander zu leben. Die beiden konnten auch ohne Dach auskommen, so wie die Beatles es damals vorsangen: *»Why don't we do it in the road?«*

Und so kam es, dass Joschka Fischer in einer Zeit, als die Apo schon abfällig reimte: »Wer zweimal mit derselben pennt, gehört schon zum Establishment«, auf seiner nächsten Reise – im Frühjahr 1967 – Gretna Green ansteuerte. In diesem schottischen Ort, wo seinerzeit Minderjährige (nach damaliger Gesetzeslage alle unter 21) ohne Einverständnis der Eltern heiraten durften, ging Joschka mit Edeltraud Fischer den heiligen Bund der Ehe ein. Sie sollte nach seiner Darstellung immerhin elf Jahre, nach standesamtlichen Unterlagen sogar siebzehn Jahre halten. Und er will derjenige gewesen sein, der treu blieb – vorerst jedenfalls.

Zurück in Stuttgart bezog das Paar zunächst eine kleine Zwei-Zimmer-Wohnung unter dem Dach, die Joschkas Mutter Elisabeth ihnen besorgt hatte. Und Joschka konnte sich dem verschreiben, was die eigentliche große Liebe seines Lebens werden wollte: seinem Beruf, in diesem Fall dem Beruf des »Revolutionärs«. So übrigens sieht er seinen beruflichen Werdegang in der Rückschau: 1967 »Berufsrevolutionär«, 1977 die »revolutionären Träume ausgeträumt«. Und dann: »In den folgenden Jahren habe ich mich politisch weitgehend zurückgezogen, danach bin ich vom Revolutionär zum Reformisten geworden und vom Linksradikalen zum Grünen.«

1967, damit war der 2. Juni 1967 gemeint, der Todestag des Berliner Studenten Benno Ohnesorg, der lediglich zuschaute, wie seine Kommilitonen gegen den Schah von Persien demonstrierten, und dabei von einem Polizisten erschossen wurde. Der Schlussstrich für den »Berufsrevolutionär« war dann der 18. Oktober 1977, wieder ein Todestag – der von Hanns Martin Schleyer, nach 43 Tagen Geiselhaft erschossen von Fischers ehemaligen Weggefährten aus der Apo-Zeit.

Der Berufsabschnitt »Revolutionär« begann für Joschka mit einer Art Ausbildung. Er ging an die Stuttgarter Universität, besuchte ein Seminar über die Frühschriften von Karl Marx – das ihm alsbald nützlich werden sollte, als er lautstark forderte, den jungen Marx nicht vom alten zu trennen. Laut eigener Aussage muss er Tag und Nacht gebüffelt haben. »Marx rauf und runter, meinen Hegel, meinen Kant, den Fichte – also den ganzen deutschen Idealismus.« Eine beachtliche Leistung, fast ein bisschen zu viel für das dreiviertel Jahr bis etwa Ostern 1968, als Joschka und Ede nach Frankfurt zogen. Und es zeugt auch nicht von wahrer Sponti-Haltung, sich derart mit den Klassikern zu quälen. Aber einer, der nach Anerkennung trachtete, musste in der Lage sein, mit Marx und Kant und Hegel um sich zu werfen.

Womit er Edeltraud in die klassische Frauenrolle drängte. Ein Achtzehn-Stunden-Tag von revolutionärer Theorie und Praxis lässt keine Hausarbeit zu, sei das Haus auch noch so klein. Aber eine traditionelle Ehe – damit konnte er in den Tagen der radikalen Emanzipation keinen Blumentopf gewinnen. Dass Joschka Fischer eine feste Beziehung hatte, noch dazu eine bürgerliche, wurde zu einem seiner bestgehüteten Geheimnisse in Frankfurt. Schließlich wollte er sich zum Feministen mausern.

Es dauerte noch ein gutes Jahr, bis die Spontis sich organisierten und die Gruppe »Revolutionärer Kampf« gründeten. Zuerst wurde eine »Betriebsprojektgruppe« ins Leben gerufen. Denn so viel wusste man: Der Kampf musste in die Betriebe getragen werden. Anfangs hatten sich die Genossen um Daniel Cohn-Bendit die Farbwerke Hoechst ausgeguckt. Doch dann wurde bei Opel in Rüsselsheim gestreikt, ein klares Zeichen, dass dort die Radikalisierung weiter fortgeschritten sei.

Am Anfang aber war die Theorie: Die Betriebsgruppe stritt um den richtigen Namen. Ein Gegenvorschlag zu »Revolutionärer Kampf« war »Der Kampf beginnt«. Die Kämpfe um den Namen dauerten bis zum Frühjahr 1971, dann wurde ein erstes Flugblatt geschrieben. Alle RK-Genossen und -Genossinnen waren verpflichtet, sich »beim Opel«, wie sie im hessischen Arbeiterjargon sagten, eine Stelle zu suchen. Die Parole hieß: »Stärkung der Betriebsarbeit!« Nur für Daniel Cohn-Bendit galt sie nicht. Er war für das konspirative Unterfangen schlicht zu bekannt. Und ein anderer wollte nicht so recht in die Betriebskampffront einrücken: Joschka Fischer. Der, so sagen noch heute einige, die von Anfang an dabei waren, »theoretisierte lieber«.

Die gemütliche Knechtschaft des Patriarchats

Auch auf diese Weise: Es wurde im RK lange darüber diskutiert, ob es nicht revolutionärer wäre, eine getrennt operierende Frauengruppe zu gründen. Die meisten Frauen waren dagegen. Schließlich wurde ihnen ohnehin viel abverlangt. Nicht nur besuchten sie gelegentlich Seminare – wo Scheine in Gruppen gemacht und unabhängig von der Leistung mit Einheitsnoten von »Eins« bis schlimmstenfalls »Drei« bewertet wurden –, nicht nur lauschten sie auf Demos und Teach-Ins den großen Rednern, wofür es reichte, um elf Uhr aufzustehen. Darüber hinaus malochten sie tagsüber in der Fabrik, besuchten abends die Schulung, schrieben nachts Flugblätter und verteilten diese vor Schichtbeginn im Morgengrauen.

Jedenfalls wurden zur Versachlichung der Diskussion zwei »Positionspapiere« verfasst. Eines, geschrieben von zwei Frauen, legte dar, dass Männer und Frauen besser gemeinsam kämpften, jedenfalls in dieser Phase. Das andere argumentierte, die Frauen sollten ihre eigene Gruppe bilden, um der »gemütlichen Knechtschaft des Patriarchats« zu entkommen. Es war von einem Mann geschrieben worden, der wohl schon einige Erfahrungen als Patriarch gemacht hatte: Joschka Fischer.

Die Fronarbeit am Fließband sollte übrigens für die meisten bald vorüber sein, für manche sogar blitzschnell. Für Joschka bereits im Herbst 1971. Er hatte sich den Arm verstaucht, war krankgeschrieben. Trotzdem ließ er es sich nicht nehmen, auf einer Betriebsversammlung zu reden – für einen Berufsrevolutionär recht unprofessionell, denn damit hatte er der Firmenleitung den Grund für die fristlose Kündigung geliefert. Manche in der Gruppe sollten es dagegen noch jahrelang »beim Opel« aushalten. Am längsten Matthias Beltz, der wegen seiner Fähigkeit zur witzigen Pointe ebenfalls zum informellen Führungskreis des RK gehörte, aber bei der Betriebsarbeit beharrlicher war als Joschka.

Dieser aber hatte fortan wieder mehr Zeit für den theoretischen Part. Er geißelte die erste Hausbesetzung im Oktober 1971 – in der Bockenheimer Landstraße 111 – als »kleinbürgerliche Abweichung« vom wahrhaft revolutionären Pfad. Und er gönnte sich ein gewisses Lotterleben. Ede lebte bald in anderen WGs als er. Die »neuen Lebensformen« hatten für streunende Männer etwas ebenso Gemütliches wie die Fesseln des Patriarchats, nämlich die feinsinnige Unterscheidung zwischen der »Hauptbeziehung« und den »Nebenbeziehungen«. Gegen Letztere wagte keiner – besser: keine – aufzubegehren.

Einer, der so spät angefangen und dann gleich geheiratet hatte, verspürte wohl etwas Nachholbedarf. Jedenfalls hatten Joschka und sein Freund Klaus Trebes schnell den Ruf weg, die beiden größten Aufreißer des RK zu sein.

Klaus Trebes fuhr häufig nach Frankreich, brachte Austern und Champagner mit zurück. Er sollte später, wie erwähnt, das »Gargantua« gründen. Und dort sollte er seiner späteren Ehefrau Monika dafür dankbar sein, dass sie die Aufgabe übernahm, den alten Genossen die Rechnung zu präsentieren, wenn diese meinten, in diesem »Alternativbetrieb« doch wohl umsonst speisen zu dürfen. Aber als Junggeselle fehlte ihm dieser praktische Zug. Er galt bei den Frauen als spendabel – und als »knuddelig«. Sie nahmen sich seiner gern an.

Joschka dagegen, der mögliche Unsicherheiten gegenüber Frauen durch große Reden zu überspielen versuchte, gewann seinen Vorteil aus der Tatsache, dass die meisten Frauen die Sache mit dem Patriarchat wohl doch nicht so abstoßend fanden. Offen zugeben durften sie das nicht, das hätte gegen den informellen Emanzipationskodex verstoßen. Ein kleines »Aber« überwand jedoch alle Hindernisse. Ein etwas umständlicher Weg der Annäherung: Wenn eine Genossin allzu offensichtlich für Joschka zu schwärmen begann, dann ließ sie die anderen Frauen wissen: »Das is' zwar 'n Macho, aber ich finde seine Position interessant.«

Joschkas Position fand eine junge Frau überaus interessant: die damals siebzehnjährige Inge. Sie studierte Mathematik und gehörte dem Kommunistischen Bund Westdeutschland an, dessen Cheftheoretiker und Sekretär des Zentralkomitees Joscha Schmierer von Joschka Fischer später in den Planungsstab des Auswärtigen Amts geholt werden sollte. An Schmierers Maximalismus im KBW-Organ *Kommunistische Volkszeitung* lässt sich seine politische Position gut vergegenwärtigen. Es gab zum Beispiel einen Wettlauf unter den maoistischen Gruppen darüber, wer die radikalste Forderung für den Mutterschutz aufstelle. Verlangten etwa die Gewerkschaften für eine werdende Mutter die Freistellung drei Monate vor der Niederkunft, dann forderte der KB vier Monate und der KBW sechs Monate (und die völlig lebensfremde KPD-ML neun Monate vor der Geburt). Die Frauen selbst spielten dabei keine Rolle, es zählte allein, dass, so Schmierer, »die Arbeiterklasse es so will«.

In der »Battschkapp«, dem nach dem Pfingstkongress entstandenen alternativen Kulturzentrum, wo Beltz, Trebes und die anderen vom Karl Napps Chaos Theater mit Witzen unterhielten, machte Fischer sich derweil laut Gedanken über seine Rolle als ehedem zur Gewalt bereiter Mann: »Stalin war so ein Typ wie wir — nicht nur dass er sich als Revolutionär verstanden und gelebt hat, sondern er war im wahrsten Sinne des Wortes eben auch ein Typ.« Und er selbst, Joschka Fischer, gehörte zu dieser »schwarzen Hälfte des Himmels, zu den Männern«.

Solche zur Schau gestellte Zerknirschung beeindruckte viele Frauen, gab sie ihnen doch Recht in der Annahme, dass sie dem besseren Geschlecht angehörten. Aber es war auch eine Zeit, da Matthias Beltz erkannte: »Der große Traum von 1968 ist ausgeträumt. Der alte schreckliche Traum der Deutschen der fünfziger Jahre, ein Leben in Frieden und im eigenen Häuschen, wird nostalgisch wieder neu aufgewärmt, erreicht auch uns.« Indes lebten er und Joschka in reinen Männer-WGs.

Das änderte sich, als Joschka erkannte, wie ernsthaft das rothaarige Mädchen Inge bereit war, seine Position zu übernehmen. Schon im nächsten Jahr, 1979, kam ihr gemeinsamer Sohn David zur Welt. 1983 folgte die Tochter Lara. Joschka hatte sich von Ede scheiden lassen – und er sollte tatsächlich auch Inge heiraten. Dabei hatte er es sich wieder einmal schön patriarchalisch eingerichtet. Herlinde Koelbl sagte er: »Damals waren wir alle in einer ähnlichen Situation, waren Väter geworden und bekamen es mit der Frauenbewegung zu tun. Das war eine schöne Zeit. Ich habe mich damals zurückgezogen, bin Taxi gefahren und spazieren gegangen, habe nachgedacht und mir die Welt angeschaut.«

Anderen Selbstzeugnissen zufolge hat er als Taxifahrer damals die Wirklichkeit außerhalb der linken Zirkel kennen gelernt, hat wieder viel gelesen, sich also auf seine Zukunft als postrevolutionärer Politiker vorbereitet. Inge, deren Nachname ein Geheimnis blieb, hielt letztlich aber, wie es scheint, wohl doch nicht so viel von der spontaneistischen Lebensphilosophie ihres Gatten. Wenn dieser von nächtlichen Ausschweifungen zurückkehrte, dann machte sie ihm deutlich, dass ihr dies nicht gefiel. Sie zog die Kinder groß, wechselte das Studienfach, wurde schließlich Architektin. »Das Schöne ist«, plauderte Joschka Fischer 1991 aus, »dass ich mich mit meiner zweiten Frau noch heute gut verstehe und es auch zwischen ihr und meiner jetzigen Frau keine Schwierigkeiten gibt.«

Trautes Großfamilienglück

Jedenfalls nicht aus seiner Sicht. Claudia Bohm, die dann die dritte Ehefrau werden sollte, empfand es ein wenig anders. Es war einmal an einem schonen Erzählabend, als Joschkas »Bruder im Schmausen und Zechen«, der nun ganz und gar zum Feinschmecker avancierte Klaus Trebes, soeben mit seiner Frau Monika von einer Reise nach Kalifornien zurückgekehrt war und die Urlaubsfotos zeigte. Klaus und Monika schwärmten von der Big Sur, der steil in den Pazifik fallenden Felsenküste, von den Sonnenuntergängen, von dem sich durch die Big Sur windenden Highway 1, den sie im gemieteten Cabriolet hinaufgefahren waren, vom Nappa Valley und seinen erlesenen Weinen.

»Können wir das nicht auch mal machen«, flehte Claudia ihren Joschka an. Sie machten es im Jahr darauf. Aber als sie zurückkamen und den Freunden nun ihrerseits berichten sollten, mochte sich Claudia gar nicht mehr für Kalifornien begeistern. Joschka, der Schwabe, hatte, um an Motels zu sparen, ein Wohnmobil gemietet. Und er hatte die Kinder aus seiner Ehe mit Inge mitgenommen. Claudia hatte sich über die Jahre hinweg immer wieder um diese Kinder gekümmert. Aber eine Reise an die Westküste hatte sie sich eigentlich romantischer, nämlich in trauter Zweisamkeit vorgestellt. Nun meinte sie: »Ich hätte genauso gut hier bleiben können.«

Dabei hatte diese große Liebe angefangen wie ein Märchen. Joschka saß im Bundestag. Ihm war langweilig, eine dröge Rede des damaligen Justizministers Hans Engelhardt ging ihm auf die Nerven. Sein Blick schweifte umher. Auf der Zuschauertribüne bemerkte er eine wunderhübsche blond gelockte Frau, ein Wesen von einem anderen Stern. Und siehe da, auch sie fing seinen Blick. Sie trafen sich wieder in der Bundestagskantine. Sie heirateten.

So jedenfalls die offizielle Legende, nachzulesen in Zeitungsporträts, die sich ständig wiederholen und Wahres wie Erfundenes, Schreckliches wie Schönes auf wundersame Weise wortgenau kopieren. In der Wirklichkeit wiederholte sich eine Form des Buhlens, die schon von Joschkas erster großer Liebe bekannt ist.

Claudia Bohm, damals gerade achtzehn Jahre alt, verkehrte in denselben Kreisen wie er. Joschka war inzwischen bestimmten Kneipen wie dem »Club Voltaire« oder dem »Pizza Peter« entwachsen. Als Berufspolitiker – jetzt im herkömmlichen Sinn, nämlich als Bundestagsabgeordneter im »Raumschiff Bonn« – suchte er die Nähe zu den Journalisten, wie umgekehrt diese zu ihm. In Bonn war die »Provinz« die bevorzugte Tränke, wo die Presseleute, ohnehin entzückt über den bunten grünen Haufen, der alles öffentlich austrug, gerne die Spesenrechnungen beglichen. In Frankfurt wurde derweil Klaus Trebes' »Gargantua« zum Zentrum des neu entdeckten »linken Hedonismus«, pressemäßig auch nicht ganz schlecht, denn unweit befindet sich das Büro der *FAZ*, deren nüchterner Schreibstil im umgekehrten Verhältnis zur Trinkfestigkeit ihrer Redakteure steht, in der Nähe auch das der *Frankfurter Rundschau*, ein wichtiger Outlet für die Grünen. Und dann gab es noch ein Hinterzimmer beim »Dionysos«, das Joschka für seine Karriere nutzte. Dort nämlich traf er sich regelmäßig in einem informellen Diskutierzirkel namens »Kränzchen« mit dem Soziologen Jürgen Habermas, mit namhaften Parteifreunden sowie, selbstverständlich, mit ausgesuchten Journalisten.

Die Kneipen waren alle wichtig für das politische Fortkommen, aber zumeist unergiebig für den emotionalen Haushalt. Joschka Fischer hat in seinen ersten Bonner Tagen den Bundestag als »Alkoholikerversammlung« geschmäht, den sexuellen Notstand seiner Kollegen hat er indes nie öffentlich aufgespießt. Dieser aber herrschte in Bonn – so real wie der Sozialismus in Ost-Berlin. Die meist männlichen und meist verheirateten Abgeordneten, die nur an den Wochenenden nach Hause kamen, dort aber wieder Parteisitzungen und

Wahlkampfveranstaltungen zu absolvieren hatten, machten unter der Woche, wenn sie nicht ermattet (sprich: volltrunken) in ihre eigenen Wohnsilobetten fanden, verzweifelt Jagd auf Sekretärinnen. Diese waren natürlich längst erprobt auf den Bonner Nahkampfdielen, waren gereift mit der Bundesrepublik – und hatten keine Illusionen mehr, dass Liebesgeflüster oder Scheidungsabsichten und Eheversprechen die Nacht überdauern würden. Und so war, um einen Ausdruck von damals aufzufischen, in Bonn im wahrsten Sinne des Wortes alles »tote Hose«.

Doch gelegentlich erhellten bildhübsche und blutjunge Sternchen diesen dunklen Horizont. Sternchen, die als Hospitantinnen nach Bonn kamen und die, wie es auch heute in Berlin noch heißt, »einen ganz anderen Zugang« zu den Politikern bekamen. Die Chefredakteure und Büroleiter würden so etwas nie aussprechen – so wie es in Bonn/Berlin anders als in Washington auch Ehrensache ist, über stadtbekannte Affären zu schweigen –, aber natürlich weiß jeder, dass es ein paar Recherchemethoden gibt, die selbst die verschlossensten Parlamentarier zum Reden bringen: eine lasziv zurückgeworfene Haarpracht, ein auf die rot geschminkte Lippe getippter Stift, eine Handtasche so getragen, dass der Riemen den Busen kreuzt.

Einige dieser Hospitantinnen (Volontärinnen, Jungoder schon richtige Redakteurinnen) führen beredte Klage über die begehrlichen Blicke der »alten Säcke«. Anderseits beschweren sie sich nicht, wenn ihre Artikel dann groß ins Blatt gerückt oder prominent in der Nachrichtensendung platziert werden. Es gibt, das wissen sie, viele Vorgesetzte, die schwören, dass junge Kolleginnen einfach die bessere Interviewtechnik drauf haben. Da nutzen die jungen Kolleginnen eben ihre Fähigkeiten.

Weniger romantischen Darstellungen zufolge soll Joschka Fischer die Hospitantin Claudia Bohm erstmals im Büro eines Bonner Wirtschaftskorrespondenten gesehen haben. Und er dürfte sie ebenso wie die Vorgängerinnen Ede und Inge erst einmal übersehen, jedenfalls ihr keine direkten Avancen gemacht haben. Denn das ist nicht seine Art. Er ist lieber der Pfau, der es allenfalls aus dem Augenwinkel wahrnimmt, wenn eine für ihn schwärmt. Das mit der Rede und dem Austausch von Blicken im Bundestag kann man auch in diesen profaneren Darstellungen nachlesen. Nur haben in diesen Versionen die beiden, die sich vorher schon gesprochen hatten, auch gestikuliert – zwecks Verabredung eines Interviews.

Gern wäre Claudia, die mit ihren achtzehn Jahren sofort wusste, dass dies der »Mann ihres Lebens« sein würde, ein wenig umworben worden. Sie hatte ja gar nichts mit den lätschigen Beziehungskisten der Alt- und Postachtundsechziger (»He, du, nö, wollen wir's mal, nö, miteinander probieren?«) zu tun. Sie wünschte sich schicke Pumps und elegante Handtaschen, so wie sie Trebes seiner Monika schenkte. Und sie wollte heiraten.

Joschka wollte sich vor allem in der »Provinz« produzieren. Dabei machte sich eine hübsche Geliebte nicht schlecht. Aber er war noch verheiratet mit Inge. Also griff sie zu einer der bewährten Waffen der Frauen und nahm sich einen anderen, um Joschka eifersüchtig zu machen. Das wirkte, wenn auch nicht ganz so wie er-

hofft. Eines Tages teilte er ihr unverblümt mit: »Wir haben einen Termin beim Standesamt.« Auch er wollte
(schnell wieder) heiraten.

Der Rest ist schnell erzählt, obwohl die Ehe trotz
wiederkehrender Krisen noch ein Jahrzehnt lang halten
sollte. In seinen zerknirschten Worten: »Zu Hause bestand ein Ausbeutungsverhältnis, ich wollte Stärkung,
Stabilität und Sicherheit.« Sie durfte also seinen Hund
ausführen, seine Kinder hüten, mit ihm nach Frankfurt
ziehen, als er Minister in Wiesbaden wurde, durfte dort
bleiben, als er wieder in Bonn landete. Mitunter gab er
sich mächtig eifersüchtig. Einmal auf einem Frankfurter
Opernball, zu dem sie ein bis zum Oberschenkel ge-
schlitztes Kleid trug, drohte er – ganz ordinär – sogar
Klaus Trebes Prügel an, weil dieser ihr beim Anstoßen
mit einem Glas Sekt wohl zu nahe gekommen war:
»Auch wenn du mein Freund bist, lass die Hände von
meiner Frau, sonst gibt's was auf die Ohren.«

Er war 48, sie 31 in jenem fatalen Sommer 1996, als
das Ende kam – für sie war es nicht zu spät, noch einmal anzufangen. Sie hatte ihr Studium abgeschlossen,
einen Beruf ergriffen. Sie bekam ein Kind von einem
anderen – und Joschka Fischer wurde der gesetzliche
Vater, weil er noch mit ihr verheiratet war.

Auf einen Blick in die Pressestelle

Eigentlich hat er ja bei der vierten Landung im Eheha-
fen alles anders machen wollen. Doch als er diese Hochzeit ankündigte, war eben die Scheidung der dritten
Ehe noch nicht vollzogen. Und auch sonst klingt vieles

altbekannt. Augenfällig ist nur dieser Unterschied: Dreimal hat Joschka Fischer Teenies geheiratet, beim vierten Mal eine reife Frau von beinahe dreißig Jahren.

Nicola Leske arbeitete während ihres Studiums in Bonn als Praktikantin in der Pressestelle der Grünen – erstmals übrigens 1994. Dort schaute Joschka Fischer gern »gelegentlich« vorbei, schließlich bietet die Presse Kontakt zu den Wählern. Aber auch diese junge Frau nahm er – zumindest vorgeblich – zuerst nicht richtig wahr. Sie wurde Studentin an der Henri-Nannen-Journalistenschule in Hamburg, hospitierte bei der *Sächsischen Zeitung* in Dresden. Dorthin schickte der Fünfzigjährige der Neunundzwanzigjährigen rote Rosen zum Geburtstag. Der Kontakt blieb also über Jahre hinweg bestehen. Jahre, in denen Joschka noch versucht hatte, mit Claudia wieder ins Reine zu kommen, in denen er nach seiner Darstellung allerdings zum ersten Mal im Leben ganz allein war. Er war wohl doch, vorsichtig wie er war, sicher gegangen, nicht aus der Ehe ins Leere zu fallen.

Aber was für ein Fang für die junge Nicola, die sich ja auf Interviews von Prominenten konzentriert hatte und deren Kommilitonen die ganze Zeit über dicht hielten! Welch eine Trophäe für den alten Kater, der damit kokettiert, immer grauer und kratzbürstiger zu werden. Die hübscheste Hospitantin im ganzen Land, der interessanteste Politiker der Republik. Romantisch sollte diese Trauung nach dem Willen des Paares sein. Der Krieg im Kosovo machte ihm jedoch einen Strich durch die Rechnung.

Es hätte nicht so recht zum Bild eines unter der Last des Krieges gebeugten Außenministers gepasst, der Öffentlichkeit ein rauschendes Fest zu präsentieren. Die Zeremonie musste verschoben werden. Als es dann doch so weit war, wurde in letzter Minute der Ort gewechselt. Im Frankfurter Römer sollten zunächst die Jaworte ausgetauscht werden, direkt an der Stätte der Joschka'schen Bekehrung vom Putzteufel zum Friedensengel. In den Palmensaal wichen sie aus, jenen azaleengeschmückten Festraum im Frankfurter Palmengarten, in dem sonst Rentner gerne feiern. Sie spielten bis zuletzt Versteck (was sie schließlich gut geübt hatten, zuletzt indem Joschka »starke Inanspruchnahme« wegen des Krieges vorschützte, um mit Nicola bummeln gehen zu können). Erst im Saal zogen sie sich um, er wechselte vom Räuberzivil in einen dunklen Dreiteiler, sie in einen silbergrauen Hosenanzug. Als »emanzipatorisches Statement« empfand die *Bunte* Nicolas neuen, rot eingefärbten Kurzhaarschnitt. Dass sie ihren Mädchennamen behielt, wohl auch ein Statement, fiel dem Klatschblatt nicht auf.

Dem Bräutigam gefiel es übrigens gar nicht, dass sich die Pressemeute erfolgreich vor seiner Frankfurter Wohnung auf die Lauer gelegt hatte. »Dämlich« und »ihr Idioten« schnauzte er sie an, bevor er, schon ohne Jackett und Weste, aber in breiten amerikanischen Hosenträgern, im Eingang verschwand.

Am Abend wurde dann doch noch getanzt. In das nahe gelegene Schlosshotel Kranichstein war eine Geheimgesellschaft von hundert Leuten zum fleischlosen Festmenü geladen worden. Seeteufelschnitte in Sesam gab es und Gemüsestrudel. Der Bundeskanzler verlangte, etwas ungehalten, seine Würstchen, und variierte seinen Lieblingsspruch: »Beim Kanzler und seinem

Vize stellt sich ja immer die Frage, wer ist der Koch und wer der Kellner, jetzt wünsche ich dir, lieber Joschka, auch in deiner Ehe ein fröhliches Kellner-Dasein.« So genoss auch Gerhard Schröder noch den Abend.

Es darf festgestellt werden: Die geistig-moralische Wende, die ehedem Helmut Kohl forderte, ist vollzogen. Die achtzehn Kabinettsmitglieder der rot-grünen Koalition haben mit der Trauung Fischer-Leske insgesamt achtundzwanzigmal den Ehebund geschlossen. Im schwarz-gelben Kabinett gab es nur achtzehn Ehen – aber jede Menge unehelicher Verhältnisse.

Der heimliche Parteichef

Wie eine Partei auf den realpolitischen Kurs gebracht wurde und warum die Grünen heute nur noch ein Programm namens Joschka Fischer haben

> *»Die Grünen müssen noch lernen, nicht nur Froschschenkel zu essen, sondern ganze Kröten zu schlucken.«*
> Holger Börner

»Jetzt müssen wir uns neu erfinden«

Am 25. Juni 2000 wurde Joschka Fischer auf einem Parteitag der Grünen in Münster endgültig auf den Schild gehoben. Dass er auf diesem Parteitag Anzug und Krawatte trug, fiel besonders auf, wo er doch sonst seine Parteifreunde immer nur mit Rollkragenpullover und Sportsakko beehrt hatte. Der besondere Putz war angemessen. Denn Joschka Fischer wurde in den – zuvor auf sechzehn Köpfe verkleinerten – Parteirat gewählt. Das ist ein Gremium, von dem die Öffentlichkeit wohl nur deshalb erfuhr, weil Fischer dort Mitglied wurde. Viel wichtiger war dies: Der Vizekanzler wurde zum ersten Mal in seinem Leben in ein Parteiamt entsandt.

Für die Partei war die Wahl Fischers eine Zeitenwende und für ihn selbst der Höhepunkt einer zwanzigjährigen unermüdlichen Kärrnerarbeit. Die grüne Partei, die als Anti-Parteien-Partei begonnen hatte, war mit dieser Wahl zu einem bürgerlichen Wahlverein gewor-

den. Und ihr Programm trug fortan nur noch einen Namen: Joschka Fischer.

Er hatte, eine mögliche Niederlage vor Augen, lange
gezögert, hatte immer wieder den Puls der Partei gefühlt, bevor er sich überhaupt zur Wahl stellte. Doch
dann gelang ihm auf diesem Parteitag in Münster der
Durchmarsch, der ihm drei Monate zuvor in Karlsruhe
versagt geblieben war: Mit 68,7 Prozent der Stimmen
wurde er Zweitbester. Für ihn noch entscheidender: Die
Grünen waren endlich da angekommen, wo er sie hin-
haben wollte. Renate Künast und Fritz Kuhn wurden
als Sprecher gewählt, zwei, die er selbst ausgesucht hatte, die so sehr seine Wunschkandidaten waren, dass
Fritz Kuhn schon gleich als »Fischers Fritze« gehandelt
wurde. Die Lösung Künast/Kuhn hatte er gegen einen
Rest von früherer basisdemokratischer Sympathie für
die vorausgegangene Doppelspitze Gunda Röstel und
Antje Radcke durchgepaukt. Mehr noch: Die Grünen
hatten einen Atomausstieg gebilligt, der in Wahrheit
keiner ist, hatten somit ihr ureigenstes Ziel, die Ab-
schaltung von Atomkraftwerken, aufgegeben.

Schon mit der Zustimmung zum Kosovo-Krieg ein
Jahr zuvor hatten sich die Grünen Fischers Willen ge-
beugt und waren von Pazifisten zu Bellizisten mutiert.
Mit dem Ja zum »Atomkompromiss« folgte die Mehrheit der siebenhundert Delegierten nun abermals dem
Zugpferd und gab der Kernenergie eine zweite Chance.
»Atomkraft – nein danke« und »Nie wieder Krieg« –
das waren einst die Themen, mit denen die Grünen die
Menschen mobilisierten. Nun sind sie in der Umwelt-
und in der Friedenspolitik so grau geworden wie alle
anderen Parteien. Und auch einen weiteren Glaubens-

satz, die Trennung von Amt und Mandat, haben sie aus-
gehöhlt, einst ihr besonderes Markenzeichen als Kämpfer gegen Machtversessenheit.

»Professionalisierung« nannten sie ihren Sprung in
den parteipolitischen Einheitsbrei. Eckart Lohse sprach
in der *FAZ* ironisch von der »Operation ›Wir haben verstanden‹« – verstanden, dass nur ein Realpolitiker regierungsfähig ist. Zum ersten Mal war ein Parteitag der
Grünen ohne Einschränkung Joschka Fischer in allen
Personal- und in Sachfragen gefolgt – grün war an dieser Partei fortan nur noch der Name.

Um auch hier fair zu bleiben: Noch war Joschka Fischer nicht offiziell zum großen Vorsitzenden avanciert,
wie überhaupt die Trennung von Amt und Mandat
nicht vollends aufgehoben wurde. Diese Schamgrenze
haben die Grünen nicht überschritten. Fischer muss also weiterhin der »heimliche Chef« bleiben. Aber er hat
die Flügel der Partei so weit gestutzt, dass diese nun
allenfalls noch wie ein Huhn flattern kann. Und neben
Fischer gibt es keine Hähne mehr.

Im zweiten Jahr der rot-grünen Koalition sollte sich
erweisen, dass die Grünen womöglich nur das Projekt
einer bestimmten, nämlich Fischers Generation bleiben
würden, dass im Regierungsalltag ihr eigenständiges
Profil verschwunden war – und Fischers Stern umso
heller strahlte. Die Partei dachte längst nur noch in Ka-
tegorien von Macht und Mehrheit. Neue Ideen, etwa zur
Sozialpolitik oder zum Umweltschutz, brachte sie nicht
mehr hervor. Dass alles anders geworden war, gestand
im Frühsommer des Jahres 2000 auch Joschka Fischer
selbst ein. Indes frohlockte der Sieger des Parteitages
von Münster, auf dem, in seinen Worten, »ein Lebens-

abschnitt zu Ende gegangen« war. Es klang keineswegs wehmütig, als er feststellte: »Jetzt müssen wir uns neu finden«, nein, mehr: »neu erfinden – ohne uns selbst zu verlieren.«

»Dann ist es kaputt«

Zwanzig Jahre zuvor hatten sie sich gefunden und er-funden. In der Stadthalle von Karlsruhe hatten sich am Wochenende des 12. und 13. Januar 1980 über tausend Delegierte einer Partei versammelt, die in nur drei Mo-naten auf über 10 000 Mitglieder angewachsen war. Die »Organisationsfrage«, die auf jenem »Pfingstkongress« 1976 in Frankfurt nur angetippt worden war, wurde fortan beständig weiter diskutiert. Rudi Dutschke, der Apo-Veteran, hatte empfohlen, den »Zustand der Hei-matlosigkeit« schnellstens zu beenden: durch die Grün-dung einer »Partei, die auch an Wahlen teilnimmt«. In Berlin übte sich darin ein »Gesprächskreis ungebunde-ner Linker«: Rund hundert Intellektuelle, darunter der Politologe Johannes Agnoli, fahndeten nach einer Orga-nisation, die »weder mit der SPD noch mit der DKP et-was zu tun hat«. Überall im Lande suchten Bürger-initiativen – die meisten mit dem einfachen Ziel der Verhinderung eines Atomkraftwerkes in ihrer Nähe – nach einem überregionalen Zusammenschluss. Der SPD-Linke Jochen Steffen wollte sie alle aus der Reser-ve locken: »Den Mund habt ihr gespitzt, jetzt pfeift mal vor.«

Und tatsächlich pfiff jemand etwas vor, jemand aus der SPD, eine Person, die niemand kannte und die einfach die Initiative ergriff. Sie war eine unscheinbare Verwaltungsrätin der EG, eine zierliche blonde Frau, deren Namen niemand kannte: Petra Kelly. Während die Linke weiter diskutierte, während die ersten »bunten« und »alternativen« Listen sich auf die Kommunalpolitik stürzten, während Joschka Fischer der »Politik in der ersten Person« verhaftet blieb (1978: »Seien wir doch mal ehrlich: Wer von uns interessiert sich denn für die Wassernotstände im Vogelsberg, für Stadtautobahnen in Frankfurt, für Atomkraftwerke irgendwo, weil er sich persönlich betroffen fühlt?«), gründete Petra Kelly eine »Anti-Partei«.

Sie hatte in Amerika studiert und war nicht mit dem ideologischen Ballast der deutschen Achtundsechziger behängt. 1979 trat sie aus der SPD aus – und mit einer Liste »Sonstige Politische Vereinigung (SVP) Die Grünen« bei der Europawahl an. In der Politik ist nichts erfolgreicher als der Erfolg – und nichts wichtiger als Geld in der Kasse. Die Europawahl brachte der »Sonstigen Politischen Vereinigung« (das Europa-Wahlrecht erlaubt, dass auch Nicht-Parteien antreten, Petra Kelly sprach bewusst von der »Anti-Parteien-Partei«) immerhin 4,5 Millionen Mark ein: Wahlkampferstattungskosten für die 3,2 Prozent der Stimmen, die sie mühelos eingefahren hatte.

Das waren Zahlen, von denen die Linke, ob dogmatisch oder nicht, nur geträumt hatte – und die überdies auch sämtliche Spinner der Republik anzogen. Mit Grußadressen aus aller Welt beglückte Petra Kelly in Karlsruhe einen bunten Delegiertenhaufen, den die über dreihundert Journalisten auf der Pressetribüne schlicht nicht mehr einordnen konnten. Joseph Beuys, der Künstler, wie immer dicke Geldscheinpakete in den Westentaschen, diskutierte mit dem Arbeiterführer Willi Hoss. Baldur Springmann, ein Öko-Bauer mit Hang zur Blut-und-Boden-Ideologie, forderte eine Agrargesellschaft. Herbert Gruhl, ein ehemaliger CDU-Abgeordneter und Autor des Bestsellers »Ein Planet wird geplündert«, wurde in die Programmkommission aufgenommen und dort mit Leuten konfrontiert, deren Homosexualität er als »widernatürlich« empfand. Winzer vom Kaiserstuhl, die das »Inversionsklima« eines Atomkraftwerks in Wyhl fürchteten, trafen auf Lila-Latzhosen, die sich vor der »Männergewalt« ängstigten. Anthroposophen witterten ihre Chance ebenso wie Altkommunisten. Die Ultralinke war anwesend, aber unentschieden. Einige, wie der Anführer des Kommunistischen Bundes, Thomas Ebermann aus Hamburg, wollten die neue Partei gleich unterwandern, andere hofften auf eine rein linke Partei, waren allenfalls bereit, »Alternative Listen« zu bilden. Am Ende des Gründungschaos skandierten die Teilnehmer: »Weg mit dem Atomprogramm!« Es war der kleinste gemeinsame Nenner eines Parteitages, auf dem einer, den die neue Partei auf den Gipfel der Macht heben sollte, noch fehlte: Joschka Fischer.

Es sollte noch eine ganze Weile dauern, bis er auf den grünen Zug aufsprang. Im Jahre 1981 kam es in Frankfurt zu großen Protesten gegen den Bau einer weiteren Startbahn am Rhein-Main-Flughafen, der so genannten Startbahn-West. Tausende demonstrierten, einige hundert verschanzten sich im Stadtwald in einem schon länger existierenden Hüttendorf. Sechs Umweltschutzorganisationen hatten eine »Arbeitsgemeinschaft Volksbegehren« gegründet, die immerhin 220 000 Unterschriften für die Forderung »Keine Startbahn-West« sammelte und damit die Voraussetzungen für den ersten Volksentscheid nach Artikel 116 der hessischen Landesverfassung erfüllte. Als das Hüttendorf von der Polizei geräumt wurde, kam es zu schweren Krawallen, die an die Häuserkämpfe erinnerten. Bei den Bürgerinitiativen fehlte jemand: Joschka Fischer.

Ebenfalls in jenem Jahr kandidierten erstmals Grüne für das Frankfurter Stadtparlament. Es waren die »Römer-Grünen«, angeführt von Jutta Ditfurth, der Tochter des Erfolgsautors Hoimar von Ditfurth, die sich damals als »Radikal-Ökologin« an die Spitze der Parteigründer setzte. Im *Pflasterstrand* wurde ihre Liste als »Öko-spießer, zu krawattenhaft, zu angepasst« ausgelacht. Dennoch gewann sie 6,4 Prozent der Stimmen. Ein gutes Jahr später erzielte die junge Partei einen noch größeren Erfolg: Bei der hessischen Landtagswahl im September 1982 erreichte sie acht Prozent und bekam, weil die FDP an der Fünf-Prozent-Hürde scheiterte, neun Mandate im Landtag. Die Grundlage für die erste rot-grüne Koalition war geschaffen – sie wurde aber erst drei Jahre später Realität. Zumindest war aber das alte Parteiengefüge nun endgültig aufgebrochen, zumal in diesen Tagen die sozial-liberale Koalition in Bonn durch das Wendemanöver von Hans-Dietrich Genscher geplatzt war, Helmut Schmidt seine Kapitänsmütze nehmen musste und Willy Brandt die »neue Mehrheit diesseits der Union« in Aussicht stellte. Unmittelbar nach der Hessenwahl bildete Joschka Fischer in den Redaktionsräumen des *Pflasterstrand* eine »Sponti-Wählerinitiative«.

Dabei konnte er, wie sich sein ehemaliger Wegge-
fährte Hubert Kleinert später erinnerte, nur gewinnen.
Andere, wie Kleinert selbst, konnten ja auf eine sichere
Laufbahn im öffentlichen Dienst hoffen, als Lehrer oder
Professoren, weil die SPD schließlich Bauchschmerzen
wegen des Radikalenerlasses bekommen hatte. Wenn
sie sich aber dem grünen Experiment verschrieben,
dann mussten sie Imponderabilien wie Wahlen über-
stehen, die einer Laufbahn in einer neuen Partei ein
jähes Ende bereiten konnten. Joschka Fischer dagegen
hatte nichts zu verlieren als die Fesseln eines schlecht
gehenden Buchladens namens »Karl Marx« und die
zweifelhafte Freiheit, nachts Betrunkene im Taxi he-
rumzukutschieren.

Aber er sah, dass sich in der Umweltbewegung und
bei den Grünen mehr bewegte, als dies jemals beim RK
oder sogar den Hausbesetzungen der Fall gewesen war.
Und dann »machten sie [Joschka und seine Sponti-
Freunde] das bei den Grünen, was sie immer gemacht
haben. Es entsteht etwas, sie müssen den Fuß reinkrie-
gen, und dann müssen sie's übernehmen, und dann ist
es kaputt, weil es keinen Inhalt mehr hat« – so beschrieb Barbara Köster später den Eintritt Fischers in
die Grünen. Sie musste es wissen, denn sie kannte – als
ehemalige Freundin Daniel Cohn-Bendits – die Sponti-
Szene genau.

Schon damals war Fischer zögerlich, hatte – anders,
als die vielen Lobpreisungen seiner »spontanen Entschlusskraft« nahe legen – Jahre gebraucht, bis er sich
auf die Spielregeln der parlamentarischen Demokratie
einließ. 1978 fragte er sich im Rahmen der »Organisa-
tionsdebatte«: »Wir Anarchisten, Spontis und Verwei-

gerer sollen plötzlich alles vergessen und wählen oder gar gewählt werden?« Er ahnte, dass nur dieses Wählen und Gewähltwerden hinausführen könne aus dem »magischen Kreis«, in dem sich die »linksradikale Identität« verfangen habe, aus dem es eigentlich »keinen Ausweg« gab außer »Flucht in den Beruf. Flucht in den Untergrund. Flucht in die Droge. Flucht in den Selbstmord«. Der Sinneswandel dauerte trotzdem einige Zeit: Erst Ende Juli 1981, anderthalb Jahre nach ihrer Gründung, trat er der neuen Partei bei. Die Flucht in den Beruf (des Politikers) wählte er wiederum zwei Jahre später – anlässlich der vorgezogenen Bundestagswahl von 1983.

Die Rolle der Fundamentalopposition, ihm von seiner politischen Vorgeschichte her eigentlich auf den Leib geschnitten, war längst besetzt von Jutta Ditfurth, von ihrem Lebensgefährten Manfred Zieran und von Milan Horacek, einem Exil-Tschechen, der hinter vorgehaltener Hand Milan Horrorschreck genannt wurde, weil er seinen permanenten Redeschwall nie bremsen konnte. Horacek tauchte überall auf, wo über die »Organisationsfrage« disputiert wurde. Und er befand: »Es gibt keinen fairen Kompromiss mit diesen Leuten.« Diese Leute – das waren die Sozialdemokraten. Fischer dagegen, das war der Kern seiner »realpolitischen« Position, wollte es nun mit der SPD versuchen.

Und obwohl sein Herz damals noch in einem romantisch verdrehten proletarischen Internationalismus für die iranischen »Fundamentalisten« schlug (die den Schah verjagt hatten, bei dessen Besuch 1967 Benno Ohnesorg erschossen worden war, was Joschka seinerzeit dazu brachte, »Berufsrevolutionär« zu werden), fand er bald heraus, dass »Fundi« ein äußerst klebriges Etikett war, bestens auch geeignet, seine innerparteiliche Konkurrentin Jutta Ditfurth bei den Journalisten anzuschwärzen.

In einer Mensa der Gesamthochschule Kassel bewies er sein in vielen Sponti-Diskussionen geschliffenes taktisches Geschick. Es ging darum, die Liste für die Bundestagswahl aufzustellen, um den ersten Versuch der Grünen also, in das Bonner Parlament zu kommen. Nordhessen war eine Hochburg der »rechten« Grünen, während in Südhessen die »linken« dominierten. Fischer beugte sich dem Gruppenzwang seines Kreisverbandes und ließ dem »linken« südhessischen Milan Horacek den Vortritt bei der Wahl für den Platz 2 auf der hessischen Liste, wobei dieser prompt gegen den »rechten« nordhessischen Hubert Kleinert, einen entschiedenen Kritiker der »Fundamentallinie«, verlor – und Fischer dann ungehindert immerhin noch auf Platz 3 der Liste kommen konnte. Beinahe wäre die Rechnung nicht aufgegangen. Am 6. März 1983, dem Wahltag, bekamen die Grünen 5,6 Prozent, schafften es also nur so knapp in den Bundestag, dass es zunächst schien, als würde der hessische Landesverband nur zwei Abgeordnete entsenden können. Joschka Fischer ging enttäuscht schlafen – mit der Perspektive auf einen Nachrückerposten, denn das hatte ihm das Rotationsprinzip, das er alsbald heftig bekämpfen würde, immerhin ermöglicht. Dann kam das Telefonat des Landesvorstands am nächsten Morgen: »Wir haben drei drin, mit ein paar Stimmen, du bist Abgeordneter.«

Was Forstadjunkten und Oberstudienräte nicht begreifen

Und so zog sich ein fünfunddreißigjähriger Späteinsteiger (Holger Börner, mit dem Fischer bald mehr zu tun bekommen sollte, war als Sechsundzwanzigjähriger in den Bundestag gewählt worden) zu Beginn der zehnten Legislaturperiode der Bundesrepublik Deutschland ein dunkelbraunes, auf dem Flohmarkt gekauftes Zweireiherjackett über das offene Jeanshemd und hielt die zweite große Rede seines Lebens. Anders als auf dem Pfingstkongress kam er diesmal alleine auf die Bühne – in diesem Fall das Rednerpult des Bundestags –, aber er hatte seinen Text mit Parteifreunden, mit Kritikern und mit Journalisten vorher besprochen, auch dies eine Methode, die ihm zum Vorteil gereichen sollte. Es war der 23. Juni 1983, und Heiner Geißler hatte die Friedensbewegung mit einem ebenso dummen wie provokanten Vergleich aufs Korn nehmen wollen: »(Der) Pazifismus der 30er Jahre hat Auschwitz erst möglich gemacht.«

Der Abgeordnete Fischer aus Frankfurt, schmales Gesicht, dunkle, volle Haare, eine helle, durchdringende Stimme mit einem leichten hessischen Dialekt, schoss zurück: »Diese Menschen sollen schuld sein an Auschwitz, Herr Geißler? Ein Carl von Ossietzky, den die Nazis gequält haben, ein Erich Mühsam, Jude, Anarchist, Pazifist und Poet, den die SS langsam zu Tode marterte, während andere mit feuchtem Blick ihrem Führer zujubelten oder sich von ihm mit enteigneten jüdischen Vermögen die Taschen füllen ließen?« Nach dieser Rede war ihm alles vergessen und vergeben: dass er zuvor mit schwächlichen Beiträgen versagt hatte, dass er im kleinlichen Machtgerangel der Fraktion die grünen Stars der ersten Generation auszustechen versuchte, dass er die Rotation verdammte. Ihm war in der parlamentarischen Opposition der Schulterschluss mit der neuen außerparlamentarischen Opposition, der Friedensbewegung, gelungen. Und er sollte in jenem ersten Bonner Parlamentsjahr noch zwei weitere große Reden zu grünen Herzthemen halten, zum Thema Asyl und zur Wörner-Kießling-Affäre, also zum Thema Nato. Heinrich Böll befand: »Die besten Reden, die seit Jahren im Bundestag gehalten wurden.« (Auszüge aus allen drei Reden sind im letzten Kapitel abgedruckt.)

Für den Hochgelobten war die Lehre klar: Nicht die Flügelkämpfe bringen ihn voran, sondern der große öffentliche Auftritt. Und noch etwas hatte er nach kürzester Zeit in Bonn verinnerlicht: »Um die Tür aufzudrücken, brauche ich Mehrheiten, Politik ist nun mal Kuhhandel oder Vergewaltigung.« Mit dieser Erkenntnis sah er sich schon damals seinen Parteifreunden voraus, »das begreifen unsere grünen Forstadjunkten und Oberstudienräte noch nicht«.

Auch Otto Schily begriff nicht gleich. Er sah nicht so schnell wie sein Realo-Freund Fischer, dass sich in Hessen die Möglichkeit bot, die »Tür aufzudrücken«, dass dort die Zeit für die erste rot-grüne Koalition der Bundesrepublik reifte.

Holger Börner, der 1976 in Wiesbaden Ministerpräsident geworden war, regierte seit 1982 ohne Mehrheit. Die Grünen unterstützten ihn zeitweilig, schlossen im Juni 1984 sogar ein Tolerierungsabkommen mit ihm, was jedoch für ihn kein reines Vergnügen war. Denn er hatte sich mit der neuen Partei und deren Anhängern persönlich überworfen. Wegen der Krawalle am Frankfurter Flughafen hat er einem Journalisten »im Vertrauen« zugeflüstert: »Vor wenigen Jahren als Polier hätte ich einen Angriff auf meine Person mit der Dachlatte beantwortet, aber als Ministerpräsident muss ich an das öffentliche Interesse denken.« In der gedruckten Fassung las sich das noch dramatischer: »Ich bedaure, dass es mir mein hohes Staatsamt verbietet, den Kerlen selbst eins in die Fresse zu hauen. Früher auf dem Bau hat man solche Dinge mit der Dachlatte erledigt.« Das mit der Dachlatte blieb hängen. Die grüne Landtagsfraktion in Wiesbaden wurde von einem, wie Börner ätzte, »am Zölibat gescheiterten Priester« namens Karl Kerschgens angeführt. Mit diesem Kerschgens, fand der ehemalige Polier, »war nicht gut Kirschen essen«. Börner war es leid, nur toleriert zu werden, wollte die Grünen in die Verantwortung zwingen. Und eigentlich hätte er am liebsten Otto Schily in sein Kabinett geholt. Doch der sah sich damals in Niedersachsen – vergeblich – nach einem Regierungsposten um. Joschka Fischer aber, nach zwei Jahren aus dem Bundestag herausrotiert, hob – diesmal wirklich – blitzschnell den Finger.

Er hatte ebenso laut getönt wie Börner, hatte auf Demonstrationen in Frankfurt gereimt: »Holger bleib heiter, der Klassenkampf geht weiter.« Trotzdem erkannten diese zwei ungehobelten Typen, dass man die Sprüche nicht so ernst nehmen sollte. »Schon damals«, sollte der Nachwuchspolitiker Fischer später von sich behaupten, »ist das Konzept durchgehalten worden, zu dem ich heute noch stehe. Wir hatten nie Berührungsängste zur SPD, wir wussten, was wir wollten. Wir haben verhandelt und gleichzeitig zugehauen.«

Die Macht – nur ein Witz?

Die Berührungsängste waren in Wahrheit enorm, und die Koalitionsverhandlungen außerordentlich kompliziert – für beide Seiten. Sie zogen sich über Wochen hin, Grüne und Sozialdemokraten schlichen lauernd umeinander wie zwei feindliche Wolfsrudel. Joschka Fischer machte alles noch schwieriger, weil er in Bonn auf seinem Nachrückerposten blieb. Die Zurückhaltung war nicht vornehm, sondern taktisch, sie war notwendig, weil es seinen Fundi-Feinden, aber auch den noch längst nicht völlig realpolitisch gefestigten Ex-Sponti-Grünen unangenehm aufgestoßen wäre, wenn er sich zu sehr in den Vordergrund gestellt hätte. Es drängte ihn ins Amt, aber er musste alles tun, um diesen Eindruck zu vermeiden.

In seinem Tagebuch notierte er unter dem 16. Oktober 1985: »Beim Abendessen in meiner Bonner Stammkneipe, der ›Provinz‹, ereilt mich bei Pfälzer Wurstsalat und Bratkartoffeln die Nachricht von der Einigung der Kontrahenten in Wiesbaden. Zu später Stunde Telefonate mit Tom Koenigs und Georg Dick (Angehörige der Frankfurter ›Fischer-Gang‹, dazu noch Roland Schaeffer). Lange sinnierte ich mit beiden über die Motive von Börner und SPD. Die einzige Erklärung finden wir in den stabilen ›hessischen Verhältnissen‹, die die Grünen als Mehrheitsbeschaffer bis auf Weiteres unverzichtbar für die Sozialdemokratie machen.«

Die hessischen Verhältnisse sahen, nachdem die FDP bei einer Neuwahl im Jahre 1983 wieder in den Landtag zurückgekehrt war, folgendermaßen aus: SPD: 51 Sitze, CDU: 44, FDP: 8, Grüne: 7. Börner, dem die

Grünen die zugesagte Unterstützung immer wieder verweigerten, hatte also noch andere Optionen, hätte theoretisch ebenso mit den Liberalen wie mit der Union koalieren können. An beide Möglichkeiten wagte er sich aber nicht heran, denn es galt auch, die Bonner Verhältnisse zu berücksichtigen, da regierte die schwarz-gelbe Koalition. Börner konnte die Liberalen, die gerade erst die Wende vollzogen und damit die Regierung Helmut Schmidts gestürzt hatten, nicht mit Ministerposten in Hessen belohnen. Und eine Große Koalition schied für ihn aus, weil er Hessen als »Gegengewicht« zu Bonn etablieren wollte.

In der SPD war indes auch ein heftiger Streit ausgebrochen über den Umgang mit der Konkurrenz von links, die als »Ökopaxe« belächelt, aber auch gefürchtet wurden. Anders als der alternde Parteichef Willy Brandt mit seinem Traum von der linken Mehrheit wollte Johannes Rau, der designierte Kanzlerkandidat der SPD, nach NRW-Vorbild die notwendigen Stimmen aus dem Wählerstamm der Union herausbrechen und sich auf keinen Fall den Grünen annähern.

Deren erster Minister in spe, Fischer, reagierte durchaus empfindlich auf die Brüskierungen durch Johannes Rau, und beinahe nahm hier die Parteienkonkurrenz Formen eines neuen Religionskrieges an: »Bruder Johannes«, befand Joschka Fischer, »bei dessen bibelschwangerer Versöhnungsrhetorik bäumt sich der Erzkatholik in meinem Innersten auf. Der Mann schwitzt aus jeder Pore die ketzerische Zeltmission protestantischer Sekten, bibelkundiges Aufbegehren gegen das Lehramt des Bischofs von Rom. Näher-mein-Gott-zu-Dir-Getue mit Versöhnung vorne und Versöhnung hinten.« Nein, für Johannes Rau, den er später zum Bundespräsidenten wählen sollte, hatte Fischer wenig übrig.

In Niedersachsen übrigens führte damals ein Kandidat namens Gerhard Schröder vor, wie er mit der neuen politischen Kraft umzuspringen gedachte. Er wollte den CDU-Ministerpräsidenten Ernst Albrecht ablösen, doch das schien ohne die Stimmen der Grünen unmöglich. Schröder gefiel sich als Oberverwirrmeister, lobte zwar erst das Hessen-Experiment als »sehr hilfreich« für sein Wahlziel, stufte dann aber die Grünen als »nicht bündnisfähig« ein. Und als wäre dieses Verwirrspiel nicht ohnehin kompliziert genug, wurden die Koalitionsverhandlungen in Wiesbaden auch noch durch einen schrecklichen Zwischenfall belastet.

Im Frankfurter Gallusviertel wurde gegen die NPD demonstriert, auf der Kreuzung Frankenallee/Hufnagelstraße spielte sich eine Szene ab, die an den »roten Mittwoch«, den »blutigen Samstag« und den »Massenwiderstand gegen die reaktionäre Gewalt« im Häuserkampf erinnerte.

Es war der Abend des 28. September 1985, als ein einsamer linker Demonstrant ganz im Stil der Putzgruppe der Polizei die Stirn bot. Er trug Jeans und Lederjacke, Cowboystiefel und Halstuch, und tanzelte im Lichtkegel eines Wasserwerfers. Er reckte die Faust, ein Strahl traf ihn mit voller Wucht. Aber er stand wieder auf, tauchte unter dem nächsten Schwall hinweg. Eine Minute oder länger währte dieser Tanz, ein Tango mit dem Tod. Als der Mann den Wasserwerfer »Wawe 4« aufs Neue forderte, wurde er von »Wawe 9«, der zur Verstärkung gerufen war, überrollt. Bei der gerichtsmedizinischen Untersuchung fand sich eine Erklärung für den Heldenmut des Demonstranten: ein Alkoholgehalt von 1,49 Promille im Blut des Mannes, der Günter Sare hieß. Der Kommandant des Wasserwerfers »Wawe 9« sagte hinterher aus, weder er noch seine drei Beifahrer hätten Sare gesehen: »Lediglich ich selber habe einen kurzen, dumpfen Schlag gehört.«

Die nächste Runde der rot-grünen Koalitionsverhandlungen wurde von beiden Seiten ergebnislos abgebrochen. Holger Börner hatte ein Bekenntnis zum staatlichen Gewaltmonopol »ohne Einschränkungen« verlangt und sich selbst rückhaltlos vor die Polizei gestellt. Die Grünen hatten zwischenzeitlich eine Dokumentation über den Vorfall herausgegeben, Titel: »Günter Sare ermordet – Polizeistaat in Aktion«. Es waren nicht irgendwelche Grünen, die für diese Broschüre verantwortlich zeichneten, es war Jutta Ditfurth, die sich, nachdem sie in Hessen keinen Erfolg hatte, inzwischen in den Bundesvorstand der Partei hatte wählen lassen. Georg Dick, der damalige Pressesprecher der Grünen und der Einzige aus der Fischer-Gang, der Joschka bis ins Auswärtige Amt – als Leiter des Planungsstabes – begleiten sollte, stellte sofort Mutmaßungen an, die zeigten, wie sehr auch die Grünen von Konflikten betroffen waren. Die Broschüre habe, sagte er schon ganz staatsmännisch, »im erheblichen Maße zur Verschlechterung des Verhandlungsklimas beigetragen«. Die Erzfeindin habe »damit den Rechten das Feld bestellt – wenn das keine Absicht war …«

Natürlich war es Absicht. Jutta Ditfurth gefiel sich als Politkommissarin, brachte die Energie auf, die Tonbandmitschnitte – »alles muss öffentlich bleiben« – der Koalitionsverhandlungen in toto abzuhören und auf

Vollversammlungen der Grünen mit schneidender Stimme den Verhandelnden Fehlverhalten vorzuwerfen. Die Dokumentation war für sie nur ein weiteres Mittel gewesen, die Realos vorzuführen.

Joschka Fischer konnte sich der Unterstützung seiner Partei damals also überhaupt nicht sicher sein. Zu der entscheidenden Landesversammlung in Neu-Isenburg, die überhaupt erst eine Koalition und überdies seine Entsendung in das Amt zu billigen hatte, kam er mit zwei vorbereiteten Reden. Doch er hielt keine von beiden, er erschwieg sich vielmehr den Sieg – indem er Ditfurths Tiraden über sich ergehen ließ, was ihm den erhofften Solidarisierungseffekt brachte. Mehr als zwei Drittel der Teilnehmer stimmten für den Realokurs in die Koalition. Nach diesem Erfolg schrieb er in sein Tagebuch: »Der schwierigste Teil des Weges beginnt nun erst und es ist und bleibt auf absehbare Zeit eine Gratwanderung mit erheblichem Absturzrisiko.«

Er selbst sollte dieses Risiko noch verstärken, als er sich lauthals zur »Tradition der Sponti-Szene« bekannte, was bei Börner – auch angesichts des Todes von Günter Sare – wieder die Alarmglocken klingeln ließ. Aber auch der Ministerpräsident hatte Sprüche von sich gegeben, die er nun am liebsten vergessen wollte. Nur zwei Jahre zuvor hatte er getönt, er werde nie mit den Grünen zusammengehen, denn »ich bin Nassrasierer und möchte morgens in den Spiegel sehen, ohne mich anspucken zu müssen«. Für völlig ausgeschlossen hielt »der Dicke«, wie ihn seine sozialdemokratischen Genossen nannten, dass er gemeinsam mit Grünen auftreten würde: »Solche Fotos werden noch nicht einmal als Montage zu sehen sein.«

Am 12. Dezember 1985 war jedoch nicht einmal die Montage nötig. An der Regierungsbank des hessischen Landtags stand Ministerpräsident Holger Börner im dunklen, sich über dem Bauch wölbenden Anzug, den Text mit der Eidesformel in beiden Händen. Vor ihm Umweltminister Joschka Fischer, die Ernennungsurkunde in der linken Hand, die rechte zum Schwur gehoben, und seine Füße steckten in den berühmten weißen Turnschuhen, die er eigens dafür am Vorabend gekauft hatte und die heute im Offenbacher Ledermuseum ausgestellt sind. Wohlmeinende Biografien sollten später von einem rauen, aber herzlichen Vater-Sohn-Verhältnis sprechen.

Es war mehr ein Wettkampf der Taktierer. Als das Bündnis im Oktober in der »Villa Dachlatte«, der Wiesbadener Staatskanzlei, besiegelt worden war, hatte Börner seinen Koalitionspartnern nicht einmal die Hand gegeben. Er stand auf und entließ sie mit einem knappen: »Das war's.« Und in das Ministerium für Umwelt und Energie, von ihm selbst den Grünen angeboten, hatte der SPD-Chef eine Falle eingebaut. Es sollte zuständig sein für die »Genehmigung« von Nuklearanlagen, nicht, wie die Öko-Partei forderte, für deren »Aufsicht«. Joschka Fischer musste sich schließlich damit zufrieden geben, keinerlei Kompetenzen für die Atombetriebe zu bekommen, lediglich den »Naturschutz« aus dem Forstministerium zu übernehmen – aber vielleicht war das gerade richtig für einen, dessen Wissen über den Umweltschutz »nie über Volkshochschulniveau« reichte, wie Hubert Kleinert Jahre später resümieren sollte.

Richtig sauer waren natürlich die Fundis, am meisten wohl der damalige Bundesvorsitzende der Grünen

Rainer Trampert, ehemaliger Funktionär des Kommunistischen Bundes, im Realo-Spott ein »Irrealo«. Trampert monierte – ganz der alte Kommunist –, alternative Minister würden die »Akzeptanz eines Staatswesens erhöhen«, das diese »Akzeptanz nicht verdient«, außerdem »Einfluss und Macht vorgaukeln« und zum »Bruch mit Teilen der sozialen Bewegung« führen.

Fischer hatte es also nicht leichter mit seiner Partei als Börner mit der SPD. Aber er konnte auf Jahre der Erfahrung in Apo-Diskussionen, auf Hahnenkämpfe in Spontiversammlungen und auf Dauerdiskussionen über die »Politik in der ersten Person« zurückblicken. Und im Bundestag hatte er sich in den zwei Jahren mit einer ganz und gar un-spontihaften Materie vertraut gemacht – der Geschäftsordnung, einem unerlässlichen Mittel, um sich auch in einem Parlament im richtigen Moment in Szene setzen zu können. Als politischer Generalist war er also gefeit für den Kampf mit dem siebzehn Jahre älteren Börner, als Umweltminister jedoch nicht.

Er verfolgte noch ganz andere Interessen, hatte sich gerade als Schauspieler in der Rolle eines Taxifahrers in der Gaunerkomödie »Va banque« versucht. In jenen Tagen zeigte er sich alten Bekannten von seiner charmantesten Seite, besonders wenn sie Journalisten geworden waren und er sich etwas vom »Diskurs« mit ihnen versprach. Er lud in die elegante, auf zwei Etagen verteilte Wohnung im Frankfurter Nordend ein, die er mit Claudia – »Claudi« nannte er sie nur – bezogen hatte, kochte, begleitete seine Gäste später winkend hinaus bis zur U-Bahn. Im »Gargantua« wurden rauschende Abendgelage gefeiert, erstmals wagte man sich an Köstlichkeiten wie »Nierchen im Schweinenetz gebacken« und an

»Petrus«, den großartigen Bordeaux-Wein: »grüner Hedonismus« als Kompensation für den Frust im Dienst. Im Amt war es weniger behaglich.

Fischer bezog sein Ministerium am Tag nach der Vereidigung, an einem Freitag, dem 13., für ihn ein böses Omen: »Die erste Amtshandlung. Erlasse werden unterzeichnet unter dem neugierigen Auge der anwesenden Öffentlichkeit« – der Tag begann zwar in Pracht und Herrlichkeit, aber dann kam dies: »Gerade zücke ich die Feder, da klingelt das Telefon, ein Exemplar aus dem vergangenen Jahrzehnt, laut und schrill dazwischen. Es ist die Zentrale, sie möchte einen nachgeordneten Beamten sprechen. Plötzlich sitze ich allein im Zimmer, alles ist so leer und still. Vergeblich versuche ich später, einige Telefongespräche zu tätigen, entweder komme ich erst gar nicht durch, oder die Gespräche sind nach spätestens zehn Sätzen zusammengebrochen. Ich gehe von Zimmer zu Zimmer, alle leer. Ich rufe, aber keine Antwort. Resigniert setze ich mich wieder in mein absurdes Ministerbüro und sinniere über die Innenausstattung der Macht, sie entpuppt sich zumindest hier und heute als guter Witz.«

»Einfluss und Macht vorgaukeln« – vielleicht hatte Trampert doch nicht ganz Unrecht gehabt. Am selben Abend noch fuhr der frisch gebackene Minister gemeinsam mit Claudi, Georg Dick, Roland Schaeffer und Tom Koenigs im Leihwagen – »allerdings ohne Katalysator« – nach Bayern, sogar der Hund Dagobert wurde noch in den Wagen gequetscht. Spontitradition: Das Frauchen, die vier Herrchen und der Hund demonstrierten am Bauplatz in Wackersdorf gegen die atomare Wiederaufarbeitungsanlage.

232

Erwiderung auf die Regierungserklärung des
Bundeskanzlers, 23. 11. 1994.

Auf dem taz-Kongress zur Globalisierung,
Juni 1997.

Am Rheinufer bei Bonn,
1998.

Mit Gerhard Schröder und Oskar Lafontaine nach Unter-
zeichnung des rot-grünen Koalitionsvertrages, 20. 10. 1998.

Nach der Besichtigung eines Massengrabes
in dem Dorf Velika Krusa im Kosovo, Juni 1999.

Vor dem Weißen Haus, Oktober 1998.

Rede vor der Industrie- und Handelskammer,
Oktober 1997.

Fischers Schreibtisch im Auswärtigen Amt, Januar 2000.

Mit Ehefrau Claudia, 1994.

Mit Madeleine Albright, 1998.

Mit Gunda Röstel, 1996.

Mit der späteren Ehefrau
Nicola Leske, 1998.

Im Bundestag, Mai 2000.

Vier Monate später, am 26. April des Jahres 1986, passierte der GAU von Tschernobyl. Er traf das hessische Umweltministerium völlig unvorbereitet. Fischer erfuhr zunächst nichts von den Ereignissen in der Ukraine. Erst spät in der Nacht des 29. April, als er sich nach Mitternacht schlafen legen wollte, erzählte ihm Claudia, was sie in den Nachrichten gehört hatte. Tags darauf telefonierte er mit Tom Koenigs, der das von Börner zerstückelte Umweltministerium halbwegs unter seine Kontrolle gebracht hatte. Doch der alte Freund musste ihm eröffnen, dass nicht er, Fischer, sondern der Sozialminister als Strahlenschutzminister zuständig war für die Folgen des Reaktorunglücks in der damaligen Sowjetunion.

Beinahe eine Woche verging, bis Börner ihm bei einem Abendessen erklärte, dass er eine Regierungserklärung abgeben wolle, nach dem Motto: Hessische Atomkraftwerke sind sicher, kein Anlass zum Ausstieg, zu prüfen sei nur, ob Hochtemperaturreaktoren den Leichtwasserreaktoren vorzuziehen seien. »Warum jetzt diese harte Linie«, fragt sich Fischer entsetzt, »will er uns einfach demütigen?« Dabei hatte er selbst, um in das Amt zu kommen, »keine Berührungsängste« gezeigt und einem Kompromiss zugestimmt, dessen Kern dieser war: keine Neubauten, aber auch keine Stilllegung von Atomkraftwerken in Hessen.

Anderntags, als Börner im Landtag sprach, zog Fischer vor zu schweigen. Und gab sich damit eine doppelte Blöße. »Grünen-Minister Fischer kuscht vor SPD«, titelte die alternative *tageszeitung* treffend. Und militante Atomkraftgegner, die sein Ministerium besetzten und ihn vorgeblich zur Rede stellen wollten, ließen ihn gar nicht erst zu Wort kommen. »Halt's Maul, Typ! Hier reden wir!«, brüllten sie ihn an.

Sein Kompromiss-Kurs ließ sich nicht durchhalten. Aber bevor es zum Bruch der Koalition in Wiesbaden kam, passierte etwas Unerhörtes in Hannover. In Niedersachsen wurde am 15. Juni 1986 gewählt, also kaum zwei Monate nach Tschernobyl. Die Grünen, bei denen besonders die Fundis mit neuem Auftrieb überall den sofortigen Atomausstieg gefordert hatten, erzielten 7,1 Prozent der Stimmen. Keineswegs ein »normales Ergebnis«, wie sie vorgaben, sondern eine schwere Schlappe, die zeigte, dass »Sachthemen« allein die Wähler längst nicht überzeugen. CDU-Ministerpräsident Ernst Albrecht konnte weiterregieren, und Joschka Fischer fragte sich: »Trotz oder vielleicht sogar wegen Tschernobyl?«

Fischer indes hatte in Hessen mit allem gerechnet, nur nicht damit, dass Börner seinen eigenen Untergang in Kauf zu nehmen bereit war. Zu Beginn des Jahres 1987 leitete der ehemalige Polier das Endspiel ein, ein hoch riskantes und allzu trickreiches. Wieder ging es ums Thema Atom, um die Nuklearfabrik Alkem in Hanau, wo Uran-Brennstäben Plutonium beigemischt wird. Die Zuständigkeit für den Betrieb lag ganz woanders, in Bonn beim damaligen Bundesumweltminister Walter Wallmann. In Hessen aber hatten die meisten Grünen und viele Sozialdemokraten die Illusion, sie könnten wenigstens diese Stätte des Bösen schließen.

Börners Kanzleichef Leo Giani ersann einen gerissenen Plan. Die Landesregierung sollte eine »Ausdehnung der Plutoniumverarbeitung« bei Alkem als »nicht genehmigungsfähig« ablehnen, jedoch einen Weiterbetrieb auf bisherigem Produktionsniveau empfehlen – in der Erwartung, dass Wallmann von seiner Kompetenz Gebrauch machen und eine größere Plutoniummenge genehmigen würde, wogegen dann die Landesregierung vor Gericht klagen sollte.

Joschka Fischer aber konnte nach Tschernobyl solche Spielchen nicht mehr mitmachen. Auf einer Landesmitgliederversammlung der Grünen im abgeschiedenen Langgöns ging nun auch er auf Konfrontationskurs, sprach von seinem »letzten Rechenschaftsbericht«. Die Grünen verabschiedeten eine Resolution: »Sollte die SPD ihre derzeitige Haltung in Sachen Alkem nicht grundsätzlich revidieren ... ist die Koalition zu beenden. In diesem Fall werden die Landtagsgruppe und der Umweltminister entsprechende Konsequenzen ziehen.«

Börner, der am Fernseher zusah, drehte Fischer daraus einen Strick, indem er den Grünen-Beschluss bis zur letzten Konsequenz auslegte. Er ließ noch am selben Abend seinen Regierungssprecher Edgar Thielemann einen Brief aufsetzen: »Es ist sicher nicht üblich, Rücktrittsangebote auf Parteikongressen und damit über die Medien zu erklären. Dies mag zum neuen, unkonventionellen Stil gehören. Ich nehme Ihr Rücktrittsangebot an. Bitte teilen Sie meinem Büro telefonisch mit, wann Sie die Entlassungsurkunde in Empfang nehmen möchten.«

Börner hatte sich indes schon vorher längst entschlossen, zumindest als SPD-Landesvorsitzender zurückzutreten. Der Zweieinhalbzentner-Mann mit viel zu hohem Blutdruck war bereits einmal unter dem Stress des koalitionsinternen Gerangels im Landtag zusammengebrochen, musste auf der Bahre vom Parlament auf die Intensivstation gebracht werden. Nun erwog er, sozusagen die Dachlatte ganz fallen zu lassen und bei Neuwahlen überhaupt nicht mehr zu kandidieren. In der SPD hatte die rot-grüne Koalition die Flügelkämpfe aufs heftigste angeheizt. Helmut Schmidt hatte Börner durch einen Brief an Johannes Rau – »streng vertraulich, mit der Bitte um Veröffentlichung«, möchte man dazu sagen – schwer gedemütigt. Der Ex-Kanzler bedauerte gegenüber dem Kanzlerkandidaten ein großes »Unglück«, nämlich den »Imageverlust dieses stämmigen Facharbeiters« in Wiesbaden. Derweil drohte die Parteilinke (damals synonym mit dem Bezirk Hessen-Süd), ganz auf die grüne Anti-Atom-Linie umzuschwenken. Börner strauchelte, sah als Ausweg nur noch den politischen Selbstmord – und wollte dabei Joschka Fischer mit sich in den Abgrund ziehen.

Dieser befand dennoch, Börners Überraschungsbrief sei ein »Angebot, das man unter Ehrenmännern nicht ablehnen konnte«. Seine prompte Antwort: »Ich nehme Ihr Schreiben vom heutigen Tag zur Kenntnis. Dort nehmen Sie meinen nicht erklärten Rücktritt an. Ich stimme zu: Dies bedeutet faktisch meine Entlassung durch Sie, und es entspricht weder meiner Art noch der politischen Situation, mich jetzt hinter Verfassungs- und anderen Paragraphen zu verbergen.«

Um 17 Uhr am 9. Februar 1987 ließ sich Joschka Fischer zwecks Beendigung des ersten »rot-grünen Projekts« mit dem Dienstwagen bei der Staatskanzlei vorfahren. Die Getreuen Georg Dick und Tom Koenigs begleiteten ihn, wurden aber nicht zum Ministerpräsidenten vorgelassen. So blieben der große Dicke und der kleine Dicke unter sich. Der Große zögerte, dem Kleinen die Entlassungsurkunde auszuhändigen, so wie er bei der Vereidigung gezögert hatte, ihm die Ernennungsurkunde zu überreichen. In den vierzehn Monaten der Koalition hatte sich Börners Bild von Fischer radikal gewandelt. Erst Missachtung, jetzt Hochachtung: »Der hat mehr politischen Sachverstand in der Spitze des kleinen Fingers als der gesamte SPD-Vorstand im Kopf.«

Sie gaben einander schweigend die Hand. Börner fragte, was Fischer trinken möchte. »Nur nichts Trauriges«, war die Antwort. Börner öffnete eine Flasche »Steinberg« vom Schloss Veaux in Eltville, Staatssekt für den einstigen Staatsfeind.

Fischer schrieb: »Er erinnert mich an einen alten Elefantenbullen, der seinen letzten Kampf ficht, verletzt und aus vielen Wunden blutend, gefährlich aber bis zur letzten Sekunde.« Und er dachte an Konsequenzen: »Er sieht verflucht schlecht aus – ich gehe jetzt erst einmal nach Hause und nehme ab.«

Die Solidarität des Patriarchen

»Das war's«, möchte man an dieser Stelle mit Börner sagen. Denn bei der Neuwahl im April 1987 passierte der andere GAU, der politische. Nach vierzig Jahren SPD-Herrschaft wurde das rote Hessen schwarz. Ausgerechnet Walter Wallmann, der CDU-Bundesumweltminister, sollte dort fortan regieren. Pathosschwer schrieb Fischer an dem Wahlabend: »Die rot-grüne Koalition wird heute Nacht zu Grabe getragen. Kein Neubeginn, die Beteiligten drücken sich aneinander vorbei: Die letzten Schritte zur Hinrichtung geht jeder für sich allein.«

Doch sah er schon bald die Chance, die durch diese Niederlage erwuchs. Während seiner Amtszeit war er vom Realo zum Realisten geworden – und lernte sogar die Beamten zu schätzen. Der am wenigsten prätentiöse, aber einsichtsvollste Satz seines Tagebuchs findet sich im Nachtrag: »Die kommende Zeit erfordert Nerven und Geduld.«

Als Fischer im Dezember 1985 vereidigt worden war, hatte der grüne Vizepräsident des Hessischen Landtags Bernd Messinger triumphiert: »1968 sind wir zum langen Marsch durch die Institutionen angetreten. Der Erste ist durchgekommen.« Es sollte aber noch weitere dreizehn Jahre dauern – bis zum Herbst 1998 und der Bildung der rot-grünen Koalition in Bonn –, bis diese Prophezeiung Wirklichkeit wurde. Denn bei aller Wertschätzung des Föderalismus: Politik wird in Deutschland in der Bundeshauptstadt gemacht, den Ländern bleiben die Symbole. Der Fall Alkem zeigte es bei der ersten rot-grünen Koalition, der Fall Gorleben, wo der Bundesumweltminister einer rot-grünen Koalition auf Bundesebene die Castor-Transporte genehmigte, auf ironische Weise ebenfalls.

Mitte der achtziger Jahre war aber die Parteienlandschaft unwiderruflich aufgebrochen. Beinahe vierzig Jahre galten feste Regeln: die Union immer ein wenig stärker als die Sozialdemokratie, die Liberalen das Zünglein an der Waage. Wer in der Politik schnell etwas werden wollte, musste zur FDP gehen. Wer ganz an die Spitze kommen wollte, musste sich für die Ochsentour in einer der beiden großen Volksparteien entscheiden (und das Risiko der falschen Wahl auf sich nehmen). Die Grünen, trotz ihrer anfänglich bunten Erscheinung, stets dominiert von der ehemaligen Apo, boten jenen, die sich zeitweilig von der Gesellschaft verabschiedet hatten, die Möglichkeit, wieder einzusteigen und schneller als anderswo in die Eliten zu gelangen. Joschka Fischer hat dies während der kurzlebigen ersten Koalition sehr wohl erkannt. Holger Börner, in diesem – unbeabsichtigten – Sinn sein politischer Ziehvater, drückte es einst, als sich hessische Industrielle bei ihm über die unbotmäßigen Grünen in seiner Regierung beschwerten, auf seine direkte Art so aus: »Es sind Ihre Kinder, denen ich jetzt die Erziehung zuteil werden lasse, die Sie versäumt haben.«

Im Jahre 2000 schließlich, als Joschka Fischer zum ersten Mal in ein Parteiamt gewählt wurde, bietet sich ein Ausblick auf die nächstfolgende Bundestagswahl, die alle möglichen Koalitionen denkbar erscheinen lässt, die auch für einen grünen Spitzenpolitiker die Chance enthält, fortan eine noch größere Rolle zu spielen. Aber die Anpassung an die Modernität, die Fischer »Professionalisierung« nannte, war ihm als Voraussetzung dafür erschienen. Wenn man ihn in dieser Zeit auf die Partei ansprach, winkte er nur, typisch für ihn, unwirsch ab: »Ach was, das ist doch immer nur dasselbe, das haben wir doch schon alles hinter uns.« Aber wie er schon in seiner Stresemann-Rede verraten hatte, war es ihm doch wichtig, so etwas wie eine verlässliche Basis zu haben.

Daran hatte er schließlich seit Wiesbaden gearbeitet, beharrlich, mit dem fernen Ziel vor Augen, unspektakulär und notfalls brutal. Die Fischer-Gang (Frauen-Quote: null) hielt er sich treu. Er konnte Tom Koenigs sogar dazu bewegen, den undankbaren Posten des UN-

Verwalters im Kosovo zu übernehmen, um den wacke-
ligen Frieden dort wenigstens durch diese Art von Präsenz zu überwachen. Georg Dick kam, wie gesagt, an eine Schlüsselposition im Auswärtigen Amt. Daniel
Cohn-Bendit, den Fischer um Hilfe rief, als sein Umweltministerium besetzt wurde, benutzte er immer
noch als Ideengeber und Spürhund. Im Laufe der Jahre
hat er auch andere, neue Mitglieder in seine Gang aufgenommen, wenn er merkte, dass sie sich ihm verläss-
lich und bewundernd unterordneten. Cem Özdemir ist
dazuzuzählen, Pressesprecher Andreas Michaelis auch
sowie der Staatssekretär im Auswärtigen Amt, Günter
Pleuger, der zwar schon fünf Ministern gedient hatte,
der sich aber bedingungslos loyal gegenüber Fischer gab
und deswegen, wie Michaelis, *peu à peu* in den innersten Kreis geholt wurde.

Und so wie Fischer sich als Umweltminister in Hessen herzlich wenig um die zentrale Forderung seiner
Partei nach dem Atomausstieg kümmerte, so scherte er
sich als Vizekanzler und Außenminister in Berlin nicht
um grüne Themen wie Erderwärmung, Asylpolitik oder
die Ökosteuer. Trotz aller Beteuerungen investierte er
umso mehr Zeit in die Kandidatenauslese für die Par-
teiämter der Grünen. Immer hält er Kontakt zu dem je-
weiligen »Koordinator Realpolitik«. Mit lancierten Mel-
dungen macht er unliebsame Grüne madig. Gunda Röstel zum Beispiel fragte entnervt: »Was hat er eigentlich
gegen Frauen?«, nachdem Fischer zu ihrem »freiwilligen« Verzicht auf Wiederwahl mit diskreten Hinweisen
an den *Spiegel* über ihre vermeintliche Unfähigkeit beigetragen hatte.

Andere wurden härter abserviert. Hubert Kleinert

zum Beispiel, der Mann der ersten Stunde, der Fischer den Weg zum Realpolitiker geebnet, ihm während der Börner-Zeit in Bonn die Stange gehalten, aber wohl auch eigene Ambitionen gehegt hatte. Als Joschka Fischer 1991 bei der Landtagswahl in Hessen mit realogrünen Forderungen – nun nicht mehr »Atomausstieg«, sondern »ökologischer Umbau« und »neue Energiepolitik« – ein grandioses Ergebnis von 8,8 Prozent der Stimmen erzielte und darauf im Kabinett von Hans Eichel Minister für Umwelt, Energie und Bundesangelegenheiten wurde, ließ er Kleinert abblitzen, dem er zuvor Hoffnungen auf einen Staatssekretärposten gemacht hatte. Vermeintlich aus Proporzgründen mussten andere bedacht werden. Fischer ließ es sich aber nicht nehmen, seinen »Hubsi«, der als Geschäftsführer der Grünen einmal geglaubt hatte, auftrumpfen zu können, und seinen »Joschka« angeherrscht hatte: »Was denkst du denn, du Arschloch, wer hier der Chef ist?«, überdies noch zu düpieren, indem er ihn anrief und sich damit brüstete, wie geschickt er ihn doch hatte auflaufen lassen.

Die anderen grünen Stars der ersten Generation erledigte Fischer nach der Methode Kohl – durch schlichtes Aussitzen. Otto Schily hatte nicht die Geduld, bei den Grünen auf seine Chance zu warten. Er wechselte zur SPD – die ihn lange zappeln ließ, bevor sie ihn überhaupt auf einen aussichtsreichen Listenplatz setzte. Petra Kelly endete tragisch durch Selbstmord. Herbert Gruhl verstrickte sich in bizarr darwinistischen Gedanken, predigte einen Ökofaschismus, den dann doch keiner wollte. Und Jutta Ditfurth und Rainer Trampert – deren Gekeife mochte irgendwann einfach niemand mehr hören.

Bei der ersten gesamtdeutschen Bundestagswahl im Dezember 1990 kam das Debakel für fundamentalistische Restbestände: 3,9 Prozent – Volkes Wille gegen grünen Karrierismus. Fischer, für den *stern* schon »König Joschka«, forderte umgehend: die Abschaffung der Rotation, die Wahl eines Parteivorsitzenden und Doppelmandate für einen kleinen Kreis von Spitzenpolitikern. Derweil durfte sich Hund Dagobert im »Gargantua« nun schon an ein paar Scheiben vom »Lachs an Orangenessenz« laben.

Im Oktober 1994 sollte der König – von Hessen aus, aber mit klarem Blick auf Bonn – die Grünen zurück in die Bundespolitik führen. Der Erfolg war größer als erhofft: 7,2 Prozent und drittstärkste Kraft, noch vor der FDP, die es nur auf 6,9 Prozent brachte. Schon vorher hatte Fischer sich – nach einer Wahlkampfveranstaltung im September – bei einer Übermenge von Käse und Bier in seiner Wohnung selbstzufrieden über den Bauch gestrichen und festgestellt: »Ich habe mich durchgesetzt, ohne dass ich ein einziges Mal gewonnen hätte in der Partei.«

Das war's?

Nein, noch ein kleiner Nachtrag. Im Februar 1999 – nach acht Jahren an rot-grünem Verschleiß in Hessen und nach drei Monaten Anfängerfehlern in Bonn – flogen die Grünen wieder aus dem hessischen Landtag heraus. Ihnen war die alte Fähigkeit zur politisch-populistischen Kampagne verloren gegangen – ausgerechnet an die CDU, die erfolgreich gegen die doppelte Staatsbürgerschaft polemisierte. Micha Brumlik, Professor für Erziehungswissenschaften, ehemals Mitglied des Sozialistischen Büros und Mandatsträger der Grünen in

Frankfurt, glaubt den Grund für das Debakel zu kennen: »Bei der Listenaufstellung im Oktober wurde die Partei trotz eines spürbaren Veränderungswillens von Sprecher Koenigs und Patriarch Fischer gedrängt, die unscheinbare und in sich zerstrittene Fraktion mit geringen Ausnahmen erneut zu nominieren. So übte ein aufgeriebenes Parteiestablishment Solidarität mit sich selbst.«

»Funny Place«

Im Amtssitz des Außenministers der Berliner
Republik ist der Raum zur Verwirklichung von
Visionen der kleinste

»Dieses Amt war nicht mein Lebenstraum«

Das Amtsgebäude am Werderschen Markt in Berlin ist
eigentlich ein Schwindel: Vorn steht ein monumentaler
Neubau aus hellem Stein und einer sechshundert Quadratmeter großen Glasfront, die den Blick auf Jasmin,
Mimosen und Zitronenbäumchen freigibt. Eine freund-
liche Einladung an die Passanten, doch hereinzu-
blicken. Doch hinter diesem Schaufenster des Auswärtigen Amts geschieht rein gar nichts. Die Geschäfte der
Diplomatie werden woanders geführt, nämlich in dem
rückwärtigen grauen Altbau, der einst Sitz der Reichs-
bank war und dessen Grundstein Adolf Hitler legte. In
der Halle dort stand eine Büste des Führers und im Keller lagerten seine Bankiers das Raubgold. Nach dem
Krieg residierten hier erst das Alliierte Stadtkontor,
dann, auch eine Art Traditionspflege, das Finanzminis-
terium der DDR, schließlich das Zentralkomitee der
SED. Als Joschka Fischer sich anschickte, von Bonn
hierher zu ziehen, war er sich des historischen Ortes
wohl bewusst: »Das Erstaunlichste ist, dass ich tatsächlich im Büro von Erich Honecker sitzen werde.«
»Funny place, Germany«, bemerkte dazu trocken der

Korrespondent der *New York Times*, Roger Cohen, »ein komischer Ort«.

Aber das sechzig Quadratmeter große Büro, von dem aus Fischer einen Stab von über siebentausend Mitarbeitern leitet, zeugt auch von einer ganz anderen Tradition, jener der »Toskana-Fraktion«. Der Fußboden ist mit Terrakotta ausgelegt. Der Schreibtisch steht Ehrfurcht gebietende zehn Meter von der Tür entfernt und liefert das Bühnenbild en miniature für Joschka Fischers Selbstinszenierung: Eine Schale frischen Obstes zur Stärkung für den langen Lauf zu sich selbst; ein silbergerahmtes Foto der vom Sonnenlicht beschienenen Nicola Leske zum Beweis ehelicher Zuneigung; eine Sammlung von Kfor-Abzeichen als Demonstration militärischer Pflichterfüllung; schließlich eine weiße Marmorbüste von Goethe zur Betonung humanistischer Bildung.

Der Schreibtischinhaber blickt, wenn er sich nicht gerade von seiner jungen Frau oder dem alten Dichter inspirieren lässt, auf Andy Warhols Porträt von Willy Brandt an der Wand gegenüber, dort, wo man sich zur Konferenz auf schwarze Ledersofas an einem roten, nicht einmal kniehohen Cocktailtisch setzt. Und er sagt jenen, die ihm alles glauben: »Dieses Amt war nicht mein Lebenstraum.« Jenen, die ihm nicht alles glauben, stellt er den Weg zu diesem Arbeitsplatz so dar: »Ich habe das angesteuert, als klar war, dass wir auf eine Koalition auf Bundesebene unter Scharping zusteuern. Weil ich der Meinung war, dass wir ein klassisches Ressort besetzen müssen. Innen kam nicht in Frage. Finanzen gab die SPD nicht her. Also blieb nur Außen ... das war meine Reflexion ... ich habe das immer selber gewollt, seit – Moment – wann habe ich ›Risiko Deutschland‹ geschrieben?«

Andreas Michaelis, der Sprecher des Auswärtigen Amts, dem diese Frage gilt, weicht aus. Aber, wirft er ein, »1995, als Sie in Israel waren, war das Gerücht schon im Raum.« Das erscheint plausibel, denn das Buch erschien 1994, im Jahr der missglückten Scharping-Kandidatur. Fischers Lebenstraum dürfte also spätestens 1993 konkret Gestalt angenommen haben. Jetzt, am Ziel seiner Wünsche, spürt Fischer, dass es wenig überzeugend klang, wenn er in der Vergangenheit seinen Ehrgeiz stets bestritten hat. Am Ziel ist er ehrlicher als am Start.

Am Start 1985, also kurz vor der Ernennung zum Minister durch Holger Börner, hatte er mehrfach beteuert, keineswegs Minister werden zu wollen. Die Fotografin Herlinde Koelbl wollte er noch 1991 glauben machen: »Ämter interessieren mich relativ wenig.« Und 1994, als »Risiko Deutschland« längst im Buchhandel war, versicherte er abermals: »Ich muss sagen, mir ist eine gute Brotzeit wirklich lieber«, als »Guten Tag, Herr Minister« zu Ohren zu kriegen. Nun, vielleicht stammt auch diese Erkenntnis aus der Toskana: *chi va piano, va sano,* sagen die Italiener – wer leise geht, geht sicher.

Denkt man aber nicht an den Ort, sondern an den Geist des Amtes, ist eine ganz andere Tätigkeitsbeschreibung möglich, wie sie etwa Günter Gaus in der Zeitschrift *Freitag* versucht hat. Der ehemalige Berater jenes Außenministers, dessen Porträt Joschka Fischer stets im Auge hat, schrieb, als die journalistischen Fischer-Chöre und ihre Souffleure im Auswärtigen Amt mit den Lobpreisungen des gereiften Achtundsechzigers gar nicht mehr aufhören wollten: »Bedeutende Außenminister sind in ihrem Haus wie in der Öffentlichkeit eher umstritten als populär.« Sollten Außenminister doch beliebt sein, so Gaus weiter, dann wegen einer »dem herrschenden Apparat des Außenministeriums angepassten Amtsführung«. So werde »kein Anstoß erregt, freilich auch keiner gegeben«. Gaus, der den Apparat aus eigener Erfahrung kennt, erinnerte daran, wie dieser Apparat Brandt die Vergangenheit vorhielt: »ein Emigrant, ein Roter, ein Mann ungewisser, unehelicher Herkunft«, der in das »seit 1949 christlich-demokratisch geprägte Ministerium« gekommen war. Gaus nannte Fischer nicht beim Namen, aber nach dem Kosovo-Krieg war unverkennbar, wen er meinte, wenn er spottete: »Etwaige abweichende politische Ideen, für deren Verwirklichung man einst gewählt werden wollte, müssen auf eine reibungslose Anpassung an die Vormacht USA reduziert werden, was dann freilich in den Motiven überhöht, sozusagen geadelt werden muss.«

Nun lässt sich aber, wie der heimliche Parteichef der Grünen öfter erfahren musste, auch in anderen Politikbereichen nicht einfach vergessen, wofür man einst gewählt wurde. Trotz der fortschreitenden Anpassung der Partei an seine Person quälten und piesackten manche Grüne ihn weiter. »Jetzt gelte ich als Röstel-Würger«, stöhnte er, nachdem die Parteivorsitzende mit seiner tätigen Hilfe abgeschoben worden war. Und dann verlange »der Dany« (Cohn-Bendit) auch noch, »dass ich den Generalsekretär spielen« soll. So geht es einem – erinnern wir uns an die Stresemann-Rede –, dem die »zuverlässige Massenorganisation« fehlt.

Sechs verlorene Landtagswahlen im ersten Jahr der

rot-grünen Koalition – das war eine demütigende Serie von Misserfolgen. Für Joschka Fischer war dieses Debakel, wie gesagt, das Ergebnis mangelnder »Professionalität«. Also musste er höchst selbst im Februar des Jahres 2000 in den Wahlkampf ziehen, widerwillig, in Schleswig-Holstein, wo es keineswegs sicher war, dass seine Partei trotz CDU-Krise die Fünf-Prozent-Hürde schaffen würde. Eine lange geplante Afrikareise wurde dafür verschoben.

Nun gehört Afrika nicht gerade zu den besonderen Interessenssphären Deutschlands. Doch auch dies hatten viele, die Fischer gewählt hatten, von ihm erwartet: Engagement auch dort, wo es nicht um unmittelbare Interessen geht. Zumal Deutschland großes Ansehen auf dem vergessenen Kontinent genießt – weil die koloniale Vergangenheit kaum nachhängt, weil es nicht so unverfroren wie andere Länder nach Rohstoffen greift.

Zu Beginn des bis zum Exzess beschworenen »neuen Millenniums« gab es in Afrika nirgendwo Anlass zu feiern. Zwar könnten zum Beispiel der Kongo (vormals Zaire) und die neun angrenzenden Staaten leicht eine der reichsten Regionen der Erde sein. Öl gibt es dort, Uran, Diamanten und Gold, genügend Wasser und fruchtbares Land. Aber unbeachtet von der restlichen Welt tobt ein Krieg, den die *New York Times* als Afrikas »Ersten Weltkrieg« beschrieb. Anders als Amerikaner und Franzosen, die unverhüllt ihre eigenen Interessen abstecken, hätte ein deutscher Chefdiplomat eine Chance auf Vermittlung gehabt – wenn er die Zeit dafür gefunden hätte.

Aber selbst bei einem leichter zu lösenden Problem als diesem reagiert Fischers Amt schwerfällig und spät.

Anfang Februar 2000 kam es in Mosambik zu schweren Regenfällen und Überflutungen. Die Regierung des südostafrikanischen Staates bat am 10. und am 23. Februar um internationale Hilfe. Doch der Stab für humanitäre Hilfe im Außenministerium nahm erst am 28. Februar seine Beratungen auf, auch über die Frage, ob Hubschrauber geschickt werden sollten, mit denen Menschen von Bäumen und Hausdächern hätten gerettet werden können. Wohlgemerkt, am 28. Februar – einen Tag nach der Wahl in Schleswig-Holstein.

Als der Außenminister dann schließlich doch nach Afrika flog, machte er einen Abstecher in das Katastrophengebiet im verschlammten Save-Delta. Er hatte den dunklen Dreiteiler gegen ein kurzärmeliges Hemd und Safarihose und die schwarzen Lederschuhe gegen Hiker-Boots eingetauscht. Doch neben den spindeldürren Müttern und den halb verhungerten Babys in einer halb zerstörten Säuglingsstation wirkte er immer noch wie ein reicher Onkel, der die Geschenke vergessen hat.

Fischer dozierte im Polonada-Hotel, einem ansehnlichen Kolonialbau in Mosambiks Hauptstadt Maputo, es könne erst dann Fortschritt in Afrika geben, wenn sich das Individuum entfalten und die Großfamilien zerfallen würden. Irrtum, konterten Kenner des Kontinents, die Familien und Clans gäben den einzigen Halt, seien die einzige Fürsorge in den Ländern des Elends. Immerhin, Fischer hörte zu. Aber hernach, bei einem Glas gesunden Mineralwassers, fragte er sich laut aufstöhnend: »Warum ziehe ich mir jetzt auch noch das Thema Afrika auf den Tisch?«

Doch in Wahrheit hat sich in Fischers ersten beiden Amtsjahren kein Thema lange auf seinem Schreibtisch gehalten. Den alten Leitsatz von Max Weber, »langsam dicke Bretter zu bohren«, hat er meist dann beherzigt, wenn es um sein eigenes Fortkommen ging, aber nur selten, wenn es galt, politische Veränderungen durchzusetzen. Gibt es für ihn eigentlich eine grüne Außenpolitik oder wenigstens grüne Inhalte in der Außenpolitik? Diese Frage ist ihm spürbar unangenehm: »Es gibt keine grüne Außenpolitik, nur eine deutsche.«

Seine von ihm verehrten Vorgänger haben sich solche Art von Selbstbeschränkung nicht auferlegt. Der Außenminister der Großen Koalition von 1966, Willy Brandt, unternahm seinerzeit eine radikale Wende, die von seinen Partnern in der Union und auch im eigenen Amt als ganz und gar undeutsch, als »Verrat« angesehen wurde: hin zur Entspannung mit dem Osten und zur Anerkennung des Status quo des geteilten Deutschlands, um diesen schrittweise zu überwinden. Die Diplomaten, von denen viele noch aus dem Dritten Reich stammten, meist streng auf Adenauerkurs waren und deshalb weder die Oder-Neiße-Linie noch die DDR anerkennen wollten, widersetzten sich Brandts neuer Außenpolitik bis hin zur offenen Illoyalität. Aber Brandt hatte eine Vision, die er unbeirrt verfolgte. Und am Ende erwies sich seine Ostpolitik als das folgenreichste außenpolitische Unternehmen der Bundesrepublik, die dennoch fest im Westen verankert blieb.

Auch Hans-Dietrich Genscher musste das Auswärtige Amt viele Jahre mit eiserner Hand gegen seine Beamten führen. Der gebürtige Sachse galt vielen, auch dem offiziellen Washington, als »unsicherer Kantonist« – ebenfalls wegen des versuchten Ausgleichs mit dem Osten. Man mochte die vier Buchstaben, die er gebetsmühlenartig wiederholte – KSZE – gar nicht mehr hören. Aber Genscher ließ nicht ab. Schließlich wurde seine Konferenz für Sicherheit und Zusammenarbeit in Europa dann doch zum steten Tropfen, der den Stein höhlt, den Stein Ostblock, wo sich Dissidenten darauf berufen konnten, dass schließlich auch ihre Regierungen die Erklärungen der KSZE zu den Menschenrechten unterschrieben hatten. Die »eine, deutsche« Außenpolitik: sie bietet eben doch verschiedene, auch parteiliche Möglichkeiten zur eigenen Handschrift – wenn mit Geduld geschrieben würde.

Brandt umging den Apparat mithilfe seines »Küchenkabinetts«, Fischer arrangierte sich mit dem Apparat. Er kam als wohlmeinender Patron, so sehr auf »Kontinuität« bedacht, dass man ihn als Wiedergänger von Konrad Adenauer sah, der selbst einmal die Außenpolitik leitete und dessen Grundsatz bekanntlich lautete: »Keine Experimente.« Fischer brachte nur drei Vertraute im Herbst 1998 mit in das Auswärtige Amt, keinen Einzigen mehr. Derweil beförderte er Wolfgang Ischinger, den politischen Direktor seines Vorgängers Klaus Kinkel, zum Staatssekretär. Bei dem linken Gegenspieler von den Grünen, Ludger Volmer, der noch 1997 wegen der mehr und mehr zu erkennenden Kriegsbereitschaft Fischers zum Wahlboykott aufgerufen hatte, ging die Spekulation des designierten Außenministers auf: Fischer machte Volmer zum Staatsminister in der richtigen Erwartung, dass er durch die Dienstverpflichtung vollends zu dem »politischen Gartenzwerg« werden würde, als den ihn der Politologe Johannes Agnoli schon immer gesehen hatte.

Fischer betrieb die hausinterne Rotation äußerst vorsichtig und ließ auch Botschafter mit anderen politischen Neigungen auf ihren Posten. Er widersetze sich – aus hessischer Erfahrung klug – den Versuchen von außen, das Amt zu zerstückeln, ließ sogar Bundeskanzler Schröder abfahren, der die Europaabteilung herausbrechen wollte, und erteilte dessen Staatsminister für Kultur, Michael Naumann, eine Abfuhr, als dieser begehrlich auf die Goethe-Institute blickte. Steuervorteile für Diplomaten, selbst üppige Repräsentationsspesen, blieben vom Zugriff durch den Finanzminister verschont. Fischer pflegte von Anfang an eine ganz andere Umgangsform als seine Vorgänger – ließ sich Vorlagen nicht einfach schicken, sondern suchte die Referenten selbst auf, ließ in Diskussionen auch Subalterne zu Wort kommen, was einen großen »Motivationsschub« auslöste. Für all das liebt ihn der Apparat.

Außerdem fiel keines der Herzstücke der grünen Politik – Atomausstieg, Bündnis für Arbeit, Ökosteuer, Staatsbürgerschaftsrecht – in seinen Zuständigkeitsbereich. So konnte er sich ganz auf das konzentrieren, was ihm am wichtigsten ist: die persönliche Profilierung.

Ein Kritiker wie Heribert Prantl, der Leitartikler der *Süddeutschen Zeitung*, mag völlig Recht gehabt haben, als er in seinem Buch »Rot-Grün – Eine erste Bilanz« ein Jahr nach dem Start der neuen Bundesregierung resümierte: »Aufbruch und Erneuerung? Davon ist bisher nicht viel zu spüren.« Zumindest für das Auswärtige Amt gilt Prantls Urteil noch heute. Doch dem Ansehen Joschka Fischers im Wählervolk tat das keinen Abbruch, auch in den Augen der Öffentlichkeit war er längst, um es einmal im Beamtendeutsch zu sagen, »unzuständig« geworden für das Grüne. Wähler wollen meist wirklich keine Experimente, besonders nicht im Auswärtigen Amt.

Die Nachbarstaaten, der Koalitionspartner, die meisten Leitartikler und die Mehrheit der Deutschen – sie alle erwarteten von ihm das Gegenteil: Kontinuität. Es ist der Schlüsselbegriff für die deutsche Außenpolitik. Fischer tat, was die Mehrheit von ihm verlangte.

Auf der anderen Seite standen etliche, die sich von ihm einen Wandel erhofft hatten. Nicht nur seine Parteifreunde und die Sympathisanten der Friedensbewegung wünschten sich eine etwas andere Außenpolitik, so wie sie von Fischer in seiner Bewerbungsschrift »Risiko Deutschland« selbst beschrieben wurde: »Nichts spricht gegen eine verstärkte außenpolitische Rolle Deutschlands, aber von militärisch gestützter Weltpolitik sollte sich Deutschland fern halten.« Von einem grünen Außenminister war eine Kurskorrektur zu erhoffen, eine Änderung des Weges, den insbesondere Volker Rühe in der alten Bundesregierung gegangen war und der Deutschland in die Lage versetzen sollte, so »normal« wie andere Nato-Partner in »Out-of-area-Einsätzen«, also außerhalb der Hoheitsgebiete der Allianzmitglieder, auch militärisch zu intervenieren. Doch mit dem Eintritt in das Amt legte sich der ehemalige Revolutionär eine geradezu kaiserliche Attitüde zu: Ich kenne keine Parteien mehr, ich kenne nur noch Deutsche.

1994, als das Buch »Risiko Deutschland« herauskam, wurde es mit anderen Augen gelesen als heute. Damals entstand der Eindruck, Fischer wolle besondere Zweifel, die auf ihm lasteten, besonders nachdrücklich ausräumen. Er, der Exponent der Europa-skeptischen

Anti-Nato-Partei, wollte Bündnistreue unter Beweis stellen, um seine Regierungsbefähigung zu bekunden. Es ist viel von der »alten deutschen Krankheit« in seinem Buch zu lesen, von der »Unberechenbarkeit der Macht mit der Mittellage«. Fischer widmet ganze drei Kapitel – von insgesamt nur fünf – den »*Incertitudes Allemandes*«. Im letzten Kapitel bietet er dann »*Certitudes Allemandes*«, Sicherheiten, etwa diese: »Das demokratische Deutschland ist nach der Einheit von seiner Lage und seinem Potenzial her eine der wichtigsten Mächte in Europa westlich von Russland geworden und hat jetzt die Chance, sich in einem demokratisch vereinigten Europa so zu verankern, dass es endgültig und ein für alle Mal der Falle seiner Mittellage und der Verführung seiner latenten Hegemonie entkommen kann.« Es fiel damals auf, dass er die Einbindung Deutschlands verlangte, damit es nicht zu sehr mit den Muskeln spiele. Damals betonte er eine Haltung, die seine Anhänger als selbstverständlich ansahen (und wofür sie ihn wählten), die er heute aber aufgegeben hat: Deutschland sei »ohne Weltpolitik und *Out-of-area*-Einsätzen über Jahrzehnte hinweg voll bündnisfähig gewesen«. Man müsse ferner die »Kraft zu einem historisch denkenden ›Konservativismus‹ der Bundesrepublik Deutschland« aufbringen. Aber in welchem Sinn? Durch weiteren Verzicht auf Weltpolitik und *Out-of-area*-Einsätze?

Dass Fischer im Kosovo-Konflikt und hernach in Osttimor Konservatismus schließlich ganz anders verstehen würde, nämlich als Vasallentreue zu den Amerikanern (bei *Out-of-area*-Einsätzen), damit war weder 1994 noch im Herbst 1998 zu rechnen.

Fischer war schließlich mit einem mutigen Entwurf

ins Amt gekommen. Gleich zu Beginn stellte er die Strategie der nuklearen Erstschlagskapazität zur Diskussion, kein abwegiger Gedanke. Nach wie vor basiert ja die atomare Abschreckung auf dem schaurigen Prinzip, für das die Amerikaner das hintersinnige Akronym *mad* – für *mutual assured destruction* – fanden, »wechselseitig gesicherte Zerstörung«. Heute, da die permanente Spannung des Kalten Krieges vorüber ist, wäre es ein Zeichen guten Willens gewesen, wenn die USA und die von ihr geführte Nato darauf verzichtet hätten, gegen einen Feind – welchen überhaupt? – als Erste losschlagen zu können. Viel mehr als eine Absichtserklärung wäre dies ohnehin nicht gewesen. Die Abschreckung funktioniert (oder versagt im schlimmsten Fall), gleichgültig, welcher der Gegner als Erster mit seinen Atomwaffen die gegnerischen Ziele ansteuert. Aber Fischer ließ von seiner Initiative sofort ab, nachdem Washington ihn in seine Schranken gewiesen hatte.

Welch enormen Eindruck diese Zurechtweisung bei Fischer hinterließ, zeigte sich dann später, nach dem Kosovo-Abenteuer, als die Amerikaner an einer Neuauflage der Raketenabwehr zu experimentieren begannen. Obwohl der amerikanische Verteidigungsminister William Cohen selbst Zweifel an der technischen Realisierbarkeit der Anti-Raketen-Raketen vorbrachte, waren von dem vormaligen Mutlangen-Blockierer Fischer keine kritischen Töne mehr zu hören; im Gegenteil: In diesem Punkt, so sagte er, »in Fundamentalopposition zu machen, hieße seine Kräfte zu überschätzen«.

Außenminister Fischer redet selten von den »Interessen Deutschlands«. Aber worin bestehen die deutschen Interessen seit Adenauer, wie wurden sie in der

Verteidigungspolitik faktisch definiert? Doch wohl durch die Anlehnung an den übermächtigen Partner jenseits des Atlantik.

Seit der Westorientierung durch die erste Bundesregierung waren die deutschen mit den amerikanischen Interessen so sehr verbunden, dass Helmut Schmidt seine Kanzlerschaft dafür riskierte. Er beklagte ein »Fenster der Verwundbarkeit«, als die Sowjetunion auf Westeuropa zielende Mittelstreckenraketen aufstellte und es eine Zeit lang so schien, als würden die Amerikaner ihr nukleares Schutzschild nicht auch gegen diese neuen Raketen hochhalten. Den »Doppelbeschluss« zu den Mittelstreckenraketen – verhandeln und zugleich selbst nachrüsten – sah Schmidt als die einzige Möglichkeit an, den mächtigen Bündnispartner Amerika dazu zu bringen, auch weiterhin für die Sicherheit in Europa einzustehen. Seine Partei, die SPD, verweigerte ihm die Gefolgschaft in der Raketenfrage. Es ist wahr: Seit Adenauer gibt es keinen deutschen Außenpolitiker, der eine ernsthafte Ablösung von den Vereinigten Staaten versucht – und politisch überlebt – hätte. Aber Brandt und Genscher nutzten wenigstens die vorhandenen Spielräume, eroberten sich die größere Gestaltungsfreiheit in diesem ungleichen Verhältnis. Joschka Fischer scheint bisher dazu nicht in der Lage, insofern ist er vielleicht der wahre Enkel des »Alten«.

Diesen Schluss legt auch seine eigene Analyse des Balkankonfliktes nahe. In letzter Instanz belastet Fischer seinen Vorgänger Genscher, um sich selbst aus der Verantwortung zu stehlen. Für ihn, Fischer, war der folgenschwerste Fehler der bundesrepublikanischen Außenpolitik die »überhastete Anerkennung Kroatiens« – durch Hans-Dietrich Genscher, der in Kroatien und in Slowenien vorstellig wurde, als diese von Jugoslawien wegbrachen. Dass er voranpreschte und die ehemaligen jugoslawischen Teilrepubliken als vollwertige Staaten anerkannte, so sieht es Fischer, habe entscheidend dazu beigetragen, dass die von Tito mit eiserner Faust vereinten Völker nicht friedlich, sondern in brutalen Vertreibungskriegen auseinanderbrachen.

Tatsächlich agierte Genscher damals ein wenig außerhalb des westlichen Bündnisses (oder besser: vor ihm). Weil die Koordinaten des Ost-West-Konflikts nicht länger galten, zogen die westlichen Staaten nicht mehr automatisch an einem Strang. Man kann Genschers Anerkennungspolitik durchaus positiv beurteilen: Während andere, zum Beispiel die Briten, Illusionen von einer neuen jugoslawischen Föderation nachhingen, sah er die Wirklichkeit – und schritt mutig voran. Wie sehr muss sich Fischer vor Kritik seiner Amtskollegen fürchten, wenn er im Zusammenhang mit Genschers Alleingang immer wieder klagt, seit dem Zweiten Weltkrieg sei die Bundesrepublik »nie so isoliert gewesen wie damals«?

Der außenpolitische Spielraum Deutschlands ist kleiner geworden, weil Fischer nicht mehr wagt, die Bündnispartner auch einmal vor den Kopf zu stoßen. Dass das Amt, das er sich ausgesucht und auf das er so lange hingearbeitet hat, an Bedeutung verloren hat, ist noch auf einen weiteren Grund zurückzuführen. Seit dem Ende des Kalten Krieges geht es nicht mehr um die vermeintliche Frage von Leben und Tod. Außenpolitik ist nicht länger der Bezugspunkt allen staatlichen Handelns. Von einem Außenminister wird nicht mehr erwartet, dass er den russischen Bären zähmt. Wahlen gewinnt, wer die Arbeitslosigkeit verringert und den Staatshaushalt saniert, wer Steuern senkt und die Wirtschaft ankurbelt – nicht wer in Somalia oder Ruanda eingreift.

Europapolitik als gefährliche Spielwiese

Die meiste Zeit verbringt der Apparat des Auswärtigen Amts mit Europa. Und bewegt sich damit, wenn man es streng nimmt, mehr auf dem Feld der Innen- als auf dem der Außenpolitik. Längst teilt sich ja der deutsche Staat seine Souveränität mit Europa. Und so verliert der Staat auch, um es mit Joschka Fischer zu sagen, sein »Hegemon«-Gesicht. Er verliert aber noch etwas anderes, nämlich seine Identität. Und auch darum geht es bei der europäischen Integration doch immer wieder: Wie viel darf man, wie viel will man für das Zusammenwachsen zahlen? Und was alles aufgeben: die eigene Währung, die eigene Grenzsouveränität, den eigenen politischen Charakter, die eigene Außenpolitik? Joschka Fischer, wie alle Achtundsechziger und wie die allermeisten Deutschen, die von Krieg und Nachkriegszeit geprägt sind, hatte zeitweilig große Schwierigkeiten, sich zum Deutschsein zu bekennen. So hoffte er, dass die deutsche Identität, die französische, die holländische usw. möglichst in einer europäischen Identität aufgehen würden. Andererseits spürt er das wachsende Bekenntnis vieler Deutschen zu ihrem eigenen Land.

Hat nicht sogar die rot-grüne Koalition selbst, vom Machtwechsel berauscht, den Umzug in die Hauptstadt

Berlin als symbolische Wiederauferstehung eines – allerdings moderneren, freundlicheren – deutschen Nationalstaates gefeiert? Zwischen alter Vorsicht und neuer Euphorie versuchte sich Joschka Fischer daraufhin, zur Halbzeit der ersten Regierung der »Berliner Republik« neu zu positionieren, auch mit Blick auf den Wahlkampf 2002. Das Zauberwort heißt: »Postnationaler Nationalstaat«.

Ein nebulöser Begriff. Auf jeden Fall ist Fischers »postnationaler Nationalstaat« europäisch – und das Thema »Europa« hat er sich, anders als das Thema »Afrika«, tatsächlich auf den Tisch gezogen. Die Wortschöpfung »postnationaler Nationalstaat« legt überdies nahe, dass auch für ihn Europapolitik ein gutes Stück Innenpolitik ist. Auf diesem Feld ist er schon lange gewandt. Trotz aller äußerlichen Anpassung an die Welt der Diplomatie, trotz allen Erkundens der *Terra incognita* Außenpolitik, trotz des Lobes von ausländischen Emissären, wie schnell er sich doch eingearbeitet habe, trotz fleißiger Bewerbungsschriften wie »Risiko Deutschland« – seine wahre Stärke ist stets die Innenpolitik geblieben. Auch daher sein Hang zu Europa.

Und so hielt er bereits am 12. Januar 1999, sehr bald nach seinem Amtsantritt, eine Rede vor dem Parlament in Straßburg, die manche als historische Rede für mehr Demokratie in Europa empfanden, die aber wegen des drohenden Kosovo-Konflikts schnell in Vergessenheit geriet. »Der Bürger muss endlich erkennen können, wer was und mit welcher Legitimation in Brüssel beschließt«, lautete seine Forderung. Er wollte dem Europäischen Parlament, das schließlich gewählt und nicht wie die Kommission ernannt wird, mehr Rechte geben. Der neue deutsche Außenminister nannte die Probleme Europas endlich beim Namen: mangelnde Transparenz, Defizit an Demokratie und Handlungsunfähigkeit. Er verlangte nicht weniger als eine Diskussion über eine »Verfasstheit« Europas – wieder eines seiner Vorsichtswörter. Es schien, als wollte er die Domäne Europa nicht den Konservativen überlassen.

Es blieb bei der Ankündigung: Nach dem Januar 1999 war zum Thema einer europäischen Verfassung nichts mehr zu hören. Es drohte sogar Schlimmeres als Schweigen, nämlich das allmähliche Akzeptieren eines bürokratischen Europas. Fischer hatte schließlich Hans-Gerhart Schmierer, genannt »Joscha«, in den Planungsstab des Auswärtigen Amtes geholt. Joscha Schmierer war unter den dogmatischen Kommunisten der siebziger Jahre der bürokratischste. Den Tod von Mao Tse Tung im Jahre 1976, den sein Kommunistischer Bund Westdeutschland trotz der Verbrechen der »Kulturrevolution« wie einen Gott verehrte, kommentierte Schmierer getreu der Parteilinie des Marxismus-Leninismus: »Wir Kommunisten sind revolutionäre Optimisten. Wir können Trauer in Kraft verwandeln. Das liegt daran, dass wir dialektische Materialisten sind.«

Als Spätbekehrter neigt Joscha noch mehr zur Überanpassung als Joschka. Er schrieb ein Buch mit dem bekennenden Titel: »Mein Name sei Europa«. Dort preist er das emotionslose, das bürokratische Europa: »Die Europäische Union wird zwar wenig utopische Nahrung bieten, sie könnte aber den Rahmen bilden, um in einer neuen Situation den alten europäischen Streit ... diesmal friedlicher auszutragen.« Die konsequente Haltung von jemandem, der so lange einer Utopie nachlief. Wer

Schmierer kannte, war gewarnt: der alte Kontrahent vom »Pizza-Peter« nun als Ernährungsberater im Auswärtigen Amt – der Planungsstab, so stand zu befürchten, würde fortan Schonkost bieten. Hatte Fischer so schnell vergessen, dass sich ohne einen Schuss Idealismus keine Staaten bauen lassen, auch keine »postnationalen Nationalstaaten«?

Doch welche Überraschung: In den anderthalb Jahren zwischen Anfang 1999 und Mitte 2000 produzierte das Auswärtige Amt keinen weiteren Entwurf zu Europa, weder einen utopischen noch einen bürokratischen. »Was ist los mit Fischer?«, fragte Anfang Mai 2000 der *Spiegel*: »Lustlos und apathisch wirkt der einst hochgelobte Star der Grünen«, »die Initiativen aus seinem Ministerium, etwa zur EU, lassen auf sich warten«. Doch Fischer hatte nur, genervt von den Angriffen des Herausgebers Rudolf Augstein, die *Spiegel*-Leute nicht eingeweiht, woran er seit Monaten arbeitete, nämlich an seiner zweiten Europa-Rede.

Wenn in jener Zeit etwas »Europäisches« aus dem Amt sickerte, dann nur zum Thema Österreich. Europas Reaktion auf den Erfolg von Jörg Haider brachte seinerzeit die schlimmsten Defekte der EU zum Vorschein. Die Krise war eigentlich vorhersehbar gewesen, denn dass Haider irgendwann die Blockade der Großen Koalition in der Alpenrepublik durchbrechen, dass seine Freiheitliche Partei Österreichs (FPÖ) – Nummer eins bei den Wählern unter dreißig – in die österreichische Bundesregierung kommen würde, bahnte sich lange an. Gerade Joschka Fischer mit seinem Ohr für Volkes Stimme hätte den Populisten Haider durchschauen und sich früher einmischen können. Haider hatte schließlich schon vor dem Durchbruch seiner Partei erklärt: Wenn Juden für ihr Leid unter den Nationalsozialisten Reparationen erhielten, dann sollten deutsche Vertriebene aus der Tschechoslowakei und ehemalige österreichische Kriegsgefangene in sowjetischen Ländern ebenfalls entschädigt werden, schließlich seien sie alle Opfer vergleichbarer Verbrechen – eine Denkweise, die Fischer zumindest nachzuvollziehen scheint, wenn er konstatiert, Heimatvertriebene hätten wie Juden ein besonderes Verständnis für Opfer ethnisch begründeter Verfolgungen auf dem Balkan.

Aber Fischer hatte sich Österreich zunächst nicht auf den Tisch gezogen. Die Initiative zur Bestrafung hatten Länder ergriffen, die, wie Frankreich und Spanien, den Aufstieg rechtspopulistischer Parteien bei sich zu Hause fürchten mussten, die also innenpolitische Motive in der (wie wir gesehen haben: oft nur noch formal außenpolitischen) Europapolitik verfolgten. Die Gelegenheit zur abermaligen moralischen Selbsterhöhung, geboten durch die Ausgrenzung ausländischer »Faschisten«, war indes für alle vierzehn Partner Österreichs einfach zu verlockend. Im Namen der Europäischen Union hatte Portugal am letzten Tag des Jahres 1999 bekannt gegeben, dass eine Regierungsbeteiligung der FPÖ Sanktionen nach sich ziehen würde. Dank der Regeln der Europäische Union erforderte die Durchsetzung dieser Sanktionen aber vierzehn bilaterale Beschlüsse. Jeder einzelne Partnerstaat musste also von sich aus die normalen Beziehungen zu Österreich aussetzen, die Kontakte mit österreichischen Botschaften auf ein Minimum reduzieren und sich weigern, österreichische Kandidaten für internationale Ämter zu unterstützen. Auch Deutschland – und damit Fischers Auswärtiges Amt.

Selbst die Erklärung, die Bundespräsident Thomas Klestil die neue österreichische Regierung unterschreiben ließ, konnte den Glaubenskrieg gegen sein Land nicht mehr abwenden. Dabei war sie so unzweideutig wie selten ein Bekenntnis zur Mitschuld im Dritten Reich, übernahm sie doch die Verantwortung für die »ungeheuerlichen Verbrechen des nationalsozialistischen Regimes« und die »Taten aller Österreicher, gute wie böse«. Die vierzehn europäischen Regierungen nahmen sie einfach nicht zur Kenntnis, sie übergingen ebenso die Tatsache, dass Jörg Haider nicht einmal in die neue österreichische Bundesregierung eintrat.

Drehen wir den Fall einmal um, konstruieren wir zur Illustration Folgendes: In einem großen, gewichtigen EU-Staat kommt ein Minister in die Regierung, der für eine linksradikale Vergangenheit bekannt ist, er leistet zwar einen Eid auf die Verfassung, aber die anderen EU-Regierungen glauben ihm einfach nicht, dass er der Gewalt abgeschworen hat – würden wir sagen, ihre Sanktionen gegen diesen Staat seien legitim? Wohl kaum.

Die Rhetorik und die Aktionen gegen Österreich zeugten überdies von mangelndem Vertrauen in die eigenen Regeln Europas, etwa die Konvention zum Schutz von Minderheiten und Bürgerrechten, die auch Österreich unterzeichnet und stets beachtet hatte. Mit den Sanktionen wurde auf andere Weise, als Fischer es in seiner Rede in Straßburg gefordert hatte, die europäische Verfassungsfrage gestellt. Nämlich: Welche Werte gelten in der Union? Aber auch auf diese Weise: Welche

Rechte lässt man einem politischen Gegner – und sei er noch so unliebsam?

Wie die vierzehn anderen EU-Regierungen erklären also auch die Deutschen eine demokratische Wahl und Regierungsbildung in Österreich für ungültig. Der deutsche Außenminister stemmte sich nicht gegen den kollektiven Populismus der EU–14. Abermals rechtfertigte er sich mit der Sorge vor der Isolierung Deutschlands. »Wir wären noch mehr isoliert gewesen als nach Kroatien«, lautete seine Antwort auf die Frage, warum Deutschland bei der sinnlosen Abstrafung Österreichs ohne Murren mitgemacht hat. Wenigstens aber setzte er sich nicht an die Spitze einer Bewegung, die man Königgrätz II nennen könnte, in Erinnerung an den preußischen Sieg über Österreich im Jahre 1866 und den damaligen Ausschluss Österreichs aus einem historisch gewachsenen Verbund. Fischer war offensichtlich unwohl in der ganzen Angelegenheit. Aber aus einem ganz anderen Grund: Die Aktion zur Ausgrenzung Österreichs war an ihm vorbei im Kanzleramt koordiniert worden.

Fischer nutzte die Kabale der Regierungschefs gleichwohl, um sich einmal wieder nach alter Art zu streiten. Im Reichstag watschte er den bayerischen Ministerpräsidenten Edmund Stoiber regelrecht ab. Beinahe wieder wie der heimliche Oppositionsführer, der er einst war, verfiel er in seinen hessischen Dialekt: »So geht's net, Hä' Stoibä« – einfach den »Geburtshelfer spielen« beim Zustandekommen der »unsäglichen Koalition in Wien«. Offensichtlich saß die Angst vor dem alten Fischer noch tief: Stoiber schaukelte während des Außenministers Rede unruhig auf seinem Sessel und malmte mit dem

Kiefer. Das blieb nicht unbemerkt beim Publikum. Endlich einmal wieder ein richtiger Schlagabtausch, ein innenpolitischer, ohne Rücksicht auf die Diplomatie.

Im Mai des Jahres 2000 geriet aber auch Österreich in Vergessenheit, die vierzehn Scheinheiligen wollten runter von den albernen Sanktionen, wussten aber nicht, wie, und schwiegen sich also erst einmal aus. Endlich konnte Joschka Fischer seine zweite große Europa-Rede halten. Er genoss es sichtlich, mit seiner Rede Edmund Stoiber die »Wahlkampf-Aufstellung 2002« kaputt zu machen. Was war damit gemeint? Der CSU-Politiker hatte damals geplant, die Ängste wegen der Europa-Erweiterung zu einem Hauptthema der Union im nächsten Bundestagswahlkampf zu machen und die moderatere, überwiegend erweiterungsbereite CDU auf seinen Kurs zu zwingen.

Mit seiner Rede am Vormittag des 12. Mai 2000, die Fischer – als »Privatmann«, nicht als Außenminister – an der Berliner Humboldt-Universität hielt (»Gedanken über die Finalität der europäischen Integration«), wollte er nicht nur die Integration und die Erweiterung Europas vorantreiben, sondern auch der Union den (Europa-skeptischen) Wind aus den Segeln nehmen.

Aber was hieß hier »Privatmann«? Fischer hatte nicht nur den Apparat des Auswärtigen Amts eingespannt. Er hatte eine gezielte Pressekampagne geplant. Noch nie in seinem Leben hatte er sich so intensiv auf eine einzige Rede vorbereitet, noch nie solche Beharrlichkeit an den Tag gelegt. Das Amt war sichtlich stolz auf seinen Chef. Die höchsten Beamten verbreiteten hinter vorgehaltener Hand (aber voll ungeduldiger Hoffnung auf rasche Veröffentlichung), wie es zu der Rede gekommen war. Es begann demnach alles damit, dass Fischers französischer Kollege Hubert Védrine ihn am 20. November 1998, also unmittelbar nach Amtsantritt, bei einer Klausurtagung in St. Cloud fragte: »Joschka, was machen wir mit einer Gemeinschaft von dreißig?« Zunächst beauftragten beide Minister ihre Planungsstäbe, sich Gedanken über eine doppelt so große Europäische Union zu machen. Nachdem sich dann aber die beiden Außenminister selbst ein halbes Dutzend Mal getroffen hatten, kamen sie bei einem Abendessen im Elsass auf die Idee, Fischer solle eine Rede halten, um die öffentliche Debatte zu entfachen und die EU-Regierungen unter Druck zu setzen. Der Deutsche traf sich mit Jaques Delors, dem ehemaligen EU-Kommissionspräsidenten, der ein stärkeres Profil hatte als alle seine Vorgänger und Nachfolger, und mit Richard von Weizsäcker, dem hoch angesehenen vormaligen deutschen Bundespräsidenten, der ehedem an der Grundrechte-Charta der EU mitgearbeitet hatte. Alte Vorschläge wie jener von Karl Lamers und Wolfgang Schäuble zur Bildung eines »festen Kerns« inmitten der EU wurden in Diskussionsrunden im Auswärtigen Amt erneut erörtert – und wieder verworfen. Wie in einem Universitätsseminar vergegenwärtigten sich Fischer und seine Berater noch einmal die Geschichte und die Motive für die Erweiterungen der Union, die als EWG (Europäische Wirtschaftsgemeinschaft) mit einem sehr beschränkten Ziel und mit nur sechs Mitgliedern begonnen hatte. Die südeuropäischen Staaten waren nach dem Ende der dortigen Diktaturen dazugekommen, also in die Demokratie hereingewachsen; die skandinavischen Staaten traten bei, als sie sahen, dass die Gemeinschaft gut funktionierte, hatten also überwiegend wirtschaftliche Beweggründe; die osteuropäischen Nachbarn klopften an, weil sie die gerade gewonnene Freiheit und die innere Stabilität absichern wollten. Immer wieder gab es, so die Beratungsergebnisse im Amt, »integrationistische Avantgarden« – oft aus unterschiedlichen Gründen.

Die Begriffe, welche die Zukunftsplaner suchten und die Fischer schließlich vortrug, blieben so hölzern, wie das Image der EU bürokratisch ist, passten also nicht so recht zu dem Modernisierungsschub, den Fischer vorhatte: Ein »Gravitationszentrum« derer sollte gebildet werden, die am meisten Gewicht in der EU haben, um auf eine »Föderation« zuzusteuern, dann sollte eine »Vollparlamentarisierung« folgen, um endlich die Demokratie in der Europäischen Union zu etablieren. Fischer wünschte sich ein Parlament aus zwei Kammern und einen direkt gewählten Präsidenten. Wenn auch nicht ausdrücklich, aber auf den einfachsten Begriff gebracht: die Vereinigten Staaten von Europa.

Dem Korrespondenten von *Le Monde* steckte er seine Rede vorab zu, gerade rechtzeitig, dass sie in Frankreich am selben Morgen kommentiert verbreitet werden konnte. In mehrerer Hinsicht ein geschickter Schachzug. Frankreich muss geschmeichelt werden, wenn es eine Initiative ergreifen soll, und Frankreich stand kurz bevor, die turnusgemäße, sechsmonatige Ratspräsidentschaft der EU zu übernehmen – die einzige Gelegenheit auf Jahre, etwas grundsätzlich zu verändern in der Union. Überdies herrschte damals in Paris ein Machtkampf zwischen dem neogaullistischen Staatspräsidenten Jacques Chirac und dem Premier der Linksregierung

Lionel Jospin, die sich auf ein Duell bei der Präsident-schaftswahl im Jahre 2002 vorbereiteten. Die sozialis-tischen Minister in Jospins Regierung waren nicht abgeneigt, dem integrationswilligen Chirac eins auszu-wischen. Wenn aber der »linke« Fischer den Schulter-schluss mit dem »rechten« Chirac probte, würde dies den Sozialisten erschweren, eine Kampagne gegen Eu-ropa zu führen. »Öffentlichkeit herstellen« war einst ein Kernbegriff der Apo – Fischer hatte sie hergestellt mit seiner zweiten Europa-Rede. »Bravo, Joschka« und »Merci, Monsieur Fischer« lauteten in Paris schon die Schlagzeilen, während er in Berlin noch sprach.

Frankreichs Innenminister Jean-Pierre – »Wir sind alle Schauspieler« – Chevènement übte allerdings hef-tigste Kritik: Deutschland habe sich noch nicht von der »Entgleisung erholt, die der Nationalsozialismus in sei-ner Geschichte dargestellt hat«, ätzte er. Und: Der deut-sche Außenminister träume wohl von einem »Heiligen Römisch-Germanischen Reich«. Doch Fischer konnte Chevènement bei einem Streitgespräch in der *Zeit* auf-laufen lassen. Viel entscheidender noch: Jacques Chirac, der stets betont, er selbst und nicht der Innenminister einer sozialistischen Regierung zeichne für die französ-sische Außenpolitik verantwortlich, hatte demonstrativ mit Joschka Fischer in Berlin gefrühstückt. Eine solche symbolische Zustimmung zu seiner Rede, das wusste der ehemalige Turnschuhminister, bewirkt in der Öf-fentlichkeit weit mehr als die Debatte in einer intellek-tuellen Zeitung.

Fischer hatte mit seiner »persönlichen Vision« von einem »Europa der dreißig« aber auch an eine ganz an-dere »Wahlkampf-Aufstellung« gedacht, die ihn selbst betraf. Der 12. Mai 2000, der Tag der Rede, war der Freitag vor der Landtagswahl in Nordrhein-Westfalen, der Schicksalswahl jenes Jahres für die Grünen. Wären sie in diesem größten Bundesland an der Fünf-Prozent-Hürde gescheitert, dann wären auch die Tage der Berliner Koalition gezählt gewesen. So konnte er hinterher behaupten, dass er mit seiner Europa-Vision, mit der am Samstag auch in Deutschland alle Zeitungen aufmachten, entscheidend dazu beigetragen hatte, die Zitterpartie in NRW zu Gunsten seiner Partei zu beenden.

Fischer hatte nur wenige Vertraute in die langen Vorbereitungen seiner Rede eingeweiht, der Bundeskanzler gehörte jedoch nicht dazu. Fischer zeigte Gerhard Schröder das Manuskript erst im letzten Moment. Hinterher wurde im Auswärtigen Amt behauptet, die Rede hätte ja wohl kaum im Kabinett zur Diskussion und Abstimmung gestellt werden können, sie wäre dort nur völlig verwässert worden. Nach der eiligen Lektüre befand Schröder jedenfalls: »Tolle Rede, aber das ist ein Hammer.« Fischer nahm diesen knappen Satz als Zustimmung.

Damit hatte Fischer, der Kellner, die Rechnung ohne den Koch Schröder gemacht. Es sollte sich rächen. Hätte Fischer allein das Ziel verfolgt, Europa zu vollenden, dann wäre es klüger gewesen, den Kanzler zu überzeugen, ihm den großen Auftritt zu überlassen und selber nur still im Hintergrund zu agieren. Getragen vom ersten Mann der deutschen Regierung und vom französischen Staatspräsidenten, also von einer neuen Achse Berlin–Paris à la Konrad Adenauer–Charles de Gaulle oder Helmut Schmidt–Giscard d'Estaing, hätte die Initiative zur »Finalität« Europas größere Durchschlagkraft gehabt. Aber trotz seiner früheren Beteuerungen, ihm genüge es, »Sherpa« zu sein – Fischer wollte sich mit dieser Rolle nicht mehr begnügen. Dafür fuhr der Kanzler ihm in die Parade. Einen Monat nach der Rede Fischers, die Euphorie des ersten Augenblicks war schon fast verflogen, gab Schröder nun seinerseits der französischen Presse eine Vorzugsbehandlung und gewährte dem konservativen *Le Figaro* ein Interview, an dem zwecks größerer Verbreitung auch der italienische *Il Messagero* und die führende spanische Zeitung *El Pais* teilhaben durften. Jetzt verpasste er seinem Außenminister einen bösen Dämpfer. Dessen Idee eines direkt gewählten Präsidenten von Europa sei eine »totale Illusion«.

Damit Fischer verstand, dass Schröder ihn durchschaut und den Alleingang nicht wirklich gebilligt hatte, buchstabierte dieser vor den Interviewern: »Man darf aber nicht vergessen, dass Fischer nicht nur Außenminister ist, sondern auch Spitzenpolitiker der Grünen-Partei, die sich profilieren will.«

Das Kanzleramt macht Außenpolitik

So schön das Amt sein mag und so sehr es ihm erlaubt, sich den ermüdenden Streitereien der Grünen fernzuhalten, so birgt es doch für Joschka Fischer die Gefahr, dass er seine Eitelkeit nicht befriedigen kann und mit Schröder in Konflikt gerät. Die wichtigsten außenpolitischen Entscheidungen wurden nicht von ihm getroffen, sondern vom Kanzler. Auch dies ist Tradition, schon seit Adenauer.

Wer kennt noch die Namen der Außenminister unter dem ersten Kanzler der Bundesrepublik? Als die erste Bundesregierung am 20. September 1949 ernannt wurde, gab es gar keinen Außenminister, lediglich einen Bundesminister für Angelegenheiten des Marshall-Planes, Franz Blücher. Von 1951 bis 1955 übernahm Konrad Adenauer das Außenministerium in Personalunion. Aber wer erinnert sich noch an Heinrich von Brentano oder an den Namensvetter des späteren Bundeskanzlers, den Außenminister Gerhard Schröder? Die Außenpolitik war, solange Adenauer regierte, allein dessen Sache, sie war von existenzieller Bedeutung für die aus den Trümmern wieder auferstandene Bundesrepublik. Hans-Dietrich Genscher vermochte sich immerhin gegen die Kanzler Helmut Schmidt und Helmut Kohl durchzusetzen, weil sie auf ihn als Mehrheitsbeschaffer nicht verzichten konnten. Klaus Kinkel gelang das schon nicht mehr, zu sehr hatte sich die FDP an die Union gebunden; überdies wurde Kohls Gewicht zu groß, schließlich hatte dieser beinahe im Alleingang Wiedervereinigung und Euro durchgezogen. Fischer hatte anfangs beste Chancen, den Trend zum Einflussverlust des Auswärtigen Amts umzudrehen, denn der Kosovo-Krieg ermöglichte ihm manch einen großen Auftritt, und Schröder, der von Außenpolitik wenig verstand, hielt sich meistens zurück.

Doch Fischers besondere Schwäche liegt in seiner Partei. Am liebsten wäre Schröder 1998 bekanntlich ein Wahlergebnis gewesen, das eine Große Koalition erzwungen hätte, mit der SPD als stärkster Partei, die den Kanzler stellt. Er ging die Koalition mit den Grünen nur widerwillig ein. Als zu Beginn des Jahres 2000 in der

Folge der CDU-Krise die FDP erstarkte und manche in der Pünktchen-Partei wieder Interesse an einer sozialliberalen Koalition signalisierten, während die Grünen von der Schwäche der Union nicht profitieren konnten, fand Schröder plötzlich nette Worte für seinen Juniorpartner – ein untrügliches Zeichen für Hintergedanken.

»Wenn es einem Partner mal schlecht geht, der sich im Übrigen gut benommen hat«, gab sich Schröder am Tag nach der Schleswig-Holstein-Wahl großherzig, »dann muss man ihm ja keine Knüppel zwischen die Beine werfen.« Hätte die Wahl im hohen Norden damals in einem völligen Debakel für die Grünen geendet, wären sie gar aus dem Parlament geflogen – viele in der SPD hätten sich bereit gefunden, die Knüppel wieder herauszuholen. Schröder selbst hätte dabei gar nicht laut werden müssen. Als dann bei der Wahl in Nordrhein-Westfalen – unmittelbar nach Fischers Europa-Rede – die Liberalen unter Jürgen Möllemann grandios hinzugewannen, begann die öffentliche Spekulation, ob die rot-grüne Koalition in Berlin das Jahr 2002 überdauern würde.

Schon vorher hatte der Kanzler seinen Außenminister immer mal wieder düpiert. Während Fischer sich mit den USA gut stellen wollte, war die Strategie Schröders bisweilen auf Konflikt angelegt. Schröder verabredete mit Chirac die Schaffung eines Eurocorps, welches das Oberkommando über die Kosovo Force, die Kfor, erhalten sollte, wohl wissend, dass Washington nicht einmal bereit ist, eines der regionalen Kommandos der Nato einem Franzosen zu überlassen. Schröder versuchte seinen Kandidaten für den Chefposten des Internationalen Währungsfonds Caio Koch-Weser gegen die

Amerikaner durchzuboxen, wissend, dass die USA den IWF für ihre wirtschaftspolitischen Ziele auch gegen die europäischen Interessen nutzen wollen.

Schröder fegte Fischers Begründung des Kosovo-Kriegs – »ein europäischer Einigungskrieg« – mit links vom Tisch: »Das ist übertrieben.« Er half jene große europäische Koalition von Sozialdemokraten und Konservativen gegen Jörg Haider zu schmieden – an Fischer vorbei. Während sich Fischer noch leidenschaftlich für die Menschenrechte einsetzte, reiste Schröder unbekümmert nach Peking, um, wie er sagte »China an die G-8-Gruppe heranzuführen, damit eines Tages eine G-9-Gruppe entsteht«; Wirtschaftsbeziehungen interessierten ihn, über Demokratie und Menschenrechte machte er hingegen nur zarte Andeutungen.

Gibt es wirklich keine grüne Außenpolitik?

Zu den gewaltigen Problemen, welche die Menschheit zu Beginn des dritten Millenniums herausfordern, zählen auch solche, die eine originär »grüne Außenpolitik« legitimieren. Wie kann die Bevölkerungsexplosion gebremst werden? Wie kann die mit wachsender Bevölkerung und wachsender Industrialisierung einhergehende Zerstörung der Umwelt verhindert werden? In unmittelbarer Kontinuität zu einer der wichtigsten Initiativen von Helmut Kohl: Wie kann der weltweit wirksame Treibhauseffekt vermieden werden? Joschka Fischer selbst sagt über die Rolle des vereinten, erstarkten Deutschlands: »Ein Staat kann von seinem strategischen Potenzial, das sich aus seiner Bevölkerungsgröße, seiner

Wirtschaft, seiner Rüstung und seinen Interessen ergibt, nicht einfach zurücktreten, kann seine geopolitische Lage nicht ignorieren und bleibt demnach ein objektiver Machtfaktor, ob er das politisch will oder nicht.«

Das klingt gut, aber in ihren ersten anderthalb Jahren hat die Regierung Schröder/Fischer von ihrer Macht gerade auf jenen Feldern keinen Gebrauch gemacht, welche die Bundesrepublik traditionell besetzt hielt. Deutschland tat sich einst bei den Vereinten Nationen wegweisend hervor, wenn es um den Umweltschutz und die Bevölkerungsentwicklung ging. Seit Ende 1998 aber hat die neue Bundesregierung alle Beiträge für die entsprechenden UN-Programme gekürzt. Und dasselbe Deutschland, dessen CDU-Kanzler sein damals noch immenses Ansehen für weltweite Klimakonferenzen in die Waagschale warf, hat unter einem grünen Außenminister nicht einmal mehr in Europa umweltpolitische Anregungen gegeben. Der Vorschlag für ein europaweites Tempolimit kam – im Januar 2000 – ausgerechnet aus Frankreich.

Joschka Fischer hatte indes einen neuen Maßstab in die deutsche Außenpolitik eingeführt, nämlich den der Menschenrechte. Er begründete die Beteiligung am Krieg gegen Rest-Jugoslawien mit der Notwendigkeit, die Menschenrechte durchzusetzen. Das Handeln des Westens im Kosovo-Konflikt galt ihm wegen der besonderen Notlage als eine gerechtfertigte Ausnahme. Er fühlt sich moralisch verpflichtet, Mördern in den Arm zu fallen. »Darf dann den Vereinten Nationen die Staatssouveränität wichtiger sein als der Schutz der Menschen und ihrer Rechte?«, fragte er auf der Generalversammlung der UN. Dann, »wenn ethnische Spannungen in einem Staat durch verbrecherische Regierungen teilweise erst hervorgerufen und dann mittels Pogromen, Massenvertreibung und Massenmord bis hin zum Völkermord beantwortet werden?«

Joschka Fischer ließ keinen Zweifel aufkommen: Für ihn war die Durchsetzung der Menschenrechte von so zentraler Bedeutung, dass sie vor dem alten Grundprinzip des staatlichen Miteinanders, dem Prinzip der Souveränität, Vorrang haben sollte: »Der einzelne Mensch und seine Rechte müssen im 21. Jahrhundert neben den Rechten der Staaten stärker in das Zentrum des Sicherheitsbegriffs der internationalen Staatengemeinschaft rücken.«

Warum sollte in der modernen Welt die Souveränität von Staaten weiterhin absolute Gültigkeit haben, wenn sie unter diesem Schutzschild ungestraft ihre eigenen Bürger ermorden und vertreiben können? Für Fischer ein anachronistisches Verständnis von Souveränität, und viele stimmten ihm zu. Doch soll dieser hohe Anspruch nur dann gelten, wenn es opportun erscheint?

Fischer hat seinerzeit die Menschenrechtsfahne schnell wieder eingeholt. Sein Schweigen zu Tschetschenien war ein klägliches Scheitern. Hierauf angesprochen, erklärte er ungehalten, Russland sei schließlich immer noch eine Atommacht. »Bestimmte (nuklear bewaffnete) Staaten«, sagt er, könne man bestenfalls »drängen«, die Menschenrechte Schritt für Schritt zu verbessern. Aber im Falle Russlands hat er nicht einmal gedrängt. Im Falle Chinas auch nicht. Er betreibt keine grüne, keine »menschenrechtsorientierte« Außenpolitik mehr. Dazu ist er selbst, wie er bereits über Stresemann sagte, allzu »lernfähig«.

Joschka Fischer in der Zwickmühle. Seine »Massenorganisation« war die Umwelt- und die Friedensbewegung. Verprellt er sie, so riskiert er ihre Wählerstimmen, erfüllt er ihre Forderungen, dann läuft er Gefahr, von Schröder fallen gelassen zu werden. Die grünen Stammwähler – es sind bundesweit noch immer weniger als fünf Prozent – erwarteten von ihm keineswegs, dass er sich als kühler Pragmatiker erweise. Sie erwarteten Verstand *mit* Herz, hofften auf eine Wende auch in der Außenpolitik – genau in die Richtung, die Fischer in seinen großen Reden beschreibt.

Nach gewonnener Wahl hatte Gerhard Schröder ironisch versichert, Joschka Fischer werde sich schon »ordentlich anziehen«. Der Anzug als Metapher für die Politik: Wenn Fischer seine Sache »ordentlich« macht, darf er Außenminister bleiben. Selbst in politischen Grundsatzfragen hat er sich dem Diktat von Schröder unterworfen. Wahrlich kein Raum zur Verwirklichung von Visionen.

Der Jóska aus Budakeszi

Warum sich Joschka Fischer im Stil amerikanischer Politiker immer wieder neu erfindet

»Der Politiker als solcher«

»Ich unternahm erst gar nicht groß den Versuch der Geheimhaltung«, begründet Joschka Fischer, weshalb seine Selbsttherapie nach dem Scheitern seiner dritten Ehe, seine Verwandlung vom Hedonisten zum Asketen, zum Thema Nummer eins der deutschen Politik wurde. In Wahrheit hat er alles daran gesetzt, damit die ganze Welt ihm beim Laufen zusehen konnte.

Wahlkampf im Sommer 1998 im Landkreis Mayen-Koblenz: Der Kandidat Fischer erscheint in Windjacke und Radlerhose, tänzelt neben dem Weltklasse-Triathleten Jürgen Zäck, mit dem er sich zu einem Acht-Kilometer-Lauf verabredet hat. Es ist später Nachmittag, Fischer drückt den Knopf des Herzfrequenzmessers am Handgelenk und drängt zum Aufbruch: »Packen wir's.« Ungefähr 45 Minuten später sind Fischer und Zäck zurückgekehrt vom Lauf durch leuchtende Rapsfelder. Während seine Leibwächter keuchend nach Luft ringen, macht der Star Stretchübungen. Fischer duscht sich, zieht sich in der offenen Umkleidekabine um, ist dort für jeden nackt zu sehen. In derselben Kabine sieht man ihn noch einmal im Sportdress – auf Dias, die der

Redakteur des Langlauf-Magazins *Spiridon* vom Hamburg-Marathon zeigt. Es war ihm, einem Amateur, »eine große Ehre«, mit dem berühmten Zäck zu laufen, bekennt Fischer in die rund ein Dutzend Mikrofone – vier Kamerateams umschwirren ihn, sechs oder sieben Fotografen und ebenso viele schreibende Journalisten.

Schon vorher hatte er – presseöffentlich – in seinem Bonner Appartement seinen schwarzen Anzug, das blaue Hemd und die rote Krawatte abgelegt, hatte in Unterhosen und T-Shirt vorgeführt, wie er seinen Tag beginnt, nämlich mit »achtzig schnellen, kurzen Liegestützen« und Sit-ups, »fünfzig nach rechts, fünfzig nach links«. In der Tat: Kein wirklicher Versuch der Geheimhaltung.

Und weshalb auch? »Zumal der Politiker als solcher ja auch nicht zuletzt von, durch und mit den Medien lebt.« So schrieb er in seinem Buch »Mein langer Lauf zu mir selbst«, das von nichts anderem als seiner Verwandlung handelt – ein weiterer Beleg dafür, wie wenig Fischer um Diskretion bemüht war.

Was auch immer Joschka Fischer in den vergangenen dreißig Jahren unternahm: fast immer waren Kameras, Mikrofone oder zumindest ein Kugelschreiber dabei. *Von* Medien begleitet war sein politischer Protest in der Frankfurter Szene, *durch* Medien verbreitet wurden die Bilder seiner Amtseinführung in Turnschuhen, *mit* Medien abgesprochen waren seine Lauftermine ebenso wie seine großen Reden. Sein Wort vom »Politiker als solchem« verrät, dass in seinem Verständnis Politiker *sui generis* sich permanent inszenieren. Schnell laufen und Karriere machen, das ist im Wortsinn das Gleiche – und wenn der Politiker Joschka Fischer vor laufenden Ka-

meras läuft, dann bedeutet das nur eine weitere Be-
schleunigung. Joschka Fischer verkörpert also den Politiker als solchen, aber einen Politiker neuen Typs.

Drei Minister der ersten rot-grünen Koalition auf
Bundesebene haben schon in ihrem ersten Regierungs-
jahr umfangreiche schriftliche Bekenntnisse abgelegt,
genauer gesagt, zwei Minister und ein Ex-Minister:
Joschka Fischer, Rudolf Scharping und Oskar Lafontaine. Alle drei versuchen – allerdings auf recht unterschiedliche Weise – den »Generationenwechsel« in der
Politik zu erklären. Das ist kein Zufall, denn dieser Begriff war von zentraler Bedeutung für ihren Griff zur
Macht. Er wurde Ende der achtziger Jahre zum Signal
für einen Ausbruch aus der Stagnation der Ära Kohl.
Schwarz-gelb bekam durch den historischen Glücks-
treffer der Wiedervereinigung eine zweite Chance, durfte beinahe noch ein weiteres Jahrzehnt regieren. Dann
aber war der Generationswechsel überfällig. Die Nachkriegsgeneration war inzwischen längst auch zur
Nachrebellion- und Nachprotestgeneration geworden.
Hätte sie es nun nicht an die Macht geschafft, dann wäre sie übergangen worden, dann hätte die nächste Generation sie überholt. Als die Achtundsechziger endlich an die Macht kamen, war die linke Politik, für die
sie standen, längst passé. Es blieb ihnen keine rechte
Begründung für einen Wechsel, außer der, dass sie, die
Jüngeren, an der Reihe seien, als gäbe es ein Naturrecht
auch in der Politik.

Zu anderen Zeiten hätte das vermutlich kaum gereicht,
um den Wählern eine Wachablösung schmackhaft zu
machen. In einer Zeit aber, in der – wie es Joschka Fi-

scher sagt – der Politiker »von, durch und mit« den Medien lebt, erscheint es völlig logisch. Neue Gesichter will das Land. Und das erklärt auch, weshalb sich die Exponenten dieser Generation so schwer tun, eine wirklich neue Politik zu realisieren. Einst waren sie es doch, die das hohle Pathos verachteten, die amerikanische Art der Politshow verspotteten und stattdessen »Inhalte« forderten.

Der Anspruch war hoch und umso stärker die Enttäuschung bei den Wählern, als klar war, dass sie einfach dort weitermachten, wo ihre Vorgänger aufgehört hatten – das Wort »Kontinuität« auf den Lippen. Es folgten Rechtfertigungen und Bekenntnisse.

Rudolf Scharping geht in seinem Buch »Wir dürfen nicht wegsehen – Der Kosovo-Krieg und Europa« noch konventionell vor. Er schrieb im Frühjahr 1999 ein Tagebuch und reicherte dies hinterher mit Erklärungen und Rückblicken an. Zur Einstimmung zitiert er aus einer eigenen Bundestagsrede: »Wenn wir es nicht schaffen, der Moral die politischen Instrumente zu geben und der Politik die Moral, dann haben wir genau jene Teilung, vor der ich persönlich Angst habe.« Da ist sie wieder, die »Politik in der ersten Person«, welche die Spontis beim Niedergang ihrer Bewegung als Alternative entdeckten: Scharping fühlt sich weniger herausgefordert, sagen wir, eine neue Ordnung auf dem Balkan zu schaffen, als von seiner persönlichen Angst vor einer Trennung von Moral und Politik.

Oskar Lafontaine, der den Generationenwechsel seinerzeit zum Anspruch erhoben hatte, schrieb das Buch »Das Herz schlägt links« nach seinem übereilten Abgang. Das Ganze wirkte so wie die Lokomotive einer elektrischen Eisenbahn, die von einem Kind von den Schienen gehoben wird: Die Räder liefen noch einen Moment lang weiter – Lafontaine schrieb, als wäre er gar nicht aus der Politik ausgeschieden. Sein Buch kommt nicht nur als Abrechnung mit Gerhard Schröder daher, es ist ebenfalls ein Dokument von Politik in der ersten Person. Er lässt sein Leben »Revue passieren« – und reflektiert weniger die Folgen seiner Politik als seinen großen persönlichen Frust. In seiner »jahrzehntelangen politischen Tätigkeit« habe er »leider immer wieder erfahren müssen, dass unser heutiger Politikbetrieb ein normales Familienleben nicht zulässt«. Jedoch: »Meine starke politische Motivation war Grundlage dafür, die vielen Entbehrungen auf mich zu nehmen«: Das Herz schlägt links, in der ersten Person, in Selbstmitleid.

Ähnlich bekennt Joschka Fischer in seinem Buch »Mein langer Lauf zu mir selbst«: »Fast meine ganze Energie konzentrierte ich auf den politischen Erfolg und ordnete dem Ziel alles andere unter, auch und gerade mich selbst.« Die Folge: »eine radikale Lebensänderung durch Auswechseln und völliges Umschreiben meiner persönlichen Programmdiskette«.

»Persönliche Angst«, »viele Entbehrungen«, »persönliche Programmdiskette« – die Autoren verraten wenig über sich als Politiker, dafür aber alles über ihre persönliche Befindlichkeit. Scharping bemüht sich noch, den Verlauf des Krieges nachzuzeichnen, Lafontaine bekräftigt noch einmal, wie Recht er hatte mit seiner Finanzpolitik, Fischer ist wieder einmal der Konsequenteste und lässt die herkömmliche Politik völlig außer Acht. Kosovo kommt bei ihm ebenso wenig vor wie die Koalition. Der Politiker als solcher leidet unter Liebesentzug, unter Dauerstress, er erfreut sich am »High« des Langstreckenläufers, er gibt Ratschläge (auf Amerikanisch): »*No meat! No sweets! No alcohol!*«, und er zeigt immer wieder Bilder von sich selbst – wie jenes, als er einer Gruppe offensichtlich jüngerer Männer vorausläuft, »klitschnass unterwegs im bayerischen Wahlkampf, 1998«.

Lafontaines Buch geriet, nachdem die Pikanterien und Denunziationen in der Tagespresse durchgekaut waren, bald in Vergessenheit, das von Scharping wurde kaum beachtet. Jenes von Fischer aber läuft und läuft – weil es ihm gelingt, sich vom Achtundsechziger zu einer Symbolfigur der Fit-for-Fun-Generation zu verjüngen.

Die *tageszeitung* kommentierte die Verwandlung so: »Er war ›ein fetter Mops‹ (Fischer). Ein nörgelnder Außenseiter mit so abwegigen Ideen (Atomausstieg etc.), dass ihn natürlich keiner lieben konnte. Dann lief er los. Wie Forrest Gump. Heute ist er ein unfetter Mops. Wenn überhaupt. Ein mächtiger Mitläufer. Verkauft Panzer. Und ist dabei glücklicher, als es Forrest Gump in seinen allerglücklichsten Stunden war.«

Not only in America

Robert Zemeckis Film »Forrest Gump« erzählt, ähnlich wie Joschka Fischers Leben, zugleich auch die Geschichte der Häutungen einer ganzen Generation. Aber hier endet der Vergleich noch nicht. Forrest Gump, der verschmitzte Trottel, der um sein Leben läuft, lässt die Vergangenheit hinter sich. Genau wie Joschka Fischer.

Der Gedanke an Amerika drängt sich auf: Fischer wirkt amerikanischer als alle anderen deutschen Politiker. Auch dies ist weniger widersprüchlich, als es auf den ersten Blick scheint. Man darf, im Gegenteil, sogar auch hier von einer gewissen Kontinuität sprechen. So wie die Vollendung Fischers sich in der Übernahme amerikanischer Politikformen zeigt, so war sein Anfang von amerikanischen Protestformen geprägt. Die Lieder von Bob Dylan hatten ihn aus der Enge der schwäbischen Provinz gelockt, denn: *»The times, they are a-changin'«*. Mit Jack Kerouac, dem Dichter der Beat Generation, einst vom jungen Joschka verschlungen, war er schon »Unterwegs« (so heißt das Hauptwerk Kerouacs), unterwegs in Amerika.

Alle vier Jahre wählen die Amerikaner einen neuen Präsidenten. Seit den legendären Debatten zwischen John F. Kennedy und Richard M. Nixon sind dabei die Fernsehduelle der Kontrahenten ausschlaggebend – das ist Politik nach Fischers »diskursivem« Geschmack. Denn die Fernsehduelle sind in Wahrheit sorgsam vorbereitete Redeschlachten, Gladiatorenkämpfe, bei denen jede Nuance zählt, selbst die Schminke.

Als Kennedy und Nixon im September 1960 gegeneinander antraten, hatte sich der Erstere nicht nur bestens mit einer eigens angefertigten »Nixopedia«, einer Kartei mit den wichtigsten Äußerungen seines Gegenspielers, präpariert, er griff auch zu einem perfiden kleinen Trick. Ob er Make-up wünsche, wurde Kennedy vor der Sendung gefragt. Er war braun gebrannt und hatte gesehen, dass Nixon nicht nur blass, sondern auch schon von seinem üblichen Fünf-Uhr-Schatten geplagt war, also krank und unrasiert aussah. Mit tiefer männlicher Stimme lehnte Kennedy lauthals die Schminke ab, in der richtigen Annahme, dass Nixon es dann nicht wagen würde, seinerseits Make-up zu verlangen. Kennedys Rechnung ging auf: Nixon, an sich ein guter Debattierer, wirkte unvorbereitet – und verlor die Wahl, wenn auch denkbar knapp.

Mit derselben Methode der Verunsicherung, mit Zwischenrufen und Gesten, hat Fischer oftmals den Statthaltern von Kohl derart zugesetzt, dass sie entnervt um Schonung baten. Er ist rhetorisch über sie hergefallen, wie einst, so seine eigenen Worte, »Attila und Dschingis Khan über den Westen«. Tricks waren ihm dabei willkommen. Von der Nachrüstungsdebatte 1983 im Bundestag, einer der für ihn »gelungensten Inszenierungen«, erinnerte er später nicht so sehr den Inhalt als die Methode: »Da war doch das Problem, wie halten wir uns zwischen den Elefanten und bringen gleichzeitig unter Ausnutzung der Geschäftsordnung unsere Verbundenheit mit der Basis zum Ausdruck. Ich also zum Präsidium: ›Tja meine Herren, ich weiß ja nicht, wenn wir nicht mehr Redezeit bekommen, es gibt da Bestrebungen bei uns, Sie verstehen doch, das schwappt womöglich alles über, für uns ist das doch so wichtig, gell!‹« Fischer hatte damit gedroht, dass die Grünen im Bundestag Apo spielen würden, ein Spiel, das er vermutlich gern selbst angefangen hätte – prompt bekam seine Fraktion mehr Redezeit.

Bill Clinton, das tatsächlich vaterlos aufgewachsene *Comeback kid*, hat sich mindestens ebenso häufig neu erfunden wie Joschka Fischer. Viele meinen, er sei gewählt worden, weil die Amerikaner nach Ronald Reagan und George Bush der Republikaner schlicht überdrüssig waren. »Damals hatten die amerikanischen Wähler nach zwölf Jahren republikanischer Regierung einfach Appetit auf einen Generationenwechsel«, schrieb Mitte 2000 Leo Wieland, der Washington-Korrespondent der *Frankfurter Allgemeinen Zeitung* im Rückblick. Generationenwechsel – *not only in America*. Warum, möchte man dann fragen, wurde Clinton 1996 wieder gewählt, warum fiel nicht auch er dem Wunsch nach neuen Gesichtern zum Opfer? Er war ein ganz anderer Clinton geworden. Zuerst hatte er sich als Partner eines emanzipierten Teams angeboten, 1992 sich und seine Frau den Wählern mit den Worten angedient: »Ihr bekommt zwei zum Preis von einem.« Im Wahljahr 1996 war von Hillary Rodham Clinton nichts mehr zu sehen, außer in der Pose der First Lady. 1992, auf dem Tiefstand einer Rezession, versprach Clinton eine Gesundheitsreform, damit endlich alle Amerikaner in den Genuss von Krankenversicherungen kämen. 1996, die Wirtschaft boomte, strich er den letzten Rest von Sozialstaat zusammen, kappte die Sozialhilfe für ledige Mütter und war noch fähig, diesen zuzurufen: »*I feel your pain*« – Ich leide mit euch.

Als ihm die Affäre mit der Hospitantin Monica Lewinsky nachgesagt wurde (und er eine Zeit lang dafür öffentlich Buße tat), tauchten plötzlich Fotos auf, wie er und Hillary – beide im Badedress – in liebevoller Umarmung an einem versteckten Strand tanzten: Bill Clinton hatte, ähnlich wie Fischer nach seinem Zerwürfnis, gar nicht erst groß den Versuch der Geheimhaltung dieses neuen Eheglücks unternommen.

Auch Joschka Fischer, dem keine außerehelichen Affären nachgesagt werden, könnte in den USA Wahlen gewinnen, weil er immer den offiziellen (Trau)schein vorzuweisen hätte. Soll man ihm glauben, wenn er behauptet, dass bei seiner Monogamie in Serie die katholische Erziehung in ihm durchschlägt (»Und so bin ich durch meine Erziehung durch und durch Katholik und keine Institution hat mich so geprägt wie die Kirche«)? Oder dass es die eigene Überzeugung ist, wie er – im selben Gespräch mit Herlinde Koelbl – versichert (»Ich war schon immer für's Heiraten. Nicht weil ich an die heiligen Sakramente der Ehe glaube, sondern weil ich es gut finde, dass man sich erklärt und verpflichtet«)? Oder hat der Psychologe Michael Lukas Moeller vielleicht Recht, der anlässlich Fischers vierter Hochzeit schlicht feststellte: »Die sukzessive Ehe ist ein ganz allgemein großer Trend.«

Womit wir wieder beim Zeitgeist wären, den Fischer wie kein zweiter Politiker aufzuspüren vermag – beim Zeitgeist, der ja längst wieder durch und durch amerikanisch ist. Als sich Albert Gore anschickte, Bill Clinton zu beerben, haftete an ihm das negative Image eines Washington Insiders. Nicht ohne Grund: Acht Jahre lang war er Vizepräsident gewesen, davor Senator, er war sogar in der Hauptstadt aufgewachsen – als Sohn eines Politikers. Also zog er mitsamt seinem Wahlkampfhauptquartier um in die alte Heimat Tennessee, um seine Bodenständigkeit zu beweisen. Was anderes tut Joschka Fischer, als sich zu inszenieren, wenn er in Ungarn als der Jóska aus Budakeszi auftritt, dessen Vater zwar aus der Heimat vertrieben wurde, aber trotzdem angeblich keinerlei Groll gegen die alten Feinde hegt?

Wenn es so scheint, als gäbe es nicht nur einen, sondern viele Joschka Fischers, dann auch, weil er schneller als andere die Zeitströmungen erkennt. Dabei überlässt er nichts dem Zufall, und seine Auftritte, jedenfalls die großen, sind sorgfältig geplant. Etwa jene weißen Turnschuhe – er hatte sie am Abend vor seiner Vereidigung als Minister gekauft, mit großer Berechnung. Er trat keineswegs auf, wie er immer gekleidet war – die Turnschuhe waren nur Show. Er zog sie nur dieses eine Mal an.

Gespür für vermeintliche Petitessen mit großer Wirkung – etwa der Siegelring, den er trägt, ein Erbstück seines Vaters. Der Stein ist ohne Gravur, denn ein eigenes Siegel besaß die Familie nicht. Doch aus der Ferne sieht man nicht, dass dieses Element fehlt, da wirkt nur der ganze Ring – wie die Erinnerung an eine Dynastie. Früher pflegte er ebenso sorgsam ein anderes Selbstbild, nämlich das der intellektuellen Lässigkeit. Auf Reisen trug er stets ein schwarzes Köfferchen mit sich, Inhalt: ein Haufen Tageszeitungen, eine Blues-Brothers-Sonnenbrille, eine Packung der superscharfen englischen Pfefferminzbonbons Fisherman's Friend. Als er beim Sit-in vor dem Raketenstützpunkt Mutlangen von Polizisten weggetragen wurde, da schaute er nicht, wie so manch anderer Demonstrant, verschämt nach unten, sondern lächelte süffisant in eine Kamera. Wenn er jetzt mit Nicola Leske in Washington aus dem Regierungsflugzeug steigt, wechselt er noch ganz schnell aus den Jeans in den Anzug – Cerruti, wie er wissen lässt, 3200 Mark (»wenn ich schon Anzug trage, dann soll es nach etwas aussehen«). Ehrensache, dass ihn *GQ* zum bestangezogenen deutschen Mann erklärte. Ob in Turnschuhen und Flohmarktjackett oder im Dreiteiler – die

Sorgfalt der Inszenierung ist in all den Jahren gleich geblieben.

Den Vergleich mit Forrest Gump lehnt er ab. »Eher wie Robert De Niro«, sagt er ganz unverblümt, »der lebt seine Rollen wirklich, und das tue ich auch.« Besonders, wenn er sich bescheiden gibt. James Rubin, der frühere Pressesprecher von Madeleine Albright, erinnerte sich, nachdem er sich aus der aktiven Politik zurückgezogen und mit seiner Frau, der CNN-Krisenreporterin Christiane Amanpour, im schicken Londoner Viertel Notting Hill niedergelassen hatte, an Fischers Entschlossenheit im Kosovo-Krieg: »Er war eine entscheidende Kraft beim Angriff auf Jugoslawien und das Milošević-Regime.« Nachdem alles vorbei war, überließ Fischer aber Madeleine Albright den Ruhm. Hierfür, sagt Rubin, habe er Fischer besonders geliebt: »Da nahm er [Fischer] Albright zur Seite und sagte: ›Wenn es Madeleines Krieg war, als es schlecht lief, dann denke ich, dass es Madeleines Sieg ist, jetzt, wo wir gewonnen haben.‹«

Solche Sorgfalt fürs vermeintlich Nebensächliche zeigt sich auch in seinen Büchern. »Risiko Deutschland« hat 225 Seiten Text – und über hundert Seiten Fußnoten. Soll doch Albright wissen, dass er ihre Stellung anerkennt, soll doch jeder Leser wissen, woher seine Quellen stammen. Hier die Schmeichelei der Außenministerin, dort die Schmeichelei des eigenen Intellekts – das macht Fischers Charme aus.

Auch die Vorsicht, nur im scheinbaren Widerspruch zur ebenfalls gern zur Schau getragenen Entschlossenheit, hat bei ihm Methode. Wie weiland Franz Josef Strauß erscheint Joschka Fischer manchmal als Cuncta-

tor, als Zögerer. Einen »Spätberufenen« nannte ihn der
Bundesgeschäftsführer der Grünen, Reinhard Bütikofer,
weil Fischer sich erst auf Druck von Realos wie Daniel
Cohn-Bendit und Hubert Kleinert zu einem Ja zur deutschen Beteiligung an einem Bosnien-Einsatz durchge-
rungen hatte. Ähnlich bei der Europa-Rede im Mai
2000. Ausdrücklich war Fischer auf seine Angst zu
sprechen gekommen, dass Europa seine Bürger »bestenfalls langweilt«. Als nach seiner Rede ein Seufzer der
Erleichterung in ganz Europa darüber zu hören war,
dass endlich einer Vorschläge gemacht hatte, wie dieses
Europa sich weiter entwickeln könne – da wurde übersehen, dass er ein gutes Jahr gezögert hatte, bevor er
sich mit seiner Vision an die Öffentlichkeit wagte.

Die Körper der Bundesrepublik

Die »Politik in der ersten Person«, diese letzte Erfin-
dung der Frankfurter Spontis, hat Joschka Fischer über
die Jahre zur Perfektion gebracht. Nun ist seine Person
sein politisches Programm – und das der Grünen ebenfalls. Mögen die Grünen, bei denen die zu Realos mu-
tierten Spontis das Sagen haben, weil sie sich, wie
Fischer einmal ironisch bemerkte, »von Niederlage zu
Niederlage durchsetzen« konnten, auch noch so über
ihn murren, ohne ihn würden sie untergehen. Fischer
kann nicht alles durchsetzen in seiner Partei, doch ohne ihn ist sie verloren. Eine weitere Parallele zu Verhältnissen in Amerika, wo sich die Parteien damit begnügen müssen, die Staffage für die Spitzenpolitiker
abzugeben.

Joschka Fischer kommt dennoch nicht an der Frage vorbei, die nach gewonnener Wahl im Herbst 1998 Susanne Fischer in der *Woche* stellte: »Was will, was kann er anders machen?« Hat nicht Oskar Lafontaine Recht, wenn er zur Halbzeit der ersten Legislaturperiode von Rot-Grün feststellt: »Der Politikwechsel findet nicht statt«? Auf solche Fragen antwortet Fischer mit flotten Sprüchen: »Die Verwandlung des Amtes durch den Menschen dauert etwas länger als die Verwandlung des Menschen durch das Amt.« Also Geduld, sein »biografischer Umbau«, den er schließlich nicht verhehle, zeige doch, wozu er fähig sei!

Auch einer wie Fritz J. Raddatz, der vormalige Feuilletonchef der *Zeit*, ein Kritiker von links, assoziiert dabei Amerika: »Er hat die ›Glaubt mir doch‹-Ehrlichkeit eines Sektenpredigers. Um die berühmte Kennedy-Invektive (gegen den republikanischen Konkurrenten Richard Nixon im Wahlkampf von 1960) umzudrehen: Einen Gebrauchtwagen würde man von ihm allenfalls kaufen, einen Neuwagen eher nicht. Weil das Neue an seiner Politik im Nebel seiner Lego-Begriffe verborgen bleibt.«

Josef Joffe, ehedem Leiter der Außenpolitik bei der *Süddeutschen Zeitung*, jetzt neuer Herausgeber der *Zeit* und einer, der gewiss keine Zuneigung zu den Grünen empfindet, sieht es ganz anders und legt den Amerikanern im Magazin der *New York Times* den »Schulabbrecher« Fischer als den »außergewöhnlichsten Politiker seiner Generation« ans Herz. In Amerika macht so etwas besonderen Eindruck: eine Karriere vom Taxifahrer zum Außenminister.

Der Schriftsteller Jörg Fauser gehörte einst zu den

Menschen, denen sich Joschka Fischer Ende der achtziger Jahre anvertraute, ihm erzählte er freimütig, was ihn antreibt in der Politik. Es ist bis heute die plausibelste Erklärung seiner selbst: »Sagen wir es doch ganz offen, es ist ein bisschen so wie eine große Liebe, die geht irgendwann mal in den nackten Psychoterror über, aber du kommst Jahr für Jahr nicht von ihr los, weil du merkst, wie sehr das die Leidenschaft hochrührt.«

Die Aufs und Abs der Liebe, auch die Routine einer langen Ehe und der plötzliche Wechsel in eine neue – das sind die treffendsten Metaphern für Fischers politisches Leben.

Die Grünen versuchen, viele Ideale der Achtundsechziger hochzuhalten, insbesondere die Solidarität. Doch der Folgegeneration geht es, ganz amerikanisch, zuerst ums eigene Fortkommen. Ohne Gewissensbisse und ohne große Rücksicht auf andere will sie – gewiss mit harter Arbeit – viel Geld verdienen und vor allem Spaß haben: so wie es Joschka Fischer vorgemacht hat.

»Kohls Körper ist der Körper der Bundesrepublik«, schrieb seinerzeit der Publizist Karl Heinz Bohrer in der Zeitschrift *Merkur*: »In Kohl drückt sich inzwischen die Unfähigkeit einer ganzen Gesellschaft zum dynamischen Infragestellen überkommener Glaubensinhalte aus.« Der Gedanke darf weitergeführt werden: Fischers Körper ist der Körper einer neuen Bundesrepublik, er drückt die Fähigkeit zum dynamischen Wandel aus, die Bereitschaft, sich selbst radikal infrage zu stellen. Und es alle Welt wissen zu lassen.

»Mit Verlaub, Herr Präsident,
Sie sind ein Arschloch«

*Auszüge aus den wichtigsten Reden von Joschka
Fischer, die witzigsten Zwischenrufe und die
bissigsten Bemerkungen*

»Moralisch verkommen«

»Vor 43 Jahren, am 27. September 1940, starb der Phi-
losoph und deutsche Jude Walter Benjamin an der spa-
nisch-französischen Grenze durch die eigene Hand.
Benjamin, einer der herausragendsten Denker der
Frankfurter Schule, nahm Gift, da er die Auslieferung
an Hitlers Gestapo und Folter, Verstümmelung und
qualvollen Tod im Konzentrationslager mehr fürchtete
als den Selbstmord.

Am 30. August dieses Jahres hat sich der politische
Emigrant und Asylsuchende Kemal Altun aus dem
sechsten Stockwerk des Berliner Verwaltungsgerichts
gestürzt. Sein Tod bezeichnet den traurigen Höhepunkt
einer seit Jahren – und das heißt: auch schon unter der
sozialliberalen Regierung begonnenen – vollzogenen
Aushöhlung und Verfälschung des Asylrechts in ein
Asylverweigerungsrecht.

Sprechen wir nun von jenem entschlossenen Helfer
des Justizministers im Kabinett. Sprechen wir von Innenminister Zimmermann, der sich die Vertreibung der
in der Bundesrepublik lebenden Türken – gerade auch

der unpolitischen – zu einer Herzensangelegenheit gemacht hat.

Ihm war der Justizminister noch zu zögerlich. Verfassung, Menschenrechte und Menschlichkeit kommen in seinen Erwägungen nicht mehr vor. Noch am Tage seiner Rückkehr aus der Türkei – er konnte keine 24 Stunden warten – verfasste er einen Brief an den Justizminister, in welchem er persönlich darüber Klage führt – ich zitiere wörtlich:

›Im Interesse der Fortführung einer nach wie vor guten Zusammenarbeit mit der Türkei auf polizeilichem Gebiet, aber auch im Interesse der Glaubwürdigkeit des Auslieferungsverkehrs mit der Türkei insgesamt bitte ich Sie, die Bewilligungsentscheidung vom 21. Februar 1983 für vollziehbar zu erklären, damit die Auslieferung unverzüglich durchgeführt werden kann.‹

Welcher Handel, Herr Zimmermann, wurde da in Ankara eigentlich verabredet? Heißt das Geschäft: türkische Oppositionelle aus der Bundesrepublik gegen die Zusage der Türkei, nicht weiter auf der drohenden Freizügigkeit entsprechend dem Assoziierungsabkommen mit der EG zu bestehen? Wie weit geht die Zuarbeit für die türkischen Folterknechte im NATO Land Türkei? Zumindest schlafen Sie noch ruhig, Herr Innenminister Zimmermann, wie man einem Interview entnehmen durfte. Seiner eigenen Meinung nach hat sich Herr Zimmermann nichts vorzuwerfen, weder rechtlich noch moralisch. Denn – ich zitiere ihn – ›Selbstmorde geschehen immer in einer Ausnahmesituation‹. Das war seine lapidare Bemerkung zum Tod Kemal Altuns. Herr Zimmermann, ich finde Ihr Verhalten diesen Menschen gegenüber politisch verhängnisvoll und in einem sehr persönlichen Sinne moralisch verkommen.«

Zur Asylproblematik (gekürzt), 1983

———

»Schießwütiger Zelluloid-Cowboy«

»Wer aus einem militärischen Überfall, aus der Vergewaltigung eines kleinen Volkes durch eine Supermacht einen ›Zwischenfall‹ macht, der sollte sich mal nach seiner Sprache befragen lassen. Worum es hier geht? Es geht um die Politik der gegenwärtigen US-Regierung, die meint, alle Konflikte dieser Welt letztendlich mit dem Einsatz militärischer Mittel lösen zu können, seien es die noch lokal begrenzten Krisen und Konflikte in der Dritten Welt, sei es am Ende gar der Ost-West-Konflikt.

Vergessen wir nicht: Für die knüppelschwingenden Politiker der Reagan-Regierung sind wir hier in der Bundesrepublik lediglich die Zentralfront in ihrem weltweiten Konfrontationsschema. Der Bundeskanzler vertraut diesem schießwütigen Zelluloid-Cowboy das Schicksal unseres Landes an.«

Über die militärische Intervention der Vereinigten Staaten in Grenada (gekürzt), 1983

———

»Eine unglaubliche Alkoholiker-Versammlung, die teilweise ganz ordinär nach Schnaps stinkt.«

Über den Bundestag in einem Interview mit dem
Frankfurter Stadtmagazin »Pflasterstrand«, 1983

——

»Unser Leben hängt an einem Halbleiterelement«

»Als sozusagen persönlich Angesprochener und Betroffener von jenen unsäglichen Anschuldigungen des Herrn Geißler will ich die Gelegenheit nutzen, um zum Inhalt der Vorwürfe Stellung zu beziehen.

Mehrfach wurde hier eine Äußerung von mir in einem ›Spiegel‹-Gespräch zitiert.

Lassen Sie mich daher das Zitat als Ganzes wiederholen: ›Es ist sicher richtig, die Einmaligkeit des Verbrechens, das die Nationalsozialisten am jüdischen Volk begangen haben, nicht mit schnellen Analogieschlüssen zu überdecken. Aber ich finde es doch moralisch erschreckend, dass es offensichtlich in der Systemlogik der Moderne, auch nach Auschwitz, noch nicht tabu ist, weiter Massenvernichtung vorzubereiten – diesmal nicht entlang der Rassenideologie, sondern entlang des Ost-West-Konflikts. Da analogisiere ich nicht mit Auschwitz, aber ich sage: Auschwitz mahnt eigentlich daran, diese Logik zu denunzieren, wo sie auftritt, und sie politisch zu bekämpfen.‹

So weit das vollständige Zitat.

Wieso die Herren Geißler und Dregger diesem Zitat entnehmen, hier würde unterstellt, ›als ob zum Beispiel die Bundesregierung und andere westliche Demokraten absichtlich ein Auschwitz neuen Formates vorbereiten würden‹, bleibt wohl Geheimnis ihrer Lesekunst.

Ich will hier nochmals zwei eigentliche Selbstverständlichkeiten wiederholen:

Niemand vergleicht eine demokratisch gewählte Regierung und deren Politik mit Verbrechern und Massenmördern vom Schlage Hitlers und seiner Kumpane; ich zumindest lehne dies entschieden ab.

Und ebenso entschieden verneine ich eine Analogie oder gar Gleichsetzung der gegenwärtigen atomaren Hochrüstungspolitik in Ost und West mit der Vernichtung des jüdischen Volkes.

Die von Deutschen organisierte und ins Werk gesetzte industrielle Vernichtung und Verwertung dieser Völker aus nacktem Rassenhass heraus verkörpert für mich das schlechthin Böse in der Politik, den puren Wahnsinn, welchen auch nur in Ansätzen zu begreifen selbst Jahrzehnte später nicht gelingt. Es war wohl zum ersten Mal auf den Schlachtfeldern des Ersten Weltkrieges gewesen, wo die Menschen mit den ungeheuerlichen Vernichtungskapazitäten der modernen Industrie konfrontiert wurden. Die Schrecken des Gaskrieges, die ersten Massenvergasungen wurden dort Wirklichkeit, und der Kampf von Soldaten und Armeen begann der gegenseitigen, naturwissenschaftlich ins Werk gesetzten Vernichtung zu weichen.

Hier, Herr Geißler, in diesem Erlebnis industriell bewerkstelligter Menschenschlächter im Ersten Weltkrieg, liegt eine der entscheidenden Ursachen für den von Ihnen angeklagten Gesinnungspazifismus der dreißiger

Jahre, der dann für viele in den Gaskammern und Folterkellern der Nazis endete.

In Auschwitz wurden dann nicht mehr Armeen ins Gas geschickt, sondern unterschiedslos ganze Völker, Frauen, Männer, Kinder und Greise. Und hier mahnen uns die Krematorien und Vergasungsanlagen in Auschwitz-Birkenau bis auf den heutigen Tag, denn die einmal in Bewegung gesetzte Vernichtungsspirale ist auch gegenwärtig nicht gebrochen.

Für wie krank muss man eigentlich eine Zivilisation bezeichnen, in der die angedrohte und technisch bereitgehaltene Verbrennung ganzer Völker im atomaren Feuer als Voraussetzung der eigenen Sicherheit gehalten wird?

Und damit hier nicht wieder das beliebte Missverständnis aufkommt: Dies gilt für beide Supermächte und die von ihnen abhängigen Regierungen.

Ein atomarer Holocaust in Europa wird sicher nicht das Werk von verrückten Massenmördern sein, wahrscheinlicher ist da die Katastrophe gegen den Willen aller Verantwortlichen oder verursacht durch eine sich endgültig verselbstständigende Abschreckungstechnik.

Acht Minuten Vorwarnzeit sind nicht viel, wie dies bei der auf uns zukommenden Pershing II gilt, und noch kürzere Vorwarn- und Reaktionszeiten drohen uns mit der nächsten Umdrehung der Rüstungsspirale.

Unser Leben hängt dann nicht einmal mehr an jenem berühmten Seidenfaden, sondern an einem schlichten Halbleiterelement, und was dann folgt, das hat noch kein Verteidigungsminister der westdeutschen Bevölkerung zu sagen gewagt!

Herr Geißler hat nunmehr den wahren Schuldigen

für den Völkermord in Auschwitz ausfindig gemacht, den ›Pazifismus der 30er Jahre, der sich in seiner gesinnungsethischen Begründung nur wenig von dem unterscheidet, was wir in der Begründung des heutigen Pazifismus zur Kenntnis zu nehmen haben, dieser Pazifismus der 30er Jahre hat Auschwitz erst möglich gemacht‹.

Es ist schon eine unglaubliche Infamie, Herr Geißler, die Opfer des Nationalsozialismus für die an ihnen begangenen Verbrechen auch noch verantwortlich zu machen.

Und um Ihre sinistre ministeriale Logik fortzuspinnen, den möglichen Opfern von morgen haben Sie es gleich mitgezeigt: Zu viel Pazifismus beschwört den Atomkrieg herauf und nicht etwa die sich immer schneller und absurder steigernde Rüstungsspirale!

Hier sichten Sie die Gemeinsamkeiten zwischen Friedensbewegung und dem Pazifismus der 30er Jahre – ein Vergleich übrigens, der uns ehrt und von dem wir hoffen, dass wir ihm gerecht werden können.«

Über Atomwaffen und die Instrumentalisierung von Auschwitz durch den Bundesfamilienminister und CDU-Generalsekretär Heiner Geißler (gekürzt), 1983

———

»Mit Verlaub, Herr Präsident, Sie sind ein Arschloch.«
Zu Bundestagsvizepräsident Richard Stücklen, nachdem dieser der Grünen-Abgeordneten Christa Nickels das Mikrofon abgedreht hatte, 1984

———

»Mir gehen die Klemm-Chauvis auf den Sack, die da plötzlich in serviler Ergebenheit, jeden aufrechten Gang und sonst manches Aufrechte beiseite lassend, auf breiter Schleimspur der Frauenemanzipation hinterherkriechen.«

Über die Fraktion der Grünen, 1984

———

»Zimmermann ist als Löwe gesprungen und als Bettvorleger gelandet.«

Über den Bundesinnenminister, 1984

———

»Die moralische Hinrichtung eines Mannes«

»Herr Präsident, meine Damen und Herren, lieber Herr Wörner!

Dies sind schwere Wochen für Sie gewesen, an die Sie sicherlich noch lange Zeit in Ihrem Leben zurückdenken werden.

So oder ähnlich sprach seine Barmherzigkeit, der Bundeskanzler, als er vor einer mühsam um Fassung ringenden Journalistenschar Ihre Nichtentlassung verkündete.

Da meldet ein Ministerialrat im Verteidigungsministerium, er habe davon gehört, dass man den stellvertretenden Oberbefehlshaber der NATO im nämlichen Hauptquartier händchenhaltend habe einherspazieren sehen.

Dies war die Feindlage, auf deren Hintergrund der Militärische Abschirmdienst zur Lagebeurteilung und weiteren Ermittlungen schritt.

Flugs stießen die Späher im Waffenrock auf ein schwer wiegendes Indiz.

Der fragliche General war unverheiratet!

Der einzige unverheiratete General in der Bundeswehr!

Dies war für sich genommen schon verdächtig, vor allem, wenn man Herrn Dreggers Brandreden über die aussterbende deutsche Nation noch in den Ohren hatte.

Wenn so einer im Allerheiligsten der westlichen Sicherheit auch noch Händchen hält, dann gilt für den MAD Gefahr im Verzuge.

Und so wurde man weiter fündig.

Ein Admiralstabsarzt, bei dem sich General Kießling vor Jahren zu einer Untersuchung aufgehalten hatte, berichtete von einem sich selbst öffnenden Bademantel und der Manipulation am Genital.

Man kann sich vorstellen, wie diese gefährliche Nachricht bei den Jungs von der Sicherheit eingeschlagen hat.

Das Mysterium des Bademantels, die fehlende Heiratsurkunde und das Gerücht vom Händchenhalten wiesen eindeutig die Richtung.

Und wie schon so oft, wenn es in Bonn hoch her und um die Staatssicherheit ging, so führte auch diesmal die schlüpfrige Spur nach Köln, ins Tom-Tom und Café Wüsten.

Nunmehr war Amtshilfe angezeigt.

Auf dem kurzen Dienstweg, von Mann zu Mann sozusagen, tarnte sich ein Feldwebel des MAD als Oberstleutnant und suchte und fand Beistand bei einem Kölner Kriminalbeamten.

Der erhielt Kießlings Bild und wurde in den nunmehr weltberühmten Lokalitäten zeugenfündig. Ja, ja, hieß es, der General wäre hier mehrmals bedient worden.

Für Manfred Wörner galt es nun zu handeln.

General Kießling sollte im gegenseitigen Einvernehmen zum 31. März 1984 aus dem Amte scheiden und bis dahin krank machen.

Was dann folgte, spottet jeder Beschreibung.

Als der Vorwurf der Homosexualität nicht mehr zu halten war, da hieß es plötzlich, der General Kießling wäre auffallend lange und häufig krank gewesen, er habe sich beim BND falsche Papiere besorgt und sei mehrmals nach West-Berlin gereist.

Noch in der Aktuellen Stunde im Deutschen Bundestag zur vorliegenden Sache machten die Kläffer von den Hinterbänken der Unionsfraktionen, die Herren Hauser, Wimmer und Berger ... aus dem dortigen Grab von Günter Kießlings Eltern einen toten Briefkasten und aus Kießling selbst einen möglichen Superspion!

Ob Günter Kießling homosexuell war oder nicht, er musste es jetzt sein!

Ob er erpressbar war oder nicht, er musste es jetzt sein!

Ob er eine Gefahr war oder nicht, er musste es jetzt sein!

Hier wurde die öffentlich ins Werk gesetzte moralische Hinrichtung eines Mannes versucht, um einen wehrverliebten Minister im Amt zu halten, und Günter Kießling kann von Glück sagen, dass er es dabei mit solchen Flaschen zu tun hatte.

Betrachten wir abschließend noch den Schaden, welchen diese Polit-Klamotte hinterlässt. Des Generals Ehre ist wiederhergestellt, wie man so schön sagt, der Verteidigungsminister verharrt, wenn auch demoliert, in seiner schweren Pflicht; einige nachgeordnete Köpfe werden rollen; und Helmut Kohl hat schließlich tapfer entschieden.

Was bleibt, ist der erschreckende Nachhall einer Moral in Regierung, Militär und Teilen der Öffentlichkeit, welche die gleichgeschlechtliche Liebe von Männern immer noch – oder besser vielleicht: schon wieder – in die Grauzone moralischer Anstößigkeit und sicherheitsbedingter Gefährlichkeit abzudrängen versucht.

Kein Wort der Entschuldigung, keine Ehrenerklärung?

Ach, hätte man uns doch gleich gesagt, was diese Koalition der Mitte unter geistig-moralischer Erneuerung versteht.

Wer von uns hätte sich jemals dieses pfälzische Gesamtkunstwerk vorzustellen vermocht, welches in barocker Opulenz so langsam versumpft?

Da erklärte der Staatsmann Helmut Kohl einmal, dass die *ultima ratio* aller westdeutscher Staatsräson das Bündnis wäre; dass er damit Franz Josef Strauß meinte, ist mir damals leider entgangen.

Die Angst vor dem Bayern entpuppt sich als die *ultima ratio* dieser Regierung, und mittlerweile scheint fast alles erträglich zu werden in Bonn, wenn nur die Kabinettsrunde geschlossen und Strauß in München bleibt.

Und so tagt da mittlerweile ein veritables Wachsfigurenkabinett des Dr. Kohl: Wörner und sein Sicherheitsrisiko, der Graf mit seinen versunkenen Schätzen, ein piepsender Laokoon als Postminister, von der Gruselabteilung Geißler und Zimmermann ganz zu schweigen.

Hauptsache, Strauß bleibt in München.«

Über die Affäre Wörner/Kießling
im Bundestag (gekürzt), 1984

———

»Es gibt doch eine ganze Latte politischer Halbleichen bis Leichen, die hier auf Kabinettsposten herummodern.«

Über das Bundeskabinett, 1985

———

»Wenn man Tag und Nacht und sieben Tage in der Woche hinter der Revolution herackert, da weiß man nach sieben Jahren nicht mehr, was Wahn und was Wirklichkeit ist.«

Über sich selbst, 1985

———

»Ich war einmal knapp davor, einen Menschen aus Eifersucht umzubringen.«

Über sich selbst, 1985

———

»Die gefürchtetste Fischer-Technik ist die des Zwischenrufs: etwa gegen Innenminister Manfred Kanther (›Hauptfeldwebel‹), Ex-Innenminister Rudolf Seiters (›Deponierhetorik‹) oder den Christdemokraten Hans-Peter Repnik (›Ministrant‹), wie der ausdauernd Kohl gelobt hat. Fischer: ›Er hat zu viel Weihrauch inhaliert.‹

›Während jeder Rede, die hier gehalten wird‹, erregte sich der CDU-Parlamentarier Rupert Scholz, nehme Fischer ›50 Prozent der Redezeit in Anspruch‹. In der Debatte um die ARD unterbrach Fischer den bayerischen Ministerpräsidenten Edmund Stoiber so oft und erbarmungslos (›Weißwurstphilosoph!‹), dass Bundestagsvizepräsident Hans Klein (CSU) den Grünen zur Ordnung rief.«

Der »Stern« über Joschka Fischer, 1995

————

»Brennstabpolitische Sprecherin der Bundesregierung.«
Über die Bundesumweltministerin
Angela Merkel, 1995

————

»Sie sind Geschichte, im guten und im schlechten Sinne, das haben Sie immer gewollt. Aber in Zukunft werden Sie nicht mehr sein – drei Zentner fleischgewordene Vergangenheit.«

Zu Bundeskanzler Kohl, 1995

————

»Drohen wir unsere moralische Seele zu verlieren?«

»Spätestens mit der Geiselnahme der Blauhelme und der Eroberung der moslemischen Enklaven und ›Schutzzonen‹ der Vereinten Nationen in Ostbosnien durch das bosnisch-serbische Militär ist die bisherige Bosnienpolitik des Westens und der Vereinten Nationen in ihrem politisch-militärischen Teil gescheitert. In Bosnien zeichnet sich ein Sieg derjenigen ab, die auf brutale und grausame Gewalt setzen, wärend sich die Politik der Friedensbewahrung als hilflos und die sie tragenden Vereinten Nationen und westlichen Mächte sich als uneinig, deshalb nahezu handlungsunfähig und in ihren politischen Absichten mindestens als doppelbödig erweisen.

Die Vereinten Nationen richteten Schutzzonen für die moslemischen Flüchtlinge und die Bewohner der Enklaven ein, waren militärisch aber niemals willens und in der Lage zu deren Schutz. Schlimmer noch, die leicht bewaffneten und oftmals verstreuten und isolierten Blauhelmeinheiten wurden durch die bosnischen Serben als Geiseln genommen und demnach noch zu einem wirkungsvollen Schutzschild des Aggressors gegenüber westlichen Luftangriffen bei ihrer militärischen Offensive.

Europa ist fünf Jahre nach dem Ende des Kalten Krieges und fünfzig Jahre nach dem Ende des Zweiten Weltkrieges nicht wiederzuerkennen. Der Krieg ist mit all seiner Grausamkeit und Barbarei zurückgekehrt und tobt auf dem Balkan. Mit Krieg, mit einer brutal rücksichtslosen Skrupellosigkeit und dem Tod und Elend Hunderttausender unschuldiger Menschen scheinen im

Europa des Sommers 1995 erfolgreich wieder Grenzen gezogen und mit völkischer Politik erneut politische Fakten geschaffen werden zu können. Die täglichen Schreckensnachrichten aus Bosnien nehmen kein Ende.

Wenn sich diese Politik des Krieges und des Mordens in Bosnien erfolgreich durchsetzen wird, dann wird dies weit über den Balkan hinaus für Europa anhaltend schlimme Konsequenzen haben. Gerade eine auf Gewaltfreiheit und Ächtung der Gewalt beruhende Politik ist davon ganz besonders betroffen, denn wenn der Krieg wieder zu einem erfolgreichen und durchsetzungsfähigen Mittel der europäischen Politik wird, dann kann man eine gewaltfreie Zukunft der europäischen Nationen schlicht vergessen.

Können Pazifisten, kann gerade eine Position der Gewaltfreiheit den Sieg der brutalen, nackten Gewalt in Bosnien einfach hinnehmen? Was ist zu tun, wenn alle bisherigen Mittel – Embargo, Schutzzonen, Kontrolle schwerer Waffen, Verhandlungslösungen – schlicht versagt oder zumindest gegenüber der militärischen Gewalt nicht ausreichend gewirkt haben? Sind wir dann für Abzug?

Und so stellt sich heute erneut, nach sechzig Jahren, für Europa die Frage: Wo hört die Nachgiebigkeit gegenüber einer Politik der Gewalt auf? Wer jetzt in Sarajevo, Gorazde und Bihac nicht die rote Linie des ›Bis hierher und nicht weiter‹ ziehe, der werde nach weiteren unsäglichen Opfern diese dann irgendwann doch in nicht allzu ferner Zukunft ziehen müssen, weil dieser Faschismus mit seiner Gewaltpolitik nicht aufhören werde. Und läuft die deutsche Linke jetzt nicht massiv Gefahr, ihre moralische Seele zu verlieren, wenn sie sich, egal mit welchen argumentativen Ausflüchten, vor diesem neuen Faschismus und seiner Politik der Gewalt wegduckt?

Und, so wird weiter die quälende Frage gestellt, droht unserer Generation jetzt nicht ein ähnliches politisch-moralisches Versagen wie der Generation unserer Eltern und Großeltern in den dreißiger Jahren, wenn wir dem Schrecken mit unseren Möglichkeiten nicht entgegentreten und alles Menschenmögliche tun, um weitere Opfer zu verhindern? Können wir Prinzipien höher stellen als Menschenleben, und was wird aus unserem Prinzip der Gewaltfreiheit, wenn es sich vor der menschenverachtenden Gewalt beugt? Wie muss sich eine gewaltfreie Partei, die sich in ihrem Gründungsprogramm zum Notwehrrecht klar und eindeutig bekennt, in diesem Konflikt zwischen Notwehrrecht und Gewaltfreiheit verhalten? Das Notwehrrecht umfasst Leben und Freiheit, die Voraussetzung für alle Gewaltlosigkeit. Die bosnischen Muslime kämpfen gegenwärtig um das nackte Überleben als Menschen und als Kultur, und deshalb kann ihnen niemand das Notwehrrecht absprechen. Kann man ihnen dann aber die Notwehrhilfe versagen?

Bisher galt zu Unrecht der Grundsatz: ›Deutsche Beteiligung an humanitärer Hilfe in Bosnien ja, deutsche Blauhelme oder gar Kampfverbände in Bosnien nein.‹ Aber der Bosnienkrieg wirft für uns jenseits der Frage der deutschen Beteiligung wesentlich grundsätzlichere Fragen auf, ja bringt uns in einen elementaren Konflikt mit drei Grundwerten unserer politischen Überzeugung: Leben und Freiheit stehen gegen den Grundsatz der Gewaltfreiheit. Und es ist zu befürchten, dass uns mit dem Ende des Kalten Krieges dieser Konflikt nicht zum letzten Mal massiv bedrängen wird.

Unsere Partei ist eine Reformpartei, die ihren gesellschaftsverändernden und d. h. unter dem Gesichtspunkt des friedlichen, gewaltfreien Zusammenlebens, der Wahrung der Menschenrechte, des Schutzes von Minderheiten und der sozialen Gerechtigkeit auch gesellschaftsverbessernden Anspruch nicht aufgegeben hat. Ein Durchlavieren, eine Haltung des ›Wir sind entsetzt, ansonsten schauen wir aber lieber nicht hin‹ kommt angesichts der bosnischen Katastrophe für unsere Partei nicht infrage. Entweder sind wir für den militärischen Schutz der Schutzzonen, wissend auch um die ganze Unzulänglichkeit der westlichen Bosnienpolitik und ihrer Risiken – und ich bin der Überzeugung, wir müssen angesichts der Lage der dort eingeschlossenen Zivilbevölkerung für den militärischen Schutz der UN Schutzzonen sein –, dann müssen wir dies als Partei auch sagen, ausdiskutieren und beschließen. Oder wir lehnen diesen militärischen Schutz ab, und dann sollten wir uns, aber ohne uns darum herumzuwinden, für den Abzug der UN Blauhelme aussprechen. Die Folgen dieses Schrittes sind ebenfalls bekannt. Allerdings wird die Welt (und damit auch wir) in diesem Fall den bosnischen Regierungstruppen die notwendigen Waffen für ihre Selbstverteidigung nicht länger vorenthalten dürfen.

Beides, die Erklärung für einen militärischen Schutz der Schutzzonen als auch die Alternative des Abzuges, wird unseren innerparteilichen Grundwertekonflikt zwischen dem Schutz des Lebens und der Freiheit von Menschen einerseits und der Gewaltfreiheit andererseits nicht unberührt lassen. Und unsere prinzipienorientierte Außenpolitik, die die Gewaltfreiheit in den internationalen Beziehungen zu ihrem zentralen Grundsatz erklärt hat, wird sich dieser für uns ganz neuen Herausforderung durch ›ethnische Kriege‹ stellen und praktische Antworten darauf geben müssen, die die Widerstands- und damit Gewaltfrage nicht werden ausklammern können.«

Im »Bosnienpapier« genannten Brief
an die Grünen (gekürzt), 1995

——

»Allein das Eingreifen der USA hat den Krieg beendet«

»Der Bosnienkrieg hat ein Weiteres klargemacht: Die Westeuropäer sind bis auf Weiteres noch nicht in der Lage, ihre ureigensten europäischen Angelegenheiten im Falle gewaltsamer oder gar kriegerischer Entwicklungen einvernehmlich selbst zu regeln. Sicherheit und Stabilität sind ohne die Präsenz der USA in Europa deshalb auch in Zukunft nicht zu gewährleisten.

Auch wenn es sich in Bosnien ›nur‹ um einen begrenzten regionalen Krieg gehandelt hat, an dem lediglich kleinere Mächte beteiligt waren und nicht die stärksten Mächte Europas, wie im Ersten und Zweiten Weltkrieg – es also keine hegemoniale Bedrohung Europas dort gegeben hat und gibt –, so bleibt doch die Tatsache, dass allein das Eingreifen der USA diesen Krieg beendet hat.

Die europäische Einigung ist für Deutschland alternativlos, und allein aus diesem Grunde kann es keine privilegierten deutsch-amerikanischen Beziehungen gegenüber unseren wichtigsten europäischen Partnern geben. Deutschland taugt nicht als ›Festlandsdegen‹ der atlantischen Seemacht USA.

Andererseits weiß man aber gerade in Deutschland um die Notwendigkeit einer engen Sicherheitspartnerschaft mit den USA.

Die transatlantischen Beziehungen wurden über vier Jahrzehnte hinweg auf überragende Weise durch den Kalten Krieg bestimmt. Mit dessen Ende bedürften sie eigentlich einer neuen vertraglichen Justierung, um der radikal veränderten Realität gerecht zu werden.

Am Ende muss ein neuer transatlantischer Vertrag stehen, der dann allerdings nicht mehr ein Militär- und Sicherheitsbündnis gegen jemanden zum Hauptinhalt hätte, sondern der das gesamteuropäisch-transatlantische Sicherheitssystem nicht gegen, sondern mit Russland sein muss.

Und last but not least wird im Zeitalter des Globalismus auch das Verhältnis von Handel, Sicherheit und Menschenrechten neu definiert und vertraglicher Bestandteil einer erneuerten transatlantischen Partnerschaft werden müssen. Die Institutionalisierung der Menschenrechtsfrage und verbindlicher Verfahren zu ihrer Durchsetzung durch die Außenpolitik der beteiligten westlichen Mächte ist dabei unverzichtbar. Ebenso muss auch eine abgestimmte Umweltaußenpolitik zur Schonung der globalen Ressourcen zu diesem erneuerten Atlantismus gehören. Gerade wenn man ›Instabilität‹ als den neuen Hauptgegner in einer globalisierten Weltpolitik begreift, müssen zudem die nichtmi-

litärischen Möglichkeiten zur Verhinderung von ›Insta-
bilität‹ ganz anders entwickelt und eingesetzt werden.«
Zur Partnerschaft mit den USA beim Transatlantik-
Forum der Herbert-Quandt-Stiftung (gekürzt), 1996

———

»Eher werden Sie sich halbieren als die Arbeitslosigkeit.«
Zu Bundeskanzler Helmut Kohl wegen dessen
Ankündigung, er werde die Arbeitslosenzahlen
bis zum Jahr 2000 halbieren, 1997

———

»Nebel, dein Name ist Wolfgang! Badische Nebelwand!«
Zu Wolfgang Schäuble, als dieser in einer Bundes-
tagsrede sagte: »Ich kann mir auch schlecht
Herrn Fischer im NATO-Rat vorstellen«, 1998

———

»Alles ist möglich, selbst dämliche Fragen wie Ihre.«
Zum Spiegel-TV-Reporter Claas Thomsen auf
dessen Frage vor dem Hanse-Marathon: »Ist es
auch möglich, dass Sie aufgeben?«, 1998

———

»Wir würden unser blaues Wunder erleben«

»Die deutsche Nachkriegsaußenpolitik geriet schnell in eine ›Double bind‹-Situation. Sie war geprägt von einem doppelten Misstrauen, bei Tätigkeit und Untätigkeit. Das wird eine Konstante deutscher Außenpolitik noch auf unabsehbare Zeit bleiben, nämlich der Widerspruch zwischen der Macht, die diesem Land innewohnt kraft seiner objektiven Stärke und seines strategischen Potenzials, und gleichzeitig der Macht der kollektiven Erinnerung an unsere furchtbare, an unsere katastrophale Nationalgeschichte. Zentral wird dabei der Umgang mit dem Kern des deutschen Versagens im zwanzigsten Jahrhundert bleiben, nämlich mit dem Holocaust, mit Auschwitz.

Wird Deutschland Integrationsmotor in Europa bleiben? Und wie weit wird die erste Konstante der Selbstbeschränkung die deutsche Außenpolitik auch in Zukunft bestimmen?

Noch einmal ist auf die politische Differenz hinzuweisen, die zwischen der Faktizität der Existenz nationaler Interessen, die ich nicht leugne, und einer Insistenz auf nationale Interessen besteht. Diese Differenz ist politisch bedeutsam. Denn wenn jüngere Vertreter deutscher Volksparteien, die heute bereits in wichtiger Position sind, glauben, dass man verstärkt das nationale Interesse zum Maßstab deutscher Europa-Politik machen sollte, dann werden wir in Europa unser blaues Wunder erleben.

Indirekte Interessenpolitik – das ist die zweite Lektion, die wir von der Bundesrepublik-West hinübernehmen müssen in die Berliner Republik. Partnerschaft und der Vorrang der europäischen Integration – das ist die Lektion, mit der sich das europäische Haus weiterbauen lässt.

Deswegen lautet mein *ceterum censeo* – und darin stimme ich dem Bundeskanzler voll zu –, dass wir wieder in die alten Widersprüche des europäischen Staatensystems hineingeraten werden, wenn der europäische Einigungsprozess nicht vorankommt. Eine weitere Konstante neben der Politik der Selbstbeschränkung ist die Westbindung. Die Linke tat sich damit sehr schwer.

Aus der Westbindung ergibt sich die dritte Konstante: die europäische Integration. Ich werde nicht müde, diesen Punkt hervorzustreichen, denn ich glaube, wir werden in den kommenden Jahren den Beginn einer Debatte und das Aufbrechen eines bisher gültigen Konsenses über die europäische Integration Deutschlands vor allen Dingen in den demokratischen Rechtsparteien erleben.

Es ist ein faszinierender Vorgang: Der europäische Integrationsprozess bedeutet einen Bruch mit der bisherigen europäischen Geschichte der Machtstaaten. Einerseits verkörpern Brüssel und die europäische Einigung die Eskalation und Durchsetzung nationaler Interessen par excellence, andererseits werden diese aber dauerhaft und institutionell in ein europäisches Integrationsmuster umgebrochen. Noch nie war die Interessenpolitik der europäischen Nationalstaaten so wenig interessenorientiert wie im Zusammenhang der Integration, obwohl sie dort gerade massiv ihre nationalen Interessen verfolgen. Dieser Integrationsprozess bedeutet faktisch einen Machttransfer vom Nationalstaat nach Europa; dies ist ein unerhörter Vorgang vor dem Hintergrund der europäischen Geschichte.

Zu den hier angeführten drei Konstanten deutscher Außenpolitik möchte ich noch eine vierte hinzufügen: Neben der Politik der Selbstbeschränkung, der Westbindung, der europäischen Integration ist dies eine dauerhafte Absage an jede Form von Machtstaatsdenken, ein klares Bekenntnis zur Friedensstaatlichkeit Deutschlands und eine unerschütterliche Verpflichtung auf die Menschenrechte.«

In einem Vortrag im von der Deutschen Gesellschaft für Auswärtige Politik veranstalteten Zyklus »Reden zur Außenpolitik der Berliner Republik« (gekürzt), 1998

———

»Europa braucht mehr Demokratie. Die Entscheidungsprozesse in der Union müssen transparenter und für die Menschen nachvollziehbarer werden. Der Bürger muss endlich erkennen können, wer was und mit welcher Legitimation in Brüssel beschließt.

Je handlungsfähiger die Union wird, umso größer muss die demokratische Legitimation ihrer Handlungen sein. Die Rechte des Europäischen Parlaments müssen weiter ausgeweitet werden.«

Vor dem Parlament in Straßburg (gekürzt), 1999

———

»Nie wieder Krieg, nie wieder Auschwitz«

»Geliebte Gegner: Wisst ihr, ein halbes Jahr sind wir jetzt hier in der Bundesregierung. Ein halbes Jahr – ja jetzt kommt ihr, ich hab darauf gewartet: Kriegshetzer. Hier spricht ein Kriegshetzer und Herrn Milošević schlagt ihr demnächst für den Friedensnobelpreis vor.

Mit Sprechchören, mit Farbbeuteln wird diese Frage nicht gelöst werden. Ich hätte mir auch nicht träumen lassen, dass wir Grüne unter Polizeischutz einen Parteitag abhalten müssen.

Ich bin nun weiß Gott kein zartes Pflänzchen beim Nehmen und beim Geben. Aber es hat wehgetan, wenn der persönliche Vorwurf erhoben wurde, ich hätte da die Bundesrepublik Deutschland in den Krieg gefingert. Ich kann nur versichern, ich habe alles getan, was in meinen Kräften stand, um diese Konfrontation zu verhindern.

Für mich spielten zwei zentrale Punkte eine entscheidene Rolle: In Solingen, als (es) zu diesem furchtbaren mörderischen Anschlag auf eine ausländische Familie, auf eine türkische Familie, kam. Die rassistischen Übergriffe, der Neonazismus, die Skinheads. Ich frage mich, wenn wir innenpolitisch dieses Argument immer verwandt haben, gemeinsam verwandt haben, warum verwenden wir es dann nicht, wenn Vertreibung, ethnische Kriegführung in Europa wieder Einzug halten und eine blutige Ernte mittlerweile zu verzeichnen ist? Ist das moralische Hochrüstung, ist das Overkill?

Auschwitz ist unvergleichbar. Aber ich stehe auf zwei Grundsätzen, nie wieder Krieg, nie wieder Auschwitz, nie wieder Völkermord, nie wieder Faschismus.

Ich freue mich ja, wenn gesagt wird, von Christian Ströbele und anderen, sie wollen, dass Joschka Fischer Außenminister bleibt. Aber da müsst ihr die Bedingungen auch dafür schaffen, dass ich erfolgreich Außenminister sein kann.«

Auf dem Kosovo-Sonderparteitag der Grünen
in Bielefeld (gekürzt), 1999

——

»Die Vereinten Nationen müssen rechtzeitig eingreifen können«

»Was ist zu tun, wenn ganze Staaten kollabieren und die Zivilbevölkerung in nicht enden wollenden Bügerkriegen von allen Seiten massakriert wird? Was, wenn ethnische Spannungen in einem Staat durch verbrecherische Regierungen teilweise erst hervorgerufen und dann mittels Pogromen, Massenvertreibung und Massenmord bis hin zum Völkermord beantwortet werden? Ruanda, Kosovo und Ost-Timor sind dramatische Beispiele dafür.

Es sind zwei Entwicklungen denkbar: Entweder es bildet sich eine Praxis ›humanitärer Interventionen‹ außerhalb des UN-Systems heraus. Dies wäre sehr problematisch. Das Eingreifen im Kosovo erfolgte in einer Situation der Selbstblockade des Sicherheitsrats nach dem Scheitern aller Bemühungen um eine friedliche Lösung als Nothilfe und *ultima ratio* zum Schutz der vertriebenen Kosovo-Albaner. Der nur in dieser besonderen Lage gerechtfertigte Schritt darf jedoch nicht zu

einem Präzedenzfall für die Aufweichung des Mono-
pols des VN-Sicherheitsrats zur Autorisierung von lega-
ler internationaler Gewaltanwendung – und schon gar
nicht zu einem Freibrief für die Anwendung äußerer
Gewalt unter humanitärem Vorwand werden. Dies würde Willkür und Anarchie Tür und Tor öffnen und die
Welt ins 19. Jahrhundert zurückwerfen.

Der Ausweg aus dem Dilemma kann deshalb nur
darin liegen, das bestehende System der Vereinten Nationen derart weiterzuentwickeln, dass diese künftig im
Falle schwerster Menschenrechtsverletzungen rechtzeitig eingreifen können, allerdings erst nach Ausschöpfung aller Mittel friedlicher Konfliktbeilegung und –
dies ist entscheidend – in einem rechtlich strikt begrenzten und kontrollierten Rahmen. Der einzelne
Mensch und seine Rechte müssen im 21. Jahrhundert
neben den Rechten der Staaten stärker in das Zentrum
des Sicherheitsbegriffes der internationalen Staatengemeinschaft rücken.«

Vor der Generalversammlung der
Vereinten Nationen (gekürzt), 1999

———

»Ein bisschen Solidarität, nicht nur wenn es aufwärts
geht, täte auch nicht schlecht.«

Auf einem Parteitag der Grünen, wo seine
Reformforderungen abgelehnt wurden, 2000

———

»Ein Europa der Nationalstaaten und ein Europa der Bürger«

»Quo vadis Europa? Und die Antwort der Europäer kann aus vielerlei Gründen, wenn sie es gut mit sich und ihren Kindern meinen, nur lauten: Vorwärts bis zur Vollendung der europäischen Integration. Für einen Rückschritt oder auch nur einen Stillstand und ein Verharren beim Erreichten würde Europa, würden alle an der EU beteiligten Mitgliedstaaten und auch alle diejenigen, die Mitglied werden wollen, würden vor allem also unsere Menschen einen fatal hohen Preis zu entrichten haben.

Was vor uns liegt, wird alles andere als einfach werden und unsere ganze Kraft erfordern, denn wir werden in der nächsten Dekade die Ost- und Südosterweiterung der EU zu wesentlichen Teilen zuwege bringen müssen, die letztlich zu einer faktischen Verdoppelung der Mitgliederzahl führen wird. Und gleichzeitig, um diese historische Herausforderung bewältigen und die neuen Mitgliedstaaten integrieren zu können, ohne dabei die Handlungsfähigkeit der EU substanziell infrage zu stellen, müssen wir den letzten Baustein in das Gebäude der europäischen Integration einfügen, nämlich die politische Integration.

Wir stehen in Europa gegenwärtig vor der enorm schwierigen Aufgabe, zwei Großprojekte parallel zu organisieren:

1. Die schnellstmögliche Erweiterung. Diese wirft schwierige Anpassungsprobleme für Beitrittsländer wie für die EU selbst auf. Sie löst zudem bei unseren Bürgern Sorgen und Ängste aus: Geraten ihre Ar-

beitsplätze in Gefahr? Wird durch die Erweiterung Europa noch undurchsichtiger und unverstehbarer für die Bürger? So ernsthaft wir uns mit solchen Fragen auseinander setzen müssen, wir dürfen darüber nie die historische Dimension der Osterweiterung aus den Augen verlieren. Denn diese ist eine einmalige Chance, unseren über Jahrhunderte kriegsgeschüttelten Kontinent in Frieden, Sicherheit, Demokratie und Wohlstand zu vereinen.

2. Die Handlungsfähigkeit Europas. Die Institutionen der EU wurden für 6 Mitgliedstaaten geschaffen. Sie funktionieren mit Mühe noch zu 15. So wichtig der erste Reformschritt mit seiner verstärkten Mehrheitsentscheidung bei der vor uns liegenden Regierungskonferenz auch für den Beginn der Erweiterung ist, so wird er langfristig für die Erweiterung insgesamt allein nicht ausreichen. Die Gefahr besteht dann, dass eine Erweiterung auf 27–30 Mitglieder die Absorptionsfähigkeit der EU mit ihren alten Institutionen und Mechanismen überfordern wird, und dass es zu schweren Krisen kommen kann.

Gestatten Sie mir deshalb, meine Damen und Herren, dass ich jetzt ›den Außenminster‹ definitiv weit hinter mir lasse, um einige Überlegungen sowohl über das Wesen der so genannten ›Finalität Europas‹ anzustellen als auch darüber, auf welchem Weg wir uns diesem Ziel annähern und es schließlich erreichen können. Und auch allen Euroskeptikern diesseits und jenseits des Kanals sei empfohlen, jetzt nicht gleich wieder die dicksten Schlagzeilen zu produzieren, denn erstens handelt es sich um eine persönliche Zukunftsvision von der Lösung der europäischen Probleme. Und zweitens reden wir hier über einen langfristigen Zeitraum. Niemand muss sich also vor diesen Thesen fürchten.

Die bisherige Vorstellung eines europäischen Bundesstaates, der als neuer Souverän die alten Nationalstaaten und ihre Demokratien ablöst, erweist sich als ein synthetisches Konstrukt jenseits der gewachsenen europäischen Realitäten. Die Vollendung der europäischen Integration lässt sich erfolgreich nur denken, wenn dies auf der Grundlage einer Souveränitätsteilung von Europa und Nationalstaat geschieht.

Was hat man sich nun unter dem Begriff der ›Souveränitätsteilung‹ vorzustellen? Wie gesagt, Europa wird nicht in einem leeren politischen Raum entstehen, und ein weiteres Faktum unserer europäischen Realität sind deshalb die unterschiedlichen politischen Nationalkulturen und deren demokratische Öffentlichkeiten, getrennt zudem noch durch die allfälligen Sprachgrenzen. Ein europäisches Parlament muss deswegen immer ein Doppeltes repräsentieren: ein Europa der Nationalstaaten und ein Europa der Bürger.

Dies lässt sich meines Erachtens erreichen, wenn dieses europäische Parlament über zwei Kammern verfügt, wobei eine Kammer durch gewählte Abgeordnete besetzt wird, die zugleich Mitglieder der Nationalparlamente sind. Bei der zweiten Kammer wird man sich zwischen einem Senatsmodell mit direkt gewählten Senatoren der Mitgliedsstaaten oder einer Staatenkammer analog unseres Bundesrates zu entscheiden haben. In den USA wählen alle Staaten zwei Senatoren, in unserem Bundesrat hingegen gibt es eine unterschiedliche Stimmenzahl.

Ebenso stellen sich für die europäische Exekutive, die europäische Regierung, zwei Optionen. Entweder entscheidet man sich für die Fortentwicklung des Europäischen Rats zu einer europäischen Regierung, d. h. die europäische Regierung wird aus den nationalen Regierungen heraus gebildet, oder man geht, ausgehend von der heutigen Kommissionsstruktur, zur Direktwahl eines Präsidenten mit weitgehenden exekutiven Befugnissen über.

Auch in der europäischen Finalität werden wir also noch Briten und Deutsche, Franzosen und Polen sein. Die Nationalstaaten werden fortexistieren und auf europäischer Ebene eine wesentlich stärkere Rolle behalten als dies die Bundesländer in Deutschland tun. Und das Prinzip der Subsidiarität wird in einer solchen Föderation künftig Verfassungsrang haben.

Jacques Delors sowie Helmut Schmidt und Valéry Giscard d'Estaing haben deshalb in jüngster Zeit versucht, auf dieses Dilemma neue Antworten zu finden. Nach den Vorstellungen von Delors soll eine ›Föderation der Nationalstaaten‹, bestehend aus den 6 Gründungsländern der Europäischen Gemeinschaft, einen ›Vertrag im Vertrag‹ schließen, mit dem Ziel einer tief greifenden Reform der europäischen Institutionen. In eine ähnliche Richtung gehen die Überlegungen von Schmidt und Giscard, die allerdings anstatt der 6 Gründungsmitglieder von den Euro–11 Staaten als Zentrum ausgehen. Bereits 1994 hatten Karl Lamers und Wolfgang Schäuble die Schaffung eines »Kerneuropa« vorgeschlagen, das allerdings einen entscheidenden Geburtsfehler hatte, nämlich die Vorstellung eines exklusiven »Kerns«, der noch dazu das Gründungsland Italien ausschloss, anstatt eines für alle offenen Integrationsmagneten.

Wenn angesichts der unabweisbaren Herausforderung der Osterweiterung die Alternative für die EU tatsächlich Erosion oder Integration heißt und wenn das Verharren in einem Staatenverbund Stillstand mit all seinen negativen Folgen bedeuten würde, dann wird, getrieben durch den Druck der Verhältnisse und der von ihnen ausgelösten Krisen, die EU innerhalb der nächsten Dekade irgendwann vor der Alternative stehen: Springt eine Mehrheit der Mitgliedstaaten in die volle Integration und einigt sich auf einen europäischen Verfassungsvertrag zur Gründung einer Europäischen Föderation? Oder, wenn dies nicht geschieht, wird eine kleinere Gruppe von Mitgliedstaaten als Avantgarde diesen Weg vorausgehen, d. h. ein Gravitationszentrum aus einigen Staaten bilden, die aus tiefer europäischer Überzeugung heraus bereit und in der Lage sind, mit der politischen Integration voranzuschreiten? Die Fragen würden dann nur noch heißen: Wann wird der richtige Zeitpunkt sein? Wer wird teilnehmen? Und wird sich dieses Gravitationszentrum innerhalb oder außerhalb der Verträge heausbilden? Eines jedenfalls ist dabei sicher: ohne engste deutsch-französische Zusammenarbeit wird auch künftig kein europäisches Projekt gelingen.

Ein möglicher Zwischenschritt hin zur Vollendung der politischen Union könnte dann später die Bildung eines Gravitationszentrums sein. Eine solche Staatengruppe würde einen neuen europäischen Grundvertrag schließen, den Nukleus einer Verfassung der Föderation. Und auf der Basis dieses Grundvertrages würde sie sich eigene Institutionen geben, eine Regierung, die innerhalb der EU in möglichst vielen Fragen für die Mitglieder der Gruppe mit einer Stimme sprechen sollte, ein starkes Parlament, einen direkt gewählten Präsidenten. Ein solches Gravitationszentrum müsste die Avantgarde, die Lokomotive für die Vollendung der politischen Integration sein und bereits alle Elemente der späteren Föderation umfassen.

Ein solcher Gravitationskern muss also ein aktives Erweiterungsinteresse haben, und er muss Attraktivität für die anderen Mitglieder ausstrahlen. Folgt man dem Grundsatz von Hans-Dietrich Genscher, dass kein Mitgliedstaat gezwungen werden kann, weiterzugehen, als er es kann oder wünscht, aber dass derjenige, der nicht weitergehen möchte, auch nicht die Möglichkeit hat, die anderen daran zu hindern, dann wird sich die Gravitation innerhalb der Verträge herausbilden, ansonsten außerhalb.«

Als »Privatmann« in einer Rede zur europäischen Integration an der Berliner Humboldt-Universität (gekürzt), 2000

———

»Jetzt müssen wir uns neu finden, neu erfinden, ohne uns selbst zu verlieren.«

Auf einem Parteitag der Grünen, 2000

Von der Vergangenheit eingeholt

Nachwort zur Taschenbuch-Ausgabe

Am 17. Oktober 2000, kurz nach dem Erscheinen der Erstausgabe dieses Buches, fanden zwei alte Freunde auf seltsame Weise wieder zueinander. Sie kamen noch nicht richtig zusammen. Aber ihre Schicksale verwoben sich erneut an diesem Tag.

In Frankfurt wurde der Prozess gegen Hans-Joachim Klein eröffnet. Jener »Klein-Klein«, der in den Sponti-Tagen von den Genossen als Handwerker, als Automonteur gebraucht wurde, der aber bei den Theorie-Exzessen nicht mithalten konnte und sich wohl gerade deshalb durch besondere Radikalität beweisen wollte, musste sich nun vor dem Landgericht verantworten. Die Tat lag weit zurück: Im Dezember 1975 hatte Klein, angeführt von dem Terroristen »Carlos«, die Ministerkonferenz der OPEC in Wien überfallen. Drei Menschen wurden ermordet. Klein konnte sich beinahe ein Vierteljahrhundert vor der Justiz verstecken – in Frankreich, wo er von linken Intellektuellen, auch von alten Freunden aus Frankfurt, unterstützt wurde. Es herrschte zu Prozessbeginn kaum Zweifel, dass Klein verurteilt werden würde. Er saß zerknirscht auf der Anklagebank, in jeder Hinsicht ein gebrochener Mann.

Ein paar Stunden später wurde die Buchmesse eröffnet. Es ist nur ein gemütlicher Spaziergang vom Landgericht zu den Messehallen. Wer den Weg durch das Westend wählt, kommt mitten durch das Revier der Putzgruppe, jener Randaletruppe, die im Frankfurter Häuserkampf die Polizei das Fürchten lehrte. Klein gehörte ihr an, ebenso der Mann, der im eleganten Anzug die Rede zur Eröffnung der Frankfurter Buchmesse hielt, wofür er, noch bevor er das erste Wort gesprochen hatte, großen Beifall erhielt: Joschka Fischer. Es war ein großer Triumph, er hatte nur einen Steinwurf vom Messegelände entfernt, etwa zur selben Zeit, als Klein in den Terrorismus abglitt, seine ersten Schritte im Buchhandel gemacht, als Betreiber der Karl-Marx-Buchhandlung nahe der Universität. In dem folgenden Vierteljahrhundert war er immer geradeaus gegangen, hatte dabei, während Klein sich verbarg, stets das wärmende Licht der Öffentlichkeit gesucht, um so an die Spitze der Macht in Deutschland zu kommen. Es herrschte zum Redebeginn kaum Zweifel, dass Fischer den internationalen Buchhandel begeistern würde. Er stand stolz am Rednerpult, in jeder Hinsicht ein erfolgreicher Mann.

»So ungerecht ist die Geschichte«, spottete nach dem Doppelauftritt einer aus der alten Clique, der es selbst im Unterhaltungsgeschäft zu etwas gebracht hatte. »Der eine endet ganz unten, der andere ganz oben.«

Zu Beginn des Jahres 2001 sah es allerdings einen Moment lang so aus, als würde die abermalige Verquickung der Lebenswege Kleins und Fischers auch zu einem Sturz des Letzteren führen. Der Außenminister war als Zeuge geladen im Prozess gegen den Terroristen. Noch bevor er am 16. Januar 2001 in Saal 165 Auskunft über den Angeklagten geben sollte, der ihn, Fischer, als »Freund«, als »Vorbild« gesehen hatte, holte die gemeinsame Vergangenheit ihn ein.

In ihrer zweiten Ausgabe des Jahres 2001 zeigte die Illustrierte *stern* Fotos aus dem April 1973. Der Fotograf Lutz Kleinhans hatte sie seinerzeit geschossen. Die Journalistin Bettina Röhl, Tochter der RAF-Terroristin Ulrike Meinhof, hatte Kleinhans auf die Bilder angesprochen. Wie er es sagte, allerdings nur für ihre Buchrecherche, es sei nicht vereinbart worden, diese Fotos im *stern* zu veröffentlichen.

Sie bilden ein Dokument über das Vorgehen der Putzgruppe im Häuserkampf. Im März 1973 war das vom Frankfurter Magistrat beschlossene Räumungsmoratorium ausgelaufen. Als erstes der besetzten Häuser sollte Kettenhofweg 51 geräumt werden. Es gelang der Polizei jedoch nicht, auch nur in die Nähe des Gebäudes zu kommen. Fischers Gang hatte im Taunus trainiert, hatte sich bewaffnet mit Bleirohren, mit Bolzenschneidern und Zwillen, mit denen sie Glaskugeln schossen, die so hart aufschlugen, dass sie die Plastikschutzschilde der Polizisten brechen konnten. »Die Wurfgeschosse waren von solcher Schwere und Größe, dass Lebensgefahr bestand«, hielt der Polizeibericht danach fest. Die Ordnungshüter rückten unverrichteter Dinge ab, nun machten die Militanten Jagd auf einzelne Beamte, wie sie sich damals brüsteten: »Bullenklatschen«.

Ein einzelner Polizist in weißem Helm und schwerem grünen Mantel setzt einer Gruppe von Randalierern nach. Einer der nur scheinbar Fliehenden, ein Mann ganz in Schwarz, auch sein Helm ist schwarz, wendet sich zum Polizisten um, geht leicht in die Knie, zum Zweikampf bereit. Er kann schon sehen, was dem Polizisten verborgen bleibt, dass dieser nämlich auch von hinten angegriffen wird. Fünf Demonstranten sind es, die dem Beamten eine Falle gestellt haben. Sie ringen ihn nieder, reißen ihm den Helm vom Kopf. Es gelingt ihm, hochzukommen. Erst als der Polizist endgültig zu Boden geht, drischt die behandschuhte Faust jenes ersten Straßenkämpfers auf ihn ein, zielt auf den Rücken, haut dreimal kräftig zu. Nach diesen fällenden Schlägen zieht sich der Mann in Schwarz geschickt ein paar Schritte zurück. Der Angreifer, der den Polizisten von hinten angegangen war, traktiert nun den Fallenden mit Fußtritten. Erst als ein zweiter Beamter mit gezogener Pistole seinem Kollegen zur Hilfe eilt, rennen die fünf davon.

Einer von ihnen, der schwarz gekleidete mit dem Handschuh, ist Joschka Fischer.

Ein anderer, der, dem es nicht gelang, den Beamten zu Boden zu ringen, ist Hans-Joachim Klein.

Auch der Polizist erkannte sich wieder. Es ist Rainer Marx. An jenem Tag im April 1973 befand er sich in seinem ersten großen Einsatz. Er hatte Befehl, Polizisten in Zivil aus der »Gefahrenzone im Frankfurter Besetzerviertel« zu retten. Marx, nun 48 Jahre alt, als er die Bilder sah, gab sich konziliant, fast geehrt, als er endlich erfuhr, von wem er seinerzeit krankenhausreif geschlagen worden war: »Es bekommt ja nicht jeder was vom Außenminister auf die Mütze.«

Marx stimmte eine Melodie an, über die Fischer frohlocken konnte: »Man sollte Fischer angesichts seiner politischen Leistungen verzeihen.« Und auch dies sagte er: »Jeder hat seine Jugendsünden.« Der Polizist forderte nichts von seinem Peiniger, bemerkte lediglich en passant: »Eine Entschuldigung wäre nicht schlecht.«

Doch dem Außenminister stand der Sinn nicht nach einem mea culpa. Er betrieb, auch in dieser Hinsicht ganz arriviert, was Politiker gemeinhin »Schadensbegrenzung« nennen. Angeblich will er in diesen Tagen seiner persönlichen Vergangenheitsbewältigung auch an Rücktritt gedacht haben. Das offenbarte er ein halbes Jahr später in einem Interview der Zeitung *Die Woche*, als alles längst überstanden war. Da nun sah er sich als Opfer: »Es war eine sehr harte Zeit für mich. Diesmal hatte ich sehr viel einzustecken.«

Fischer gab sich pflichtbewusst. Was ihn von der Demission abgehalten habe, wollten die *Woche*-Redakteure wissen. »Das wäre ein sehr individualistisches Verhalten gewesen, kein politisches. Ich musste das aushalten. Meinetwegen, aber auch meiner Partei wegen und vieler anderer wegen, die einen ähnlichen Weg gegangen sind wie ich.« Joschka unersetzbar.

Ähnlich jenen blitzartigen Entscheidungen über seinen Lebensweg nach dem Tode des Vaters und der Trennung von seiner dritten Frau war ihm auch diesmal »schnell klar«: »Es gibt keine Alternative, du musst es durchstehen.«

Wieder einmal war das Katholische in Joschka Fischer durchgebrochen, war das Saulus-Paulus-Phänomen zum Vorschein getreten. Wie sich dereinst der eifernde Christenverfolger Saulus über Nacht - Eingebung, Erleuchtung - zum getreuesten Apostel seines Herrn Jesu verwandelte, so kehrte im Januar 2001 Fischer angesichts der Bilder seiner selbst (militanter Streetfighter gegen die Staatsgewalt) den Hüter der Macht heraus (Lordsiegelbewahrer des rot-grünen »Projekts«).

Als der *stern* ihn in seiner Ausgabe Anfang des Jahres befragte, ließ Fischer seine Taktik erkennen. Auch hier zeigte sich, dass sein Wesenskern über die Jahre gleich geblieben ist. Wie der schwarz behelmte Kämpfer von einst, der vorsichtig auf seinen Gegner, den Polizisten Marx, zuging, gewissermaßen erst einmal Witterung nehmend, wie er sich seiner Überlegenheit versicherte und dann erst zu den entscheidenden Schlägen ausholte, so agierte auch der Politiker Fischer auf der Medienbühne. Journalisten, die ihn hart befragt hätten, ließ er gar nicht erst vor. Er ließ sich die Wahrheit nur scheibchenweise entlocken, sagte immer nur gerade so viel wie nötig. Aufrichtige Reue zeigte er nicht. Entschuldigungen blieben formelhaft. Wenn einmal Fragen heikel wurden, ging er zum Gegenangriff über. Joschka Fischer mag den Beginn des Jahres 2001 als belastende Zeit empfunden haben. Die Außenpolitik musste tatsächlich hintangestellt werden, aber seine Auftritte gelangen ihm durchweg – es war eine mediale Leistung, vielleicht seine größte. Beispiel: *stern*-Interview in eben der Ausgabe, in der die Fotos von Kleinhans erschienen. »Ja, ich war militant«, bekennt er, um sofort – wahrheitswidrig! – anzuschließen: »Den bewaffneten Kampf habe ich aber immer abgelehnt und heftig politisch bekämpft.« Auf die Frage, ob er damals Steine geworfen habe, antwortet er: »Das habe ich Ihnen doch bereits gesagt in diesem Interview.« Man liest den Text also noch einmal und sieht, dass er dies keineswegs unzweideutig zugegeben hat. Vielmehr hat er ausweichend bemerkt: »Es sind Steine geflogen, man wurde verprügelt.« Die *stern*-Interviewer vermochten es nicht, ihm Genaueres zu entlocken. Fischer forderte nun von ihnen: »Sind Sie sicher, dass Sie noch nie einen Stein geworfen haben?«

Er beteuerte: »Ich habe da nie etwas verschwiegen.« In Wirklichkeit hatte er zu diesem Zeitpunkt noch nicht einmal bestätigt, dass er der Schläger mit dem schwarzen Helm auf dem Foto ist. Fischer hat sich dem Verhalten etablierter Politsünder vollends angepasst. Es wirkt, als habe er Unterricht bei Franz Josef Strauß und Helmut Kohl genommen: Nur das ganz und gar Offensichtliche zugeben, ansonsten um die Sache herumreden, die Frager anblaffen und lange, lange schweigen.

Er muss aber schnell gespürt haben, dass es ihm Sympathien einbringt, sich in allgemeinen Worten zur Vergangenheit zu bekennen. Der Mythos der Achtundsechziger lebt bis heute fort. Davon will er profitieren, sagt: »Das ist meine Biografie, das bin ich, Joschka Fischer.« Wenn es aber um konkrete Taten geht, flüchtet er ins Allgemeine. Dann erklärt er die Gewalt »aus der Zeit heraus«, ersetzt das »ich« durch das »man« und bringt sich stets in die Opferrolle: »Dann hat man sich gewehrt und zurückgeschlagen.«

»Es ist nicht der beste, nicht der souveränste und nicht der sympathischste Joschka Fischer, der sich da präsentiert«, urteilte Bernd Ulrich im Berliner *Tagesspiegel*. Ulrich lag falsch. Dies war der beste Fischer. Er spielte den Reuigen zur Perfektion, ohne dabei auch nur ein Jota zu viel preiszugeben.

Seine Anhänger blendete er mit seiner vermeintlichen Offenheit. Seine Gegner wie Angela Merkel vermochten es dagegen nicht, sich in die Denkweise der Frankfurter Szene hineinzuversetzen und Fischer, der sich ja brüstete, deren Leitfigur gewesen zu sein, zumindest moralisch verantwortlich zu halten. Überhaupt standen die Zeichen auf Versöhnung. Obwohl eine ganze Reihe von Journalisten ihre Jugendsünden auftischten – Cord Schnibben outete sich im *Spiegel*, Hans-Ulrich Jörges in der *Woche* –, löste die Vergangenheitsbewältigung der Postachtundsechziger bei den meisten Deutschen nur ein Gähnen aus. Niemand wollte den Vizekanzler Fischer ernsthaft stürzen. Nur einige Hinterbänkler der Union forderten seinen Rücktritt.

Fischer wusste die großen Zeitungen auf seiner Seite. In der *FAZ* wiegelte sein alter Freund aus der Gruppe »Revolutionärer Kampf« (RK) Thomas Schmid im Leitartikel ab: »Da hat der Außenminister Recht. Ein ›Lämmerschwänzchen‹ war er nie. Seit er zur politischen Prominenz gehört, ist das allseits bekannt.« Alles nur alter Hut also. Wenig überraschend war auch der Kommentar des unermüdlich verständnisvollen Heribert Prantl in der *Süddeutschen*: »Im Himmel, so heißt es, ist mehr Freude über einen Sünder, der umkehrt, als über tausend Gerechte. Was dem Himmel recht ist, kann Deutschland nicht schaden.«

Unerwartet waren die altersmilden Töne, die Peter Boenisch in *Bild* anschlug: »Fischer war, wie er war, und er ist, wie er ist. Heute entscheiden allein seine diplomatischen Ergebnisse und nicht die Bilder aus einer beiderseits gewalttätigen und hasserfüllten Vergangenheit.« Boenisch, vormals Chefredakteur des Massenblatts, ehedem Sprecher von Helmut Kohl, derart sonntäglich gestimmt – das waren die rettenden Worte für den militanten Demonstranten im Auswärtigen Amt.

Es kamen noch weitere Vorwürfe auf in den Wochen Anfang des Jahres 2001. Bettina Röhl bohrte weiter, durchforstete Archive. Doch ließ sich der Eindruck nicht verwischen, sie habe den Übereifer ihrer Mutter geerbt. Es schien, als wolle sie eine Vendetta gegen Fischer führen, mit dem Motiv, Ulrike Meinhof mindestens insoweit zu rehabilitieren, als sei diese beileibe nicht die Einzige gewesen, die schwere Schuld auf sich geladen habe.

Was passierte wirklich auf jenem Spontiplenum nach dem Selbstmord der einundvierzigjährigen Meinhof, als die Demonstration beschlossen wurde? Wie kam es zu den Werfereien mit Molotow-Cocktails, bei denen der Polizist Jürgen Weber schwerste Verbrennungen erlitt? Vor allem: Was sagte Joschka Fischer, der den »bewaffneten Kampf« stets heftig »politisch bekämpft« haben will? Was tat er? Seine Antwort verschleiert alles. »Mir wurde damals vorgeworfen, ich sei dabei gewesen, aber ich bin damals nicht einmal dem Haftrichter vorgeführt worden.« Als sei es völlig undenkbar, dass die Strafverfolgungsbehörde nicht alles registriert habe. Für ihn, Fischer, waren »diese Aktionen ... spontan geschehen«. Welch eine Rabulistik! Als lägen die Mollies griffbereit auf den Straßen herum. Spontan? Hat denn niemand die leeren Flaschen geholt? Wurden sie nicht mit Benzin gefüllt? Nicht mit Stofffetzen gepfropft? Nicht zur Demo geschleppt? War alles wirklich nur eine spontane Reaktion auf »reaktionäre Gewalt« (Fischer)? Wohl kaum. Nahe liegend ist der Schluss, dass der Anführer der Putzgruppe während der Vorbereitungsdiskussion die Bereitschaft zum Krawall und zum Anfertigen von Molotow-Cocktails zumindest billigend hingenommen hat, dass das kolportierte »Sei 's drum« von Fischer wirklich ausgesprochen worden war.

Und was passierte mit den beiden Waffen, dem .38er Smith & Wesson-Revolver und der P 38 Walther-Pistole, die beim »Bullenklatschen« während einer Aktion ähnlich jener auf Kleinhans' Fotoserie den Polizisten entwendet wurden? Fischer wehrte sich so: »Mit Waffen habe ich nie etwas zu tun gehabt.« Sein Freund Klein ist in seinem Buch »Rückkehr in die Menschlichkeit«, seiner Begründung zur Abkehr vom Terrorismus, auf die »Enteignung« eingegangen. Er will »die beiden Dinger« an sich genommen haben. Später, so Klein, »verschwanden die beiden Knarren ... die P 38 in mein Depot, die .38er Smith & Wesson bei anderen RZ-Leuten«. RZ, das waren die »Revolutionären Zellen«, eine Terrorgruppe, die mit der RAF um Militanz wetteiferte, zu der auch Klein gestoßen war. Vorher seien die Waffen in einem der großen Blumenkübel auf dem Campus der Universität versteckt worden, bekannte Klein.

In jenem Sommer-Interview der *Woche* fand Fischer warnendo Worte, die aufs Trefflichste von seiner eigenen Verstrickung ablenkten: »Wenn Sie versuchen, Ereignisse 25 oder 30 Jahre danach aus dem Dunkel der Erinnerung ins forensisch Gewisse zu holen, dann werden Sie die Grenzen des Irrsinns erreichen, vielleicht sogar überschreiten.«

Irrsinn? Unsinn!

Die »Enteignung« der Handfeuerwaffen und das »geniale Versteck« mitten auf dem Frankfurter Uni-Gelände – für die Spontis waren dies Großtaten, mit denen sie in jeder Kneipe und in allen Wohngemeinschaftsbetten prahlten. Die Grenzen des Irrsinns sind nur dann überschritten, wenn einer aus der Szene behauptet, er habe, treuherziger Augenaufschlag, nichts, aber auch rein gar nichts davon mitbekommen.

Die Tatsache, dass der Außenminister auch über eine Reise des ganz jungen Joschka 1969 nach Algier zu einem PLO-Solidaritätskongress mit der (Halb)Wahrheit nur auf Raten herauskam, ist gegen all dies von minderer Bedeutung. Ebenso die Erinnerungslücken über die Besuche der Terroristin Margit Schiller in der Frauen-WG neben Fischers Männer-WG im Haus Bornheimer Landstraße 64. Es ist leicht nachvollziehbar, dass ein Einundzwanzigjähriger seinerzeit die Palästinenser nur als Opfer sah. Und es geht durchaus an, dass in der Wohngemeinschaftsszene, in der beileibe keine Meldepflicht herrschte, viele Besucher, auch abgetauchte Terroristinnen, unbemerkt unterkamen.

Unerträglich aber bleibt, dass Joschka Fischer sich immer noch rühmt, in einem herkuleischen Akt seine zu Gewalt bereiten Freunde umgestimmt zu haben. Er hat, im Gegenteil, lange Zeit selbst angeheizt, in Worten und mit Taten. Es hätte ihm heute gut angestanden, dies ohne Umschweife zu bekennen und sich ohne ein Aber oder einen Verweis auf Jugendsünden zu entschuldigen.

Sein alter RK-Genosse, der *FAZ*-Leitartikler Schmid, hatte zwar nicht völlig Unrecht, als er bemerkte, die Missetaten des jungen Fischer seien schließlich längst bekannt. Aber sie waren der breiten Öffentlichkeit noch nicht in Foto und Film bewiesen worden. Erst dadurch wurden sie zum Politikum. Der Kontrast hätte nicht schärfer sein können: Dort der Schläger mit dem schwarzen Handschuh – hier der Redner mit der goldenen Uhr am Handgelenk. Und doch ist es derselbe Fischer, der es vermag, andere zu manipulieren, der Stimmungen früher als seine Mitmenschen aufnimmt und der seine jeweilige Rolle zur Perfektion spielt.

Wie angedeutet, seine Rechnung ging auf, der Rummel um seine Vergangenheit schadete ihm nicht. Im Sommer 2001 war Fischer beliebter denn je. Als Gesamteindruck war nur hängen geblieben: Da hat sich einer ehrlich gemacht.

Und auch in ganz anderer Hinsicht ist er sich treu geblieben: Er verrät nach wie vor kein Sterbenswörtchen über seine Privatsphäre. Die Boulevardpresse druckte Gerüchte, als seien sie bare Münze: »Fischers Ehe kaputt ... Nicola Leske mit Ex-Freund im Schnee ... Nacht-und-Nebel-Auszug ... Auch vierte Ehe angeblich am Ende«. Tatsächlich erzählen die wenigen, die Fischers großbürgerliche Wohnung in Berlin-Mitte besuchen durften, von seiner 22 Jahre jüngeren Frau sei nichts zu bemerken, nicht einmal ein Zeichen, dass sie je dort gelebt hat. Aber Joschka Fischer tut den Damen und Herren von der Buntpresse nicht einmal den Gefallen auch nur eines inszenierten Auftritts mit seiner neuen großen Liebe. So etwas würde ihm wahrscheinlich viel nützen. Doch darüber denkt er anders als Gerhard Schröder, dem jede alte Tante recht ist, um das Bild des Familienmannes zu schönen.

Im Sommer 2001 prophezeite Fischer, die Bundestagswahl 2002 werde zu »einer der härtesten Auseinandersetzungen in der Geschichte unserer Partei«. Da hatte er Recht. Nicht wegen seiner Vergangenheit und schon gar nicht wegen seines persönlichen Lebenswandels. Sein Freund Schröder hat Zeichen gesetzt, die ihn beunruhigen müssen. Dass er, Schröder, auch mit der FDP kann, wenn es sich so ergeben sollte. Dass er auch rot-rote Bündnisse mit der PDS akzeptiert, zumindest auf Landesebene. In Schröders Demonstration steckt eine deutliche Botschaft an Fischer: Rot-Grün wird nie ein »Projekt« – Fischers Wort, das der Bundeskanzler überhaupt nicht mag. Das Einzige, was den Regierungschef noch mehr nervt, ist Fischers Hang, mittlerweile im Kabinett auch mit lateinischen Merksätzen aufzuwarten.

Ein Jahr vor der Bundestagswahl wurde die Krise der Koalition von der Schwäche der Opposition verdeckt. Aber es gibt sie, sie liegt am Ergrauen der Grünen. Joschka Fischer verkörpert am Ende seines langen Laufs die Partei. So wie er hat sie sich angepasst. So wie ihm nimmt man ihr nicht mehr ab, dass die Urziele Umweltschutz und Pazifismus bei ihr bestens aufgehoben sind. Und die linke Vergangenheit, einmal grundsätzlicher betrachtet – was zählt sie noch? Auf dem Genua-Gipfel der G-8, wo Carlo Guigliani, geboren 1978 – dem Jahr also, in welchem Fischers Frankfurter Szene sich ins »alternative Leben« verabschiedete – in Genua, wo dieser vermummte Demonstrant von einem Polizisten per Kopfschuss getötet wurde, da wurde offenbar, dass sich eine neue Protestbewegung gebildet hat.

Fischer hat kein Verhältnis zu ihr, kein Verständnis für sie. Er sieht die Bedenken der Demonstranten gegen die Globalisierung bestens bei den Regierungschefs der Industrienationen und bei sich selbst aufgehoben. »Die

Frage nach der gerechteren Welt ist Thema des Gipfels«, verriet er dem italienischen *Corriere de la Sera* eine Woche vor Genua. »Eigentlich müsste man eine Demonstration der Freude veranstalten.«

Doch er konnte ahnen, dass in der Wirklichkeit diese neue politische Bewegung an seiner Partei vorbeigeht. Und das könnte gefährlich werden für die Grünen.

Joschka Fischer jedenfalls war im Sommer 2001 äußerst pessimistisch. Wie sich das zeigte, das soll hier, auch des »forensisch Gewissen« wegen, festgehalten werden. Er legte sich fest: »Wenn ich mein jetziges Amt hinter mir habe, lasse ich auch die Politik hinter mir.«

Hamburg, im August 2001

Register

Abbildungsnachweis